라인스

Lines: A Brief History
by Tim Ingold

Copyright © 2007, 2016 by Tim Ingold
All rights reserved.
This Korean edition from the English language edition was published by Podobat Publishing Company in 2024 by arrangement with Routledge, a member of the Taylor & Francis Group through KCC(Korea Copyright Center Inc.), Seoul.

이 책은 (주)한국저작권센터(KCC)를 통한 저작권자와의 독점계약으로 포도밭출판사에서 출간되었습니다. 저작권법에 의해 한국 내에서 보호를 받는 저작물이므로 무단전재와 복제를 금합니다.

라인스

선의 인류학

팀 잉골드 지음 | 김지혜 옮김

Lines

일러두기

- 'writing', 'drawing' 등 동명사의 경우 '쓰기'와 '그리기'처럼 동사의 명사형으로 옮기는 것을 원칙으로 하되, 문맥상 '글'이나 '드로잉'과 같이 명사를 지시하는 경우에는 명사로 옮겼다.
- [ ] 안의 내용은 본문의 이해를 돕기 위한 역자의 부가 설명이다.

목차

7   감사의 글
15   라우틀리지 클래식 에디션 서문

23   들어가며
33   1장 언어·음악·표기법
95   2장 자취·실·표면
151   3장 위로·가로질러·따라서
211   4장 계보의 선
241   5장 그리기·쓰기·캘리그래피
301   6장 선이 직선이 되는 법

334   역자 후기
343   참고문헌
354   찾아보기

감사의 글

이 책은 스코틀랜드 고미술협회 책임자인 피오나 애시모어가 2003년에 열릴 린드 강연을 요청한 2000년 7월에 구상했다. 이 강연은 스코틀랜드 위크 지역에서 태어난 저명한 고미술사가인 십스터 지역의 알렉산더 헨리 린드(1833-1863)를 기념하는 것으로, 1876년부터 매년 역사, 고고학, 인류학과 관련한 주제로 개최됐다. 린드는 무엇보다 고대 이집트의 테베에 있는 무덤에 관한 선구적인 업적으로 기억된다. 나는 이 강연을 제안받아 매우 영광스러웠고, 강연하기까지 3년이나 남았기에 준비할 시간이 충분하다고 생각해 흔쾌히 승낙했다. 그즈음 나는 말과 노래, 글, 그리고 음악 표기법 사이의 관계에 대한 비교 역사학이라는, 오랫동안 매료되어 있었지만 거의 알지 못했던 주제를 위해 시간을 쓸 핑계를 찾고 있기도 했었다. 그래서 이 강연의 제목을 〈과거로부터 온 선들: 기입하는 실천의 인류학적 고고학을 향하여〉(Lines from the past: towards an anthropological archaeology of inscriptive practices)라고 정했다.

물론 강연을 준비하려고 생각했던 시간들은 전혀 현실화되지 않았다. 정말로 시간을 할애하기가 어려웠다. 나는 2000년부터 2003년까지 매우 분주한 시간을 보냈다. 당시 바로 일 년 전에 애버딘 대학교로 직장을 옮기면서 인류학의 새로운 강의 및 연구 프로그램을 마련하는 것을 도맡았고, 이 일에는 대단히 많은 에너지가 들어갔다. 사실 이 프로그램의 출발은 매우 좋았다. 2003년에 이미 우리는 매우 헌신적인 교원들이 주축이 되어 점점 더 연구생들이 많아졌고 이들로 구성된 자체 인류학과를 만들었다. 그 해 여름, 인류학과에서 우수 학위를 받은 첫 학생들이 졸업하기도 했다. 모든 것이 순조로웠던 2003년 3월 즈음, 나는 문득 강연을 준비하기 위한 시간이 한 달 하고 며칠 밖에 남지 않았다는 점을 깨달았다. 그제야 나는 다른 모든 것을 미룬 채, 주제를 발전시킬 방법을 생각할 겨를도 없이 언어, 음악, 표기법에 대한 작업을 착수했다.

초기 작업은 매우 더뎠지만, 어찌된 영문인지 놀랍게도 이 주제는 내가 결코 기대하지 않은 방식으로 '날아가' 버렸다. 내가 초기에 목표로 제시한 것들은 인간이 행하는 일체의 선 만들기에 대한 더 광범위하고 야심찬 탐구의 발판이 됐다. 나는 우연에 가까운 방식으로 지적인 노다지를 캔 것만 같았다. 그때부터 나는 내가 그 강의록을 쓰는 것인지, 강의록이 나를 쓰는 것인지 확신할 수 없었다. 우리는 난투극을 벌였던 것 같다. 당일 저녁에 시작할 강연을 위해 에든버러로 가는 기차에서도 나는 여전히 강의록을 휘갈기고 있었고, 그때에서야 마지막 강연을 제외하고 모든 강연의 강의록을 작성했다. 그 때문에 대본이 떨어졌을 때는 즉흥적으로 강연을 해야 했다. 다행히 누구도 눈치채지 못했던 것 같다. 강연은 2003년 5월 2일부터 4일까지 3일에 걸쳐 왕립 스코틀랜드 박물관에서 예상대로 진행됐다. 여섯 번의 (주말에 욱여넣은) 50분 강연들은 감사하게도 나의 '날것 그대로의' 발상을 청중들에게 제시할 수 있었던 특별한 기회이자 잊을 수 없는 경험이었다. 그것은 꿈속에서나 있을 법한 학술회의였다. 당신이 딱 한 명의 발표자이고, 모두가 다른 누군가의 말이 아니라 당신의 말을 듣기 위해 왔으며, 당신의 발상을 개진하기 위해 당신이 바랄 수 있는 만큼의 시간을 할애할 수 있다고 상상해 보아라. 이러한 기회를 주고, 나와 나의 가족들에게까지 호의를 베풀어준 피오나 애시모어와 스코틀랜드 고미술협회 회장인 리즈베스 톰스, 그리고 그 협회에게 감사함을 표하고 싶다. 강연이 끝나자 나의 생각은 출판으로 이어졌다. 이 주제를 제대로 이해하려면 수십 년이 필요할 것이고, 그 작업은 어쨌든 아마도 내 능력 밖의 일이 될 것이라는 점을 깨달은 나는 처음에는 더 정제하려는 시도를 하지 않고 대충 짜 맞춘 강연 내용을 거의 그 모습 그대로 글로 쓰리라고 마음먹었다. 채워야 할 공백이 있고 자료의 일부를 다시 재배치해야 한다는 것도 알았지만 달리 방도가 없었다. 그러나 다시 한 번 일상적인 교수의 삶이 나를 압박해왔다. 우선 나는 2003년 여름에 출판 작업을 하려 했지만 다음 여름으로 미루게 됐고, 그 뒤에는 그 다음해 여름으로 미루었음에도 항상 더 급한 일이 있었다. 그러는 동안 내 생각은 계속 옮겨갔다.

마침내 이 책의 1장이 된 글은 2003년 5월 케임브리지 대학교 고전학부에서 열린 '감각적 지각'에 관한 로런스 세미나와 그 후 얼마 뒤 런던정치경제대학교에서 열린 인류학 세미나에서 발표할 기회가 있었다. 2장의 초안은 옥스퍼드 대학교의 사회문화인류학 연구소에서 발표했고, 그 뒤에는 2005년 5월, 포르투갈 포르투 대학교 고고학과의 초청 강연에서 발표했다. 특별히 이 강연을 주최해준 비토르 호르헤에게 감사하다. 3장은 벨파스트 퀸즈 대학교의 인류학 학부의 연속 세미나에서 발표한 것을 통해 현재의 형태와 제목을 갖췄다. 그 후에 에스토니아의 탈린과 타르투에서 열린 〈문화, 자연, 기호학: 위치들 IV〉 학술행사(2004년 9월)와 네덜란드 델프트 공학 대학교에서 열린 제5차 국제 공간구문론(Space Syntax) 학술대회에서 발표했다. 나머지 세 장(4장부터 6장까지)의 자료들은 발표하지는 않았지만, 5장은 사실 1995년 에딘버러 대학교의 먼로 강연에서 태어났다는 점을 언급해야 할 것이다. 그때 이후 거의 모든 것이 바뀌기는 했지만, 내가 생각하기에 이 강연의 주제인 '쓰기 기술'에 대한 나의 관심이 처음 결실을 맺은 곳이기 때문이다.

지난 몇 년 간 나의 생각들은 예술·인문 연구위원회(AHRB)에서 2002년부터 2005년까지 3년 동안 지원받은 주요 연구 프로젝트에 참여하면서 그에 영향받았다. 이 프로젝트는 〈학습이란 실천 속의 이해: 인식, 창조성, 기량 사이의 상호관계 탐색〉이라는 여지없이 거추장스러운 이름의 프로젝트였다. 사실 이 책은 여러 측면에서 그 프로젝트에서 나온 하나의 결과물이기에 이를 후원해준 AHRB에 감사한 마음을 전하고 싶다. 애버딘 대학교 인류학과와 던디 대학교 순수예술 학부가 이 프로젝트를 공동으로 수행했다. 이 프로젝트는 던디 대학교의 학생들이 수행한 순수예술에 대한 지식 실천의 민족지학 연구, 그리고 애버딘 대학교가 주도한 순수예술에서 나타나는 실천적인 접근과 작업실 기반의 접근을 인류학 교수법과 학습법에 적용할 가능성에 대한 연구가 상보적으로 결합됐다. 후자의 연구 맥락에서 나는 〈네 가지 A: 인류학(Anthropology), 고고학(Archaeology), 예술(Art), 건축학(Architecture)〉이라 불리는 수업을 구상하고 가르쳤다. 이 수업을 2004년 봄 학기에 고학년 학부생을 대상으로 처음 소개했고, 그 후 2년간 반복했다. 이 수업을 들은 학생들은 선에 대해 많은 것들을 들었을 뿐만 아니라, 그들의 훌륭하고 다양한 생각들을 나누어 주었다. 나는 그 생각들에 직접적으로 도움을 받았기에 그들 모두에게 감사하다.

더불어 나와 함께 이 프로젝트의 공동 책임자였던 머도 맥도널드, 대부분의 작업을 수행하고 여러 해에 걸쳐 나의 생각을 형성하는 데 깊이 관여한 웬디 건, 이 프로젝트의 필수적인 부분인 AHRB 지원 박사 연구를 수행한 레이 루카스에게 감사하다. 레이의 연구는 사고의 도구로서 기입하는 실천과 표기법에 대한 광범위하고 다양한 학문분과를 아우르는 연구였기에 선 만들기에 관한 나의 관심과 매우 밀접하게 맞물려 있었다. 그와 함께 일한 것은 하나의 특권이었다. 이 프로젝트의 또 다른 두 가지 결과 역시 언급돼야 하는데, 두 가지 모두 이 책에 영향을 미쳤다. 첫 번째는 웬디 건이 기획했으며, 2005년 4월부터 6월까지 애버딘 아트 갤러리에서 열린 '현장노트와 스케치북' 전시이다. 이 전시는 예술, 건축, 인류학 분야 전반에 걸쳐 선의 표기법적이거나 서술적인 사용에 대해 살펴보았다. 두 번째는 2005년 4월 애버딘 대학교에서 나의 동료인 엘리자베스 할럼(Elizabeth Hallam)과 내가 열었던 '창조성과 문화적 즉흥 활동'에 관한 사회인류학협회 학술대회이다. 엘리자베스와 함께 일해 기뻤으며, 그의 많은 생각들은 학술대회에서 제기된 생각들과 함께 이 책에 녹아들어 있다.

당연하지만 사람들은 손을 움직이면서 선을 그릴 뿐만 아니라 걸어 다니면서도 선을 그린다. 이것은 이 책 3장의 주제이며, 경제사회연구위원회(ESRC)의 지원금(2004년 2월부터 2006년 4월까지)을 받은 프로젝트인 〈땅에서 나온 문화: 걷기, 움직임, 장소 만들기〉의 결과가 일부 담겨 있다. 이 프로젝트에서 우리는 사람들의 경험, 관계, 생애사 속에서 시간과 공간을 묶어주는 걷기의 방식을 탐구했다. 지원해준 ESRC와 프로젝트를 위한 민족지 연구를 수행하고, 발상의 끊임없는 원천이자 지원을 아끼지 않았던 조 리에게 감사를 표한다. ESRC에게 감사해야 할 이유가 더 있는데, 위원회가 2005년에 3년짜리 교수 지원 사업으로 나의 〈선의 비교 인류학에 대한 탐구〉라는 이름의 과제를 지원해주었기 때문이다.

장기적으로 볼 때 향후 이 지원이 제공해준 연구 목적의 휴가는 이 책에서 언급만 됐던 발상을 더 발전시킬 가능성을 제공해줄 것이다. 그러나 지금 당장으로만 봐도 나는 이 휴가가 없었더라면 이 책을 결코 끝낼 수 없었을 것임을 고백한다.[1] 이미 2년

---

1 [역자주] 저자가 「감사의 말」을 쓴 2006년 시점 기준.

이나 연기했지만 내 계획은 지원 사업이 시작되기 전인 2005년 여름에 이 책을 완성하는 것이었다. 하지만 모순적이게도 ESRC 자체가 전국의 수많은 동료들과 나에게 ESRC의 대학원 교육 인식 활동을 위한 자료를 수집하고 양식을 작성하는 데 모든 연구 시간을 할애하도록 요구하면서 이 계획을 방해했다. 실제로 막대하게 관료화되고 시간 소모적으로 운용되는 연구의 재정 지원과 그 연구의 평가 때문에 가장 작은 부분만을 실제 연구 수행에 할애할 수 있고, 이 작은 부분을 열어둘 수 있는 어떤 기회라도 감사해야 할 판이다. 이 책을 끝내기 위해 지난 몇 개월 동안 만사를 제쳐두고 글을 써온 지금도, 나는 다음 연구 평가 활동을 위해 이미 늦어버린 우리 학과의 연구응모서 초안 작성에 쫓기고 있다!

하지만 불평으로 이 글을 끝내고 싶지는 않다. 차라리 나는 운이 좋아 많은 사람들로부터 받을 수 있었던 지지에 감사를 표하며 기리고 싶다. 아이디어, 정보, 읽을거리 제안 등은 말 그대로 모든 방면에서 쏟아졌다. 너무 많은 이들이 도움을 주었기 때문에 모두 나열하기가 어려워 이름을 적기보다는 모든 이에게 정말 감사하다고 말하고 싶다. 누가 해당하는지 당신들은 알리라. 특히 누구라도 바랄 수밖에 없는 최고의 동료들인 애버딘 대학교의 인류학과 동료들, 내가 정말 많이 배웠던 학생들, 나를 계속 살아가게 만드는 가족에게 감사를 표한다. 특별히 한 사람이 내가 처음 이 세계로 나아가는 데 상당히 중요한 역할을 했다. 이제 101세가 된 그는 이 책을 가장 먼저 읽을 것이고, 내가 이어나가는 것이 바로 그의 선이다. 그도 자신이 누구인지 알고 있을 것이다. 그²에게 이 책을 바친다.

2006년 9월 애버딘에서
팀 잉골드

2 [역자주] 팀 잉골드의 아버지, 균학자 세실 테런스 잉골드(Cecil Terence Ingold).

라우틀리지 클래식 에디션 서문

"이것은 이론인가요, 은유인가요?" 사각형의 넓은 탁자에 둘러앉은 심사자들은 '선의 비교 인류학'에 관한 연구 프로젝트를 제안하는 나의 의중이 정확히 무엇인지 알고 싶어 했다. 그들은 뛰어난 사회과학자 집단으로, 한 권위 있는 교수 지원 사업 후보자의 지원여부를 결정하는 권한을 가지고 있었다. 나는 선이 이론의 이름도 아니고, 나의 연구 주제를 형성하는 세계의 특성 혹은 성질을 상기하는 비유적인 형상을 나타내기 위한 것도 아니라고 대답했다. 대신에 선은 그 자체로 현상이라고 주장했다. 선들은 정말로 거기에, 우리 안에, 우리 주위에 있다. 사실 그들로부터 달아날 방도는 없다. 벗어나려고 시도하는 것은 또 다른 선을 놓는 것일 뿐이기 때문이다. 심사자들의 논의에 참여하지 않았기에 그들이 요점을 파악했는지 알 도리가 없지만, 어쨌든 그들은 나를 지원하기로 결정했다. 만약 그들이 그렇게 하지 않았더라면 『라인스』는 결코 완성될 수 없었을 것이 명백하다. 그럼에도 나는 종종 그들의 질문을 곰곰이 생각하곤 했는데, 이후에도 많은 사람들이 이 질문을 제기했기 때문이다. 왜 이론과 은유는 선의 유이한 두 가지 대안으로 생각되는 것일까? 왜 선을 따라 나아가는 것들이 무엇이든 그것들이 실재하는 것처럼, 그와 마찬가지로 선도 실재할 수는 없는 것일까? 조금이라도 그 둘이 구별될 수 있는 것이라면 말이다. 만약 선들이 실재할 수 있다는 생각이 우리의 감성에 맞지 않는다면, 이 얽힘의 기묘한 세계로 나를 기울어지게 만든 것은 무엇이었을까? 지금까지 나는 세 가지 가능한 대답을 생각해냈고, 내 생각에 각각의 답은 조금씩의 진실을 담고 있다.

첫 번째 가능한 대답은 내가 받은 가정교육에 있다. 나의 아버지는 균류학자였고, 그의 세부전공은 기수역 상부 웅덩이에 축적되곤 하는 미세 진균에 대한 연구였다. 그의 연구는 가정에서 이루어지는 과학으로, 그 연구에는 작은 유리병에 물 시료를 받아 돌아오곤 하는 강둑 산책이 포함됐다. 물 시료는 부엌 탁상에 설치한 현미경으로 조사됐다. 그는 균을 정확하게 그릴 수 있도록 『브리태니커 백과사전』 더미, 유리 접시, 그리고 (현미경에 나타난 균의 모습을 비추기 위한) 초기 버전의 앵글포이즈사(社)의 램프를 포함하는 장치를 만들기도 했다. 그는 제도용 펜, 잉크, 질이 좋은 두꺼운 종이를 사용했으며, 세심한 주의를 기울여 이 일을 했다. 아버지는 결코 그런 말씀을 하지 않으시겠지만, 이것이 그가 자연의 모습을 존중하는 방식이었다. 자연이 지닌 모습의 아름다움을 사색하는 것만이 아니라 그것들의 내부로부터 그들을 알아가는 것으로서 말이다. 그리고 그 결과는 진정으로 예술 작품이었다. 그는 그의 균들을 사랑했다. 그런데 그

당시에 내가 완전히 깨닫지 못한 점이 있었으니, 식물과학의 분야로서 균류학이 매우 전복적인 분야였다는 점이다. 균은 살아 있는 유기체라면 응당 그러해야 한다는 우리의 평범한 직관에 쉽게 순응하지 않기 때문이다. 그들은 내부도, 외부도 없으며, 어떤 외부의 경계를 따라 환경에 상호작용하지도 않는다. 대신에 균사체[3]는 안과 밖이 없으며, 응집된 피부도 없이 모든 방향으로 뻗어져 나가는 선형 섬유의 망으로, 그의 주변에 대항하기보다는 침투한다. 만약 균사체를 유기체의 전형으로 삼는다면 어떨까? 틀림없이 생물학 전체가 달라질 것이다. 그렇다면 사회과학 역시 달라질 것이고, 모든 사람들이 균사체와 같이 선의 존재로서 간주되고, 사회는 그러한 사람들의 얽힘의 영역으로 이해될 것이다. 아마도 이것이 사각형의 탁자에 둘러앉은 내 담당자들이 선의 인류학이란 발상에 그리도 당혹스러워한 이유 같다.

두 번째 가능한 대답은 내가 인류학자로 첫 발을 내딛던 시절에 있다. 오래 전인 1970-1971년, 나는 스콜트 사미족(Skolt Saami) 사이에서 16개월간 현장연구를 수행하기 위해 핀란드 북동쪽에서 지냈다. 그곳에서 나는 내가 할 수 있는 선에서 순록을 몰거나 낚시를 하는 등의 생업활동에 참여하고, 가정을 방문하고, 가족, 친족, 가정생활에 관한 자료를 수집하고, 스콜트족 간, 사미족과 비-사미 이웃부족 간, 정부기관과 그들의 대표자들 간에서 일어나는 정치 협상의 안팎을 따라다니며, 예정한 일들

---

3   [역자주] 균사가 촘촘하게 얽힌 상태로 자란 것을 총체적으로 일컫는 말(네이버 지식백과).

을 해나갔다. 노트에 모든 것들을 적어 내려갔고, 그 노트를 나의 박사 학위논문에서도 이용했다. 그렇지만 현장에 있었던 이 몇 달은 나의 형성기이기도 했다. 이 시간들은 종종 외로웠다. 라플란드[4]에서는 항상 사람들에게 둘러싸여 있는 것이 아니라서 오히려 우리는 사람들을 찾아나서야 하고, 광활함 그 자체인 환경과 그것의 공허한 고요에 압도될 수도 있다. 여기서 현장연구자는 대체로 마음대로 하게 내버려진다. 다른 모든 사람과 마찬가지로 나 역시 나 자신의 길을 따르고, 혼자의 힘으로 사태를 파악하기를 기대받았다. 누구나 각자의 길을 지니며, 그 길에 의해 알려진다. 그리고 경관에 친숙해지는 것은 땅에 난 자취, 바위나 나무의 이곳저곳에 위치한 작은 흔적 혹은 오래된 불 피운 자리로부터 그 길들을 인식하는 능력에 달려 있다. 사람들이 그러하듯 길 역시 그들의 이야기를 지닌다. 또한 나는 말 그대로 내 사미족 스승들의 발자취를 따르고 본보기로 배우길 노력하면서, 움직임과 주의력을 결합하는 방식으로 계속 나아가는 특정한 태도를 습득하기도 했다. 그것이 내가 '행로(wayfaring; 行路)'라고 부르게 된 것이다. 이러한 태도는 내 공책을 가득 채운 관찰들과 달리 나도 모르는 사이 다가왔다. 나는 그당시에 이것을 정말로 알아차리지 못했다. 하지만 그 경험이 없었더라면 이 책을 쓰지 못했을 수도 있다.

나를 선의 세계로 꾀어냈을지도 모르는 세 번째 답은 첼리스트로서 겪은 경험이다. 내가 열두 번째 생일을 맞이하기 직전에

---

4 [여자주] 핀란드 북부를 포함하는 유럽 최북단 지역.

어머니는 첼로를 사주셨고, 학교에서 첼로 수업을 듣도록 도와주셨다. 대학원에서 연구를 시작할 때도 나는 연주를 하고 있었고, 조금 어울리지 않게 느껴지지만 심지어 연구현장에도 첼로를 가지고 갔다. 그 후 20여 년 동안 아내와 나는 우리 가족을 부양하느라 쉴 틈이 없었다. 어머니의 작고로 말미암아 다시 첼로를 잡을 때까지 내 첼로는 연주되지 못한 채, 사랑받지 못한 채 구석에 남겨졌다. 내가 첼로를 켠 것은 어머니 덕분이었다. 녹슬기는 했지만 내가 완전히 예술을 잃어버리지는 않았다는 점에서 놀라웠고, 그 이후로는 할 수 있는 한 자주 연주를 하고 있다. 이 악기에 특별한 무언가가 있는 것이 틀림없다. 왜냐하면 『라인스』 논의의 이러저러한 측면에 대해 의견을 써준 많은 독자들 중 진짜로 '논의를 이해'한 것처럼 보이는 이들은, 불균형적일 정도로 많은 수가, 생애 중 얼마간 첼로를 연주했었거나 첼리스트인 것이 드러났기 때문이다. 그것은 방적공이 실패(distaff)에서 한 가닥의 실을 뽑아내는 것과 마찬가지로, 첼로도 연주자가 선을 뽑어내듯 선율을 뽑아내는 극도의 몸짓 악기이기 때문일까? 베틀의 북이 날실을 가로질러 오고가는 것처럼 활도 팽팽한 선들을 가로질러 오고가기 때문일까? 지판(指板) 자체가 연주자가 그의 길을 찾아야만 하는 경관과 같고, 그 속에서 모든 음표가 우리가 찾는 장소와 같이 자신만의 독특한 진동 특성, 조화로운 공명, 음색으로 축복받았기 때문일까? 명확하게 표현되지는 않았지만, 그럼에도 불구하고 나는 이 발상들이 많은 첼리스트가 실잣기와 직조, 그리고 행로의 유사성을 자연스럽게 받아들이는 것처럼 보이는 이유를 설명할 수 있다고 생각한다.

『라인스』에는 내 아버지의 균류학적 연구, 사미족 사이에서 수행한 현장연구, 첼로를 완전히 익히고자 하는 나의 시도의 자취가 모두 남겨졌다. 1장에는 내가 표기를 많이 한 요한 제바스티안 바흐의 유명한 첼로 모음곡 중 6번 악보 사본이 한 장 포함되었다. 2장에서는 아버지의 균사체 그림 중 하나를 볼 수 있으며, 3장에서는 사미족 목동들이 걷거나 스키를 타고 이동할 때뿐만 아니라 두 다리를 쫙 벌리고 전동 스노모빌을 탈 때조차도 행로를 실천했다는 점을 상기했다. 나로서는 특별히 내 삶의 음악·가족·인류학적인 차원을 하나로 묶어 놓았다는 점에서 이 책을 쓰는 만족감을 느꼈다. 실제로 이 방식은 나에게 사고의 새로운 국면을 열어주었고, 『산다는 것』(Being Alive, 2011)이라는 에세이 모음집의 여러 장과 『만들기』(Making, 2013)의 마지막 장인 '선 그리기', 가장 최신작이자 선과 공기 사이의 관계에 특별히 주목한 『모든 것은 선을 만든다』(The Life of Lines, 2015)에서와 같이 그 이후 내가 쓴 작품을 통해 계속 결실을 맺고 있다. 그럼에도 내가 『라인스』를 완성한 뒤 9년 동안 이 책이 받아온 관심은 깜짝 놀랄 만한 것이었다. 아마도 이 책은 책이 지닌 본래 주제에 걸맞게 내가 거의 알지 못하거나 내가 아직 초보자에 불과한 실천과 학문의 구석구석을 돌아다녔던 것 같다. 그 결과 이 책은 건축학자와 디자이너, 예술가, 캘리그래퍼, 시인, 화가, 방직공과 바구니 공예가, 음악가와 작곡가, 무용가와 안무가, 환경운동가와 지리학자, 신학자와 철학자, 언어학도와 문학도와 함께 온갖 종류의 대화를 열어주었다. 또한 이 책은 적어도 두 개의 현대 미술 전시에 영감을 주었는데, 하나는 에든버러 시립미술관에서 열린 전시(2012년 5-7월)였으며, 다른 하나는 프랑스 동북부 메츠에 있는 퐁피두센터의 전시(2013년 1-4월)였다. 그리고 프랑스어, 스페인어, 일본어로 번역됐다.

 모든 관심들은 정말 만족스러웠다. 하지만 이 책이 예외적으로 관심받지 못한 하나의 인문학 분야가 바로 나 자신의 분야인 인류학이라는 것은 내게 여전히 수수께끼다. 나는 종종 왜 그럴까 궁금해했다. 내게 인류학의 가장 위대한 점은 자신의 소질에 따라 학계의 관습에서 벗어나 사고하고, 살아온 경험의 도전에 맞서 답하는 방식으로 글을 쓰는 자유를 제공한다는 점에 있다. 이는 다른 학문들에서는 거의 허락되지 않는 것이다. 그런 의미에서 『라인스』는 철저하게 인류학적인 책이다. 그러나 나는 때때로 이 책이 나와 인류학이 마침내 결별한 순간을 기념한다고도 생각한다. 아마 이것은 걱정할 만한 일은 아닐 것이다. 요즘처럼 의무적으로 간학문적 연구를 하는 시대에, 분과학문이 적극적으로 무시당하거나 못마땅하게 대우받는 시대에, 공해상(公海上)에 있을지 모를 보물을 위해 우연히 뱃머리를 돌려 어떤 배든 기습하는 해적처럼, 학문의 공해상에서 (내가 종종 나만의 삶을 산다고 느껴온 것처럼) 자신의 삶을 사는 것이 문제가 되어서는 안 될 것이다. 하지만 다른 많은 이들과 마찬가지로 나 역시 간학문적 연구라는 공식적인 수사학이 무례하다고 느껴진다. 공격적인 신자유주의적 지식 경제에 의한 결과이자, 자료에 대한 조급하고 끊임없는 요구가 추동한 수사학이기 때문이다. 『라인스』는 다른 종류의 학문을 지지한다. 이 학문은 시간이 걸리는 종류의 것들이고, 우리가 많은 가르침을 받아야만 하는 이들에게 전념하는 것에 너그러우며, 인류사에 재앙을 일으키는 일종의 최종 해답 따위에 맞서는 저항에 열려 있다. 또한 이 학문은 존재가 언제나 다른 방식으로도 있을 수 있다는 인식을 지닌 비교학이며, 현재 상태의 존재로는 결코 안주할 수 없다는 의미에서 비판학이다. 나에게 이러한 자질들이야말로 인류학의 정수며, 다른 학문의 온갖 유혹에도 불구하고 내가 스스로를 인류학자라고 계속 생각하는 이유다.

2015년 11월 애버딘에서
팀 잉골드

들어가며

걷기, 직조하기, 관찰하기, 이야기하기, 노래하기, 그리기, 쓰기의 공통점은 무엇일까? 답은 이 모든 것들이 이러저러한 선을 따라 진행한다는 점이다. 이 책의 목적은 선의 비교 인류학이라고 부를 만한 것의 기초를 세우는 데 있다. 내가 아는 한, 이러한 종류의 것은 시도된 적이 없었다. 사실 내가 친구들과 동료들에게 이 생각을 꺼낼 때 처음에 그들은 대개 못 믿겠다는 듯한 반응을 보였다. 그들은 내가 사자(lion)에 대해 말한 것을 잘못 들었는지 물어보았다. 나는 "아니오. 사자가 아니라 선(line)에 대해 말하고 있어요"라고 대답하곤 했다. 그들의 당혹스러움은 당연하다. 선이라니? 이것은 우리의 전통적인 관심에서 벗어나 있다. 우리에게는 시각예술, 음악, 춤, 말하기, 쓰기, 공예, 물질문화의 인류학 연구가 있지만, 선의 생산과 의미에 대한 인류학 연구는 없다. 하지만 선이 어디에나 있다는 점은 조금만 숙고하면 인식할 수 있다. 인간은 걷고, 말하고, 손짓하는 생명체로서 어디에 가나 선을 만들어낸다. 말하고, 손짓하고, 움직일 때 각각 목소리,

손, 발을 사용하는 것처럼 선 만들기는 어디에서나 행해질 뿐만 아니라 일상적인 인간 활동의 모든 측면을 포함한다. 그렇기 때문에 선 만들기는 그것들을 하나의 연구 영역으로 끌어들인다. 이것이 내가 풀어내려는 영역이다.

하지만 이 길로 들어서게 된 이유가 내가 선에 대해 엄청나게 심취해서는 아니었다. 오히려 나는 선과 전혀 관련 없어 보이는 특정한 문제에 당혹스러워하고 있었다. 그것은 우리가 어떻게 말과 노래를 구별하게 됐는가에 대한 문제였다. 사실 적어도 우리가 오늘날 인식하는 형태로 둘을 구별하는 것은 서구 세계의 역사에서 상대적으로 최근에 등장했다. 서구 역사에서 오랜 시간 동안 음악은 언어 예술로 이해됐다. 다시 말해서 노래의 음악적인 본질은 가사의 울려 퍼짐에 있었다. 그러나 어찌된 영문인지 우리는 음악의 언어적인 요소를 벗겨낸 "말 없는 노래"라는 음악 개념에 이르렀다. 또한 이를 보완하듯 우리는 말소리에서 나타나는 실제 음성과는 상당히 무관한 방식으로 주어진 말과 의미 체계로서의 언어라는 개념에 도달했다. 음악은 말이 없게 됐고, 언어는 침묵하게 됐다. 어떻게 이런 일이 생겨날 수 있었을까? 답을 구하는 과정에서 나는 입에서부터 손에까지, 소리 내는 연설에서부터 손짓에까지, 그리고 이 손짓과 다양한 종류의 표면에 손짓이 남기는 흔적 사이의 관계에까지 이르게 됐다. 언어에서의 침묵이 쓰기 그 자체가 이해되는 방식의 변화, 즉 손으로 하는 기입이 아니라 말의 언어구성 기술이라고 이해되는 것과 관련된 것은 아닐까? 선 만들기에 대한 내 연구가 시작됐다.

하지만 나는 곧 선 자체나 선을 만드는 손에만 집중해서는 충분하지 않다는 점을 깨닫게 됐다. 선이 그려지는 표면과 선의 관계 역시 고려해야만 했다. 선의 종류가 너무 다양하고 많아서 다소 겁을 먹었지만 임시적인 분류 체계를 작성해보기로 결심했다. 성긴 부분이 많이 남아있긴 해도 개중에 두 종류의 선이 눈에 띄었고, 나는 그들을 실(thread)과 자취(trace)라고 불렀다. 그러나 더 자세히 살펴보면, 실과 자취는 서로의 변형인듯 범주적으로 크게 달라 보이지 않았다. 실이 자취로 바뀔 수 있으며, 그 반대의 경우도 마찬가지다. 게다가 실이 자취가 될 때마다 표면이 형성되고, 자취가 실이 될 때마다 표면은 흩어진다. 이러한 변형을 따라가다 보니 나는 연구의 출발점이었던 문어(文語)로부터 미로의 굽이진 길, 또 자수와 직조 공예에 도달하게 됐다. 그리고 마침내 직물(textile) 직조를 통해서 나는 다시 문어로 빙돌아왔다. 하지만 짜인 실로 마주치든, 쓰인 자취로 마주치든, 그 선은 여전히 움직임과 성장의 선으로 지각된다. 그렇다면 오늘날 우리가 맞닥뜨리는 선은 어째서 그다지도 정적으로 보일까? 왜 많은 현대 사상가들에게 '선' 혹은 '선형'이라는 낱말의 언급 자체가 단선적인 논리와 같이 근대 분석적 사고의 편협함과 빈약함이 의심되는 이미지를 상기시키는 것일까?

인류학자들은 근대 서구 사회의 사람들이 세대와 시간, 역사의 흐름을 이해하는 방식에 있어서 본질적으로 선형적인 무언가가 있다고 관습적으로 주장한다. 그들은 이러한 종류의 것을 지나치게 확신한 나머지, 비서구인의 삶에서 선형성을 찾으려는 어떠한 시도도 기껏해야 가벼운 자민족중심주의로 여겨 묵

살하거나, 최악의 경우에는 서구나 나머지 세계에 선을 긋고 통치하려는 식민지 점령 계획에 공모하는 것으로 치부하기 쉽다. 우리는 타자[비서구]가 비선형적이라고 들어왔다. 하지만 이 말을 뒤집어보면, 진정으로 살아있는 삶은 길을 따라 사는 삶이 아니라 한 지점에 사는 삶이라고 가정하는 것이다. 그러나 사람들이 오고 가지 않는다면, 장소들이 어떻게 존재할 수 있는가? 단언컨대 한 지점의 삶은 장소의 경험, 즉 어떤 곳에 존재한다는 것을 산출할 수가 없다. 장소가 존재하기 위해서는 그 모든 어떤 곳들이 하나 이상의 길에 놓여 있어야 한다. 그리고 그 길은 다른 어떤 곳으로부터 이어진 길이고, 어떤 곳으로 향하는 움직임의 길이다. 나는 삶이 장소 안에서 살아질 뿐만 아니라 길들을 따라 살아진다고 추론한다. 이때 길은 일종의 선이다. 사람들이 주변 세계에 대한 지식으로 성장하고, 그들이 말하는 이야기 속 세계를 묘사하는 것도 길을 따라 이루어진다. 따라서 식민주의는 비선형적인 세계에 선형성을 도입하는 것이 아니라, 한 종류의 선을 다른 선에 도입하는 것에 있다. 식민주의는 먼저 삶이 살아가는 경로를 삶을 억누르는 경계로 바꾸고, 이내 각각 하나의 지점에 억눌려 폐쇄된 공동체를 수직적이고 통합적인 조립체에 결합하는 방식으로 진행된다. 선을 따라 사는 것과 선을 결합하는 것은 꽤나 다른 일이다.

　이와 같이 나는 움직임과 성장의 선으로부터 그것의 정반대인 점선으로 나아갔다. 점선은 선이 아닌 선으로 이 속에서는 어떤 것도 움직이거나 성장하지 않는 순간들의 연속이다. 이것은 즉각적으로 찰스 다윈의 『종의 기원』에 나오는 유명한 도식을 상기하게 만든다. 이 도식은 수천 년 동안 수천 세대에 걸쳐 진행된 생명 진화를 묘사하는데, 혈통의 모든 선은 점의 연속처럼 보인다! 다윈은 선을 따라가는 삶을 그리지 않고 각각의 점 안에 있는 삶을 그렸다. 인류학자 역시 친족과 혈통의 계보학적 도식을 그릴 때 똑같은 일을 한다. 친족표의 선들은 서로가 결합되고 연결되지만, 이것들은 생명선(lifelines)이나 심지어 줄거리(storylines)도 아니다. 이는 근대적 사고가 장소에게 행한 것이자, 사람들에게 행한 것과 같아 보인다. 근대적 사고는 공간적인 위치에 장소를 고정시켰고 사람들의 삶을 일시적인 순간에 묶었다. 하지만 만약 우리가 이러한 수순을 뒤집고, 다윈의 도식에 나타난 것처럼 점선 예찬자로서가 아니라, (인간이든 비인간이든 모든 종류의 존재들이 자신들이 엮인 관계의 뒤엉킴 사이로 길을 찾는 것처럼) 존재들로 자은 무수한 실들로 짜인 다양체로서 삶 그 자체를 상상할 수 있다면 진화에 대한 우리의 이해는 완전히 돌이킬 수 없을 정도로 바뀔 것이다. 그리고 이것은 진화 과정, 그리고 그 과정에 있는 우리 자신의 역사에 대한 열린 견해로 우리를 이끌 것이다. 이 역사 속에서 거주자들은 그들 자신의 활동을 통해 끊임없이 자신과 타자의 삶을 위한 조건을 구축한다. 정말로 선은 세계를 바꿀 힘을 지니고 있다!

이런 생각들로 고무된 채 나는 '쓰기'라는 주제로 돌아왔다. 많은 학자들은 쓰기가 문자 없는 사회의 사람들에게는 알려지지 않은 일종의 선형화를 인간 의식에 부과한다고 주장했다. 하지만 말하고 손짓한 이래로 사람들은 선을 만들고 따랐음이 분명하다. 쓰기가 본래 의미대로 기입의 실천으로서 이해되는 한에서, 그리기와 쓰기 사이, 혹은 소묘화가의 기교와 필경사의 기교 사이의 엄밀한 구분은 있을 수 없다. 이러한 추론을 통해 나는 점대점(point-to-point) 연결, 즉 점들의 결합으로서의 선형화야말로 과거의 의식과 결별하게 만들었던 선형화의 한 종류였다고 생각하게 됐다. 그러므로 오늘날의 작가는 더 이상 필경사가 아니라 낱말대장장이(wordsmith)이며, 기계적인 과정을 통해 종이에 갇히게 된 언어 조립체의 저자이다. 손짓과 기입한 자취 사이의 긴밀한 연결은 타자 치기와 인쇄 속에서 끊어진다. 저자는 대사(line)의 표현력이 아니라 낱말의 선택을 통해 감정을 전달한다. 여기에서 마침내 나는 내가 처음에 제기한 문제, 어떻게 언어가 음악으로부터 분리되고, 말이 노래로부터 분리되는지에 대한 문제의 해법을 보기 시작했다. 그리고 같은 논리가 (이제는 무엇보다 우선시되고 있기는 하지만 분명히 근대적인 것인) 기술(technology)과 예술이라는 이분법에서 서로의 반대편에 놓인 쓰기와 그리기의 현대적인 분리도 추동했다.

그리고 마침내 나는 '그 점으로 곧장 간다(go straight to the point)'라는 말의 의미가 궁금해졌다. 대체로 일상생활이나 보통의 담화에서 우리가 행하는 것들은 이렇지 않다. 우리는 특정한 이야깃거리에 끌리고 그것 주위를 이리저리 거닐지만, 막상 이야깃거리에 도달했을 때는 그것이 사라지는 것처럼 보인다. 마치 우리가 정상에 오르면 우리가 올라온 언덕이 더 이상 언덕으로 보이지 않는 것처럼 말이다. 그렇다면 어쩌다가 올바른 선형적 선은 직선이라고 추정하게 됐을까? 근대 사회에서 일직선은 이성적 사고와 논쟁뿐만 아니라 시민의식과 도덕적 청렴에 대한 가치의 전형이 된 것 같다. 길이는 있지만 너비가 없는 점들 사이의 연결이라고 여겨지는 직선에 대한 발상은 이천 년 전도 더 거슬러 유클리드 기하학까지 올라가지만, 아마도 르네상스 시대에 이르러서야 오늘날처럼 직선이 원인과 결과 그리고 그들의 관계에 대한 우리의 사고를 지배하기 시작했을 것이다. 나는 직선의 역사적인 근원을 쫓으면서, 나의 일상적인 환경에서 직선의 예시를 찾아보기 시작했다. 그리고 나는 이전에는 들여다보지 않았던 연습장, 마루판자, 벽돌 벽, 보도와 같이 빤한 장소에서 직선을 발견하기 시작했다. 이 선들은 수수께끼였다. 그들은 표면을 지배했지만 어떤 것과 다른 어떤 것을 연결하는 것처럼 보이지도 않았다. 나는 그들의 근원이 말 그대로 '땅을 측정하는' 유클리드 기하학[5]에 있지 않고, 직조기의 팽팽한 날실가닥에 있다는 것을 깨닫게 됐다. 다시 한 번, 실은 표면을 구성하는 중에 자취로 바뀌었다. 여기에서 표면은 모든 사물을 연결할 수 있는 지배의 표면이다. 그러나 근대성의 확실성이 의심받고 혼란스러워짐에 따라 한때 한 점으로 곧장 갔던 선들은 조각나고, 삶의 과업은 그 갈라진 틈 사이로 한 번 더 길을 찾는 것이 됐다.

이 책을 쓰면서 내가 따라온 길이 바로 여기에 있다. 서두에 언급했듯이 선에 대한 책이란 발상은 처음에는 이상하게 들리고, 심지어 엉뚱하게도 들린다. 하지만 이해되기 시작하면 이전

---

5 [역자주] 기하학을 뜻하는 geometry는 geo(땅)와 metry(측정법)가 결합된 합성어다.

에는 더 제한된 사고방식의 울타리 속에 갇혔던 발상의 급류가 댐이 터지듯 해방된다. 내가 이 주제를 이야기하면 학문적 동료들뿐만 아니라 친구와 친척과 더불어 거의 모든 이들이 내게 생각해보면 좋을 선의 예시 제안부터 이 주제를 언급한 읽어야만 하는 책 추천에 이르기까지, 어떤 방식으로든 제안을 주었다. 이 모든 제안들은 좋았지만, 내가 따를 수 있었던 모든 선례들 중에 백여 개는 탐색되지 않은 채로 남아 있다. 그들 모두를 쫓았더라면 많은 목숨이 필요했을 것이다. 인류학자로서의 삶도 계속 운행하면서 고고학자로서 또 다른 삶이 필요했을 것이고, 동시에 또 다른 방면에서는 가령 고전학자, 중세 역사학자, 예술과 건축사학자, 고문서학자, 지리학자, 철학자, 언어학자, 음악학자, 심리학자, 지도학자도 돼야만 했을 것이다. 나와 달리 정말 자신이 무슨 말을 하고 있는지 아는 그 분야의 전문가들에게는 내 방식대로 길을 만들기 위해 힘겹게 나아가야만 했던 해당 분야에 대한 나의 무지와 서투름을 사과한다.

    하지만 나는 결코 지금까지 탐구되지 않은 광활한 지적 지형을 다루는 것을 목적으로 삼지 않았다. 선의 짧은 역사를 묘사하는 나의 의도는 훨씬 더 겸손하다. 그것은 그 지형 위에 글을 조금 씀으로써 그저 그곳의 표면에 약간의 흠집을 내는 것이다. 그러므로 이 책은 지식과 경험이 이끄는 어떤 방향으로든 밀고 나가기 위해 당신이 영감받을 수 있는 탐구의 선들을 개방하는 것을 목적으로 하는 서문 격으로 읽어야 한다. 나는 이 책을 (내가 아는 한 이름이 없는) 이 대규모 사업에 참여하라는 공개 초대장으로 썼다. 사물을 공부하는 사람들은 그 자신을 물질문화 전공

자라고 부른다. 선을 연구하는 사람들은 그들 자신을 (…) 그들 자신을 무어라 부르는지 모르겠지만, 어쨌든 나는 내가 그들 중 한 명이 됐다는 것을 알고 있다. 그리고 그렇게 함으로써 나는 소묘 화가, 서예가, 육필 작가, 이야기꾼, 걷는 사람, 사상가, 관찰자, 사실상 살아간 모든 이들의 대열에 합류하게 됐다. 사람들은 우선적으로 사물이 아니라 선으로 구성된 세계를 살아가기 때문이다. 결국 사물이란, 혹은 참으로 사람이란 세계에 모인 많은 구성원들의 선들, 즉 성장과 움직임의 길들로 묶인 매듭이 아니라면 그 무엇이겠는가? 본래 '사물(thing)'은 사람들의 모임과 그들의 문제를 해결하기 위해 만나는 장소를 의미했다. 낱말의 어원이 시사하듯, 모든 사물은 선들의 의회다.[6] 이 책에서 내가 확고히 하고 싶었던 것은 사람과 사물에 대한 연구가 곧 그들을 구성하는 선에 대한 연구라는 점이다.

---

6 [역자주] 사물을 뜻하는 thing이라는 영단어는 만남, 조립, 논의 등을 의미하는 고대 영단어인 þing에서 유래했다. 이 문장은 브뤼노 라투르가 말하는 '사물들의 의회(parliament of things)'를 차용한 듯 보인다.

1장
언어·음악·표기법

거대한 힘에 의해 사람들이 움직일 때 호흡으로 내부르는 사고(思考)가 바로 노래다 (…) 우리에게 필요한 가사가 스스로 급격하게 자라날 때, 우리는 새로운 노래를 지닌다.
— 오르핀갈리크(Orpingalik), 넷사일링마이우트(넷실리크 에스키모)의 한 원로 (Adams, 1997: 15에서 재인용)

말과 노래의 구별에 관하여

이 장에서 풀고자 하는 문제는 말과 노래의 구별, 그리고 그 둘의 관계에 대한 수수께끼 줄기에서 뻗어 나왔다. 나도 마찬가지지만 서구의 '클래식' 전통을 주입받아온 우리는 언어와 음악의 구별 축을 따라 목소리의 사용을 대조하는 경향이 있다. 성악이든 기악이든 우리가 음악을 들을 때 집중하는 것은 당연하게도 소리 그 자체다. 이후에 이 소리의 의미에 대해 질문받는다면 소리가 일깨워준 우리 안에서의 감정적인 측면에서만 대답할 수 있을 것이다. 음악적 소리가 청자의 의식에 스며들 때 그 소리는 세계에 대한 지각을 형상화하거나 형태를 부여한다. 그러나 나는 우리 대부분이 말을 들을 때는 소리가 꽤 다르다고 생각하리라 짐작한다. 우리는 말해진 낱말의 의미를 낱말의 소리 속에서나 그 소리가 우리에게 미치는 효과 속에서는 찾을 수 없다고 말한다. 그 의미는 차라리 소리 뒤에 숨겨져 있다고 여겨진다. 그러므로 청자의 관심은 말의 소리 그 자체에 있지 않고, 오히려 그것들이 실어 나르는 의미들, 그리고 어떤 의미에서는 그것들이 전달하고자 봉사하는 의미들에 있다. 말을 들을 때 우리의 의식은 소리를 관통하여 그 너머에 있는 언어의 의미 세계에 도달하는 것처럼 보인다. 같은 이유로 그 언어의 의미 세계는 책의 종이면들이 정말로 그러한 것처럼 완전히 고요하다. 요컨대 소리는 음악의 정수인 반면에 언어는 소리가 없다.

어떻게 우리는 언어의 침묵, 혹은 음악적 소리의 비언어적 본성이라는 이러한 이상한 관점을 지니게 된 것일까? 이것은 중세나 고대 그리스로마 시대의 우리 선조들에게는 이해가 되지 않을 것이다. 자주 인용되는 『국가』의 구절에서 플라톤은 소크라테스로 하여금 음악이란 "가사, 화성, 리듬, 이 세 가지로 이루어져 있다"[7]고 주장하게 만든다. 그때에 가사는 음악의 필수적

---

7 [저자주] 스트렁크(Strunk, 1950: 4)에서 재인용. 그러나 이 원칙에 대한 플라톤의 주장은 "근대(즉 현대) 작곡가들에 의해 원칙이 빈번하게 깨지는 것을 시사" 하는 것일 수 있다(Barker, 1984: 130, 각주 19번).

인 부분일 뿐만 아니라, 가장 중요한 부분이기도 하다. 소크라테스는 계속해서 "화성과 리듬은 반드시 가사를 따라야 한다"고 말한다. 플라톤과 그의 동시대 사람들에게는 분명히 진지한 음악이란 근본적으로 언어 예술이었다. 그들의 생각에 음악에서 가사를 빼면 음악을 단순한 장식이나 반주로 환원하는 것이다. 이렇게 보면 그 시대 기악의 지위가 낮았던 것이 설명된다. 하지만 같은 이유로 가사의 소리는 낭송되든 노래 불러지든 그것들의 의미에 있어서 중심이 된다.

중세의 성직자 시대로 건너뛰어 가보아도 상당히 똑같은 발상을 찾아볼 수 있다. 리디아 고어(Lydia Goehr)가 관찰한 것처럼 가장 초기의 교회 음악은 "가사에 우선권을 부여하도록 설계된 연설적인 양식 내에서" 노래됐다(Goehr, 1992: 131). 인간 음성은 신의 말씀을 또렷하게 설명하는 데 특별한 능력이 있기 때문에, 음악적 기관으로서 유일하게 적절하다고 여겨졌다. 하지만 말하자면 그것은 말씀을 위한 대변자이지 말씀의 창조자는 아니었다. 4세기, 성 제롬은 예배자들에게 "목소리로 부르기보다는 마음으로" 부를 것을 조언했다. 그의 설명에 따르면 사람들은 "목소리를 통해서가 아니라 그가 표명하는 가사를 통해"(Strunk, 1950: 72) 노래 불러야 한다. 이 장의 머리에 나와 있는 넷사일링마이우트의 원로인 오르핀갈리크의 경구와 눈에 띄게 공명하는 제롬의 지적은 가사가 본질적으로 울려 퍼지는 것이며, 목소리의 역할은 가사의 소리를 생산하는 것이라기보다는 노래 속에서 (오르핀갈리크가 말한 것처럼 "스스로 급격하게 자라난") 가사들을 내보내는 것에 있다는 점이다.

이것은 중세시대 동안, 그리고 당연히 그 이상으로 유지되어온 관점이다. 가령 베네치아인 성가대 지휘자이자 단연코 가장 유명한 르네상스 시대의 음악 이론가인 조세포 차를리노(Gioseffo Zarlino)는 1558년 출간한 『조화의 기관』(*Istituzioni armoniche*)에서 플라톤의 원칙에 동의하는 의견을 덧붙여 인용했고, 최초로 출판된 오페라의 작곡가인 피렌체 사람 줄리오 카치니(Giulio Caccini) 역시 1602년 한 문서에 그렇게 인용했다(Strunk, 1950: 255-6, 378). 하지만 근대의 감성에서는 이것이 낯설게 보인다. 언어와 말에 대한 근대적인 이해에 대한 예를 들기 위해 나는 현대 언어학의 창시자 중 한 명인 페르디낭 드 소쉬르의 작업으로 가보려고 한다. 그 예시는 1906년에서 1911년 사이에 진행된 그의 기념비적인 제네바 대학교 강의에 있다(Saussure, 1959).

언뜻 보기에 소쉬르는 그의 전근대적 선조들처럼 낱말 울림 원칙에 충실한 듯 보인다. 그는 "진정한 유대란 오직 소리의 유대"라고 주장했다(1959: 25). 그는 한 그림(그림 1.1)을 이용하며, 언어에서 사고 혹은 의식은 물 위의 공기와 같이 소리 위를 맴돈다고 설명한다. 하지만 더 자세히 살펴보면 소쉬르에게 낱말은 소리 속에 존재하지 않는다는 점이 드러난다. 어쨌든 그는 우리가 어떤 소리를 내지 않고도, 심지어 혀나 입술을 움직이지 않고도 우리 자신과 대화하거나 시를 낭송할 수 있다고 말한다. 따라서 순수하게 물리적이거나 물질적인 의미에서 이해되는 소리는 언어에 속할 수 없다. 소쉬르는 그것이 "오직 부차적인 것, 사용당하는 실체"라고 말한다(1959: 118). 그때 언어에서 소리

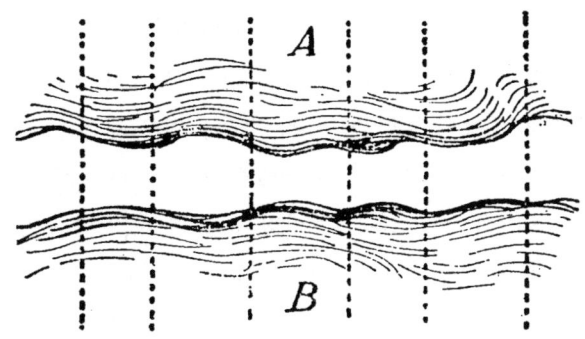

그림 1.1 사고의 평면 사이의 경계면(A)과 소리 이미지의 평면(B)에 있는 언어에 대한 소쉬르의 묘사. 언어의 역할은 수직 점선이 보여주는 것처럼 경계면을 분할하고, 그럼으로써 특정한 발상과 특정한 소리 이미지 사이의 일련의 관계를 세우는 것이다. 소쉬르의 저작(1959: 112)에서 복사.

와 같은 것은 없다. 대신 소쉬르가 소리의 이미지라고 부르는 것이 있을 뿐이다. 소리가 물리적이라면, 소리 이미지는 심리적 현상이다. 그것은 정신의 표면에 있는 소리의 '각인'으로서 존재한다(같은 책: 66). 소쉬르에 따르면 언어는 소리 이미지의 평면 위에 있는 차이들의 한 배열을 사고의 평면 위에 있는 다른 배열에 연결한다. 그렇게 함으로써 특정한 이미지는 사고의 조각 하나하나, 즉 개념과 대응한다. 개념과 소리 이미지의 결합 각각이 낱말이다. 따라서 언어는 낱말들 사이의 관계 체계로서 정신 내부에 있고, 말의 행위 속에 나타나는 언어의 물리적 예시와는 독립적으로 주어진다.

소쉬르의 주장이 암시하는 바는 노래에서처럼 낱말(가사)이 음악에 통합되면, 그것은 낱말로 있기를 완전히 그만둔다는 점이다. 그것은 더 이상 언어에 속하지 않는다. 수전 랭어(Susanne

Langer)가 쓰길, "낱말과 음악이 노래 속에서 합쳐질 때, 음악은 낱말을 삼켜버린다"(Langer, 1953: 152). 마찬가지로 소리가 언어적 표현에 있어서 부차적인 한, 낱말은 음악에서 낯선 것으로 남겨졌다. 일본의 현대 작곡가 다케미쓰 도루(武滿徹)가 말했던 것처럼, "소리가 그들 자신의 정체성을 가지는 대신에 발상에 홀린다면, 음악은 고통받는다"(Takemitsu, 1997: 7). 고대 그리스와 중세의 개념들이 완전히 역전되면서 근대에는 순수 음악이 이상적으로는 목소리보다는 악기적인 것으로서, 낱말 없는 노래로 여겨지게 됐다. 그러므로 내가 이제 막 제기한 질문은 다음과 같이 바꾸어 말할 수 있다. 도대체 어떻게 노래의 핵심적인 음악성이 언어적 요소에서 선율, 화성, 리듬이라는 비언어적 요소로 이전됐는가? 그리고 반대로, 어떻게 소리는 언어에서 빠졌는가?

가능한 한 가지 대답은 월터 옹(Walter Ong, 1982: 91)에 의해 설득력 있게 논의됐다. 그는 문어에 대한 우리의 친숙함 속에 답이 있다고 주장한다. 우리가 낱말을 종이 위에서 볼 때처럼 그것을 움직이지 않는 것으로, 그리고 장기적인 점검이 가능한 것으로 이해하면 말이라는 행위 속에 있는 소리로부터 상당히 분리된 존재와 의미를 지닌 객체로서 낱말을 인식하기 쉽다. 마치 말을 듣는 것이 시각의 한 종류, 즉 일종의 귀로 보기 혹은 '청각 시력'인 것 같다. 그 시각에서는 구어를 듣는 것이 구어를 보는 것과 흡사하다. 소쉬르의 예를 보자. 그가 책의 세계에 빠져 있는 학자로서 문어를 연구하던 경험을 모델로 삼아 그의 대응인 구어를 이해해야 했던 것은 지극히 당연하다. 하지만 그가 인쇄된 면을 마주해본 적이 없었더라면, '심리적 각인'으로서 소리 이미지라는 발상을 생각해낼 수 있었을까?

옹은 아니라고 생각했고, 이것이 바로 그가 소쉬르와 대립한 지점이기도 하다. 소쉬르가 살아 있을 적 다수의 다른 언어학자들과 마찬가지로 소쉬르 역시 글을 단순히 소리 이미지의 외형적 표현을 위한 말의 대안적 매개체로 여겼다. 옹이 생각하기에 소쉬르가 인지하지 못한 점은 애초에 문어에 대한 시각이 이미지의 형성에 있어서 필수적이라는 점이다(Ong, 1982: 17; Saussure, 1959: 119-120). 글에 대한 우리의 친숙함의 효과는 사실 너무나 깊숙하게 작동해서, 우리는 글이 전혀 알려지지 않은 사람들 사이에서 말이 어떻게 경험되는지 상상하기가 상당히 어렵다. 옹이 "일차적 구술성(primary orality)"이라고 부른 것의 세계에서 살아가는 이러한 사람들에게 실제 소리와 분리되어 존재하는 낱말 따위의 개념은 없을 것이다. 그들에게 낱말은 그들의 소리이지 소리에 의해 전달되는 사물이 아니다. 그들의 귀는 글을 읽고 쓰는 사회의 방식처럼 보기 위해 사용되는 대신 듣기 위해 사용된다. 그들은 우리가 음악이나 노래를 듣는 것처럼 낱말을 들으며, 소리 뒤에 놓여 있을 것이라 가정되는 의미가 아니라 소리 그 자체에 집중한다. 바로 이러한 이유 때문에 우리, 문해력이 있는 사람들이 말과 노래 사이에서 만들어낸 차이, 그리고 우리에게는 충분히 명백하게 보이는 그 차이가 그들에게는 아무런 의미도 없을 것이다. 일차적 구술성의 상태에 있는 사람들에게는 말과 노래 모두에서 소리가 중요하다.

원고와 악보

글이 말의 소리와 멀어지면서 언어가 낱말과 의미라는 영역으로 확고하게 분리되는 데 효과를 미쳤다는 옹의 주장이 맞다면, 언어와 음악 사이의 분열은 쓰기 자체의 기원에서부터 자리 잡았을 것이다. 그때부터 쓰기 역사는 그 자신의 경로를 따라 발전해왔고, 그래서 타당하게도 (대개 그래온 것처럼) 언어 역사의 특정한 한 시기로 대우받을 수 있었을 것이다. 그러나 옹의 주장은 폭넓게 반박돼왔다. 사실, 최소한 우리에게 전해진 형식 안에서 언어와 음악 사이의 구별은 쓰기의 탄생 속에 기원이 있지 않고 쓰기의 종말 속에 있음을 제시하는 다량의 증거가 있다. 내가 말하는 쓰기의 종말이 지닌 의미는 후에 설명할 것이다. 나의 당면한 요점은 이것이다. 만약 쓰기 역사의 상당 부분 동안 음악이 언어 예술이었다면, 즉 노래의 음악적 정수가 그것을 구성하는 가사의 울려 퍼짐에 있었다면, 문어 또한 글로 적힌 음악의 형태였어야만 할 것이다. 오늘날 서구 전통에서 교육받은 우리 대부분에게, 쓰기와 음악 표기법은 정확하게 어디에서 그 둘 사이의 차이가 나타나는지 특정하는 것이 쉽지 않다는 점을 알게 될지라도 매우 다르게 보인다. 하지만 이 차이가 애초부터 주어진 것은 아닌 것 같다. 그것은 차라리 쓰기 자체의 역사 과정 속에서 창발했다. 다르게 말하자면 음악 표기법의 역사가 아닌 쓰기의 역사는 있을 수 없고, 그래서 쓰기 역사의 중요한 부분은 어떻게 이 둘이 구별됐는가에 대한 것이어야만 한다. 우리는 언어와 음악 사이의 근대적 구별을 과거 속에 거꾸로 투사할 수 없고, 어떻게 둘 중 하나를 표기하게 됐는지 이해하는 데 있어서 다른 하나의 표기에 대한 설명이 필요치 않다고 가정할 수도 없다. 하지만 대체로 그렇게 가정해왔다. 내가 쓰기의 역사에 대해 읽은 바에 의하면, 음악 표기법에 대한 미미한 언급 이상으로는 거의 찾아볼 수 없었다. 보통은 전혀 없었다.

그러니까 나는 모든 쓰기 역사가 보다 포괄적인 표기법의 역사 중 일부여야만 한다고 주장한다. 이 역사가 어떤 형태를 갖추고 있어야 하는지 생각하기 전에 먼저 질문을 하고 싶다. 현대 서구 관습에 따르면 어떻게 글은 표기된 음악 작품과 구별되는가? 혹은 원고와 악보는 어떻게 구별됐는가? 이 질문은 철학자 넬슨 굿맨(Nelson Goodman)이 그의 강의 〈예술의 언어들〉(*Languages of Art*, 1969)에서 다루었다. 언뜻 보자면 대답은 명확한 것 같다. 문어를 이용하면 악보로는 불가능할 방식으로 무언가를 제시하고, 주장하고, 나타내는 것이 가능하지 않나? 같은 이유로 원고의 판독은 악보에서 퍼포먼스가 나온다고 인식하기 위해 필요한 것보다 더 높은 수준의 이해를 필요로 하지 않는가? 하지만 굿맨이 보여주는 것처럼, 이러한 구별의 기준들은 모두 면밀한 검토를 견뎌내지 못한다. 대신 그는 우리가 작곡 혹은 글을 '작품'으로서 여기게 만드는 그것들의 정수를 어디에 둘 것인가에 문제가 달렸다고 본 듯하다. 나는 굿맨의 주장이 지닌 복잡한 내용에 천착하지는 않을 것이고, 다만 그의 결론을 단순히 다시금 말하려고 한다. "음악 악보는 표기법으로 되어 있으며 한 작품을 정의하는 데 반해 (…) 문학 원고는 표기법으로 되어 있으며 동시에 그 자체가 작품이다"(Goodman, 1969: 210).[8] 작가는 작곡가가 그러한 것처럼 표기법 체계를 이용하고, 그가 쓴 것이 곧 문학 작품이다. 하지만 작곡가는 음악 작품을 쓰지는 않는다. 그는 악보를 썼고, 이는 결국 그것에 순응하는 한 종류의 퍼포먼스를 명시한다. 음악 작품은 그러한 종류의 퍼포먼스다. 이를 완전히 이해하기 위해 굿맨은 같은 방식으로 대조되는 스케치 드로잉과 동판화의 사례를 고려했다. 드로잉은 작품이다. 반면에 동판화에서 작품이란 원판에 순응하는 일종의 각인들이다. 하지만 원고나 악보와 다르게 드로잉과 동판화는 모두 어떠한 종류의 표기법도 이용하지 않는다(그림 1.2를 보라). 무엇이 그려진 선을 표기법의 일부라고 생각하게 하는지에 대한 질문은 5장에서 다시 다루기로 하자. 그런데 음악예술과 문학예술 사이에서 작품의 위치에 대한 이러한 차이는 왜 있어야만 하는 것일까?

    나는 그 대답이 음악에서 언어 요소가 제거되고, 언어에서 소리 요소가 제거되는 근대의 방식에 뿌리가 있다고 생각한다. 원고를 생산하는 작가와 악보를 생산하는 작곡가 모두 종이 표면에 이러저러한 시각적 표시를 남긴다. 두 경우에서 모두 이 표시들은 소리의 재현으로 여겨질 수 있다. 하지만 우리가 이 표시들을 마주할 때, 그것들은 서로의 반대 방향으로 우리를 보내버린다. 원고에서 우리는 표시를 종이 표면에 각인된 글자와 낱말(즉, 소쉬르식의 소리 이미지의 투영물)로 인식한다. 마치 그것

---

8 [역자주] 김혜숙, 김혜련 역. 2002. 이화여자대학교출판부. pp. 205-206.

	표기적	비표기적
작품 그 자체	원고	드로잉
순응하는 퍼포먼스의 일종으로서의 작품	악보	동판화

그림 1.2 넬슨 굿맨에 따른 원고, 악보, 드로잉, 동판화 사이의 차이.

들이 정신 표면에 각인돼야 할 것처럼 말이다. 그리고 표시는 즉각적으로 그것이 의미해야 하는 것, 다시 말해 발상과 개념으로 우리를 인도한다. 하지만 음악 악보의 표시를 생각해보면 그것은 글자와 낱말이라기보다는 음표와 악구로서, 발상이나 개념을 의미하는 것으로 여겨지지 않고 소리 그 자체를 의미하는 것으로 여겨진다. 요컨대 언어와 음악을 비교하자면 우리는 의미작용이 반대 방향으로 이루어진다는 점을 발견한다. 독서는 인지, 다시 말해서 텍스트 속에 기입된 의미를 안으로 받아들이는 것의 예시다. 반면에 독보(讀譜)는 퍼포먼스, 다시 말해서 악보에 기입된 지시를 밖으로 행하는 것의 예시다. 말하자면 전자는 내향으로, 재귀적인 사고의 영역으로 데려가고, 후자는 외향으로, 소리로 둘러싸인 공간감으로 데려간다(그림 1.3). 우리는 저자의 사고와 의도를 발견하기 위해 텍스트를 읽지만 악보에 지시된 작곡가의 의도를 읽는 것은 음악을 경험하기 위해서일 테다. 당연히 음악 표기법 체계는 완전할 수 없다. 가령 서구 음악을 위한 표기법의 정통 체계는 음조와 음색의 다른 특성을 배제하고 음의 높낮이와 리듬에만 집중한다. 그 외의 특성들이 특정

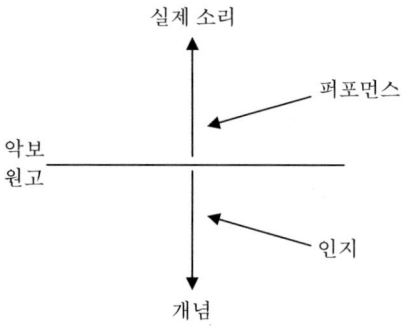

그림 1.3 '안으로 받아들이기'로서의 원고와 '밖으로 행하기'로서의 악보.

돼야 한다면 문어나 약어, 혹은 숫자와 같이 또 다른 구성 방식 속에서 추가돼야만 한다. 그럼에도 표기법의 목적은 음악가들이 그것을 읽고 원작의 온전한 복제품을 생산할 수 있도록 소리를 충분히 정확하게 기술하는 것에 있다.

    언어와 음악을 이러한 방식으로 엄격하게 분할하면 둘 사이의 경계면에서 피할 수 없는 변칙들이 발생한다. 만약 원고가 연극 퍼포먼스를 위해 쓰였다면 굿맨조차도 그것이 반쯤 악보라는 점을 인정해야만 한다. 배우는 무대 위에서 낭독하기 위해 연극 대사(line)를 읽기 때문에 목소리는 중요한 고려사항이다. 또한 연극 작품의 사례에서 작품은 당연히 원고 그 자체로 이루어지지 않고, 그것에 순응하는 일종의 퍼포먼스로 이루어진다(Goodman, 1969: 210-211). 특별히 크게 낭송하기 위해 쓴 시 종류도 역시 마찬가지다. 시인이 그의 효과를 달성하기 위해 구어의 울려 퍼짐을 이용하는 한 시는 언어보다는 음악에 가깝다. 하지만 그것이 근본적으로 언어구성으로 남아 있는 한 음악보다는 언어에 가깝다. 그러므로 시적 텍스트는 원고이자 동시에 악보이지, 전적으로 원고이거나 전적으로 악보는 아니다. 그러나 극 퍼포먼스와 시 퍼포먼스의 변칙적 지위는 우리에게 어려운 문제일 수 있으나, 전근대 선조들에게는 어려운 문제가 아니다. 리디아 고어가 보여준 것처럼 음악적 측면에서만 보자면 작품을 (장엄함을 함축하며 건축적 형식을 지닌) 구성된 인공물로 보는 바로 그 발상은 18세기 말 즈음 음악이 자주적인 순수예술로 분리되면서 그와 동시에 생겨난 작곡, 퍼포먼스, 표기법이란 개념 속에 기원한다(Goehr, 1992: 203). 그 시기 이전에 실제 음악 작품이란 사전의 작곡에서가 아니라 퍼포먼스 속 노동에 있다고 이해됐다. 모든 퍼포먼스가 표기법에서 사전 제시된 상세 설명서를 따라야 한다는 발상은 그야말로 존재하지 않았다.

말하는 글

문학 창작의 장에서도 이 시기, 혹은 이 시기보다 이르게 유사한 변화가 일어났다. 『일상생활의 실천』(1984)에서 미셸 드 세르토(Michel de Certeau)는 근대 작가를 세계에 초연하고 고립된 데카르트식 주체로서 상상했다. 조망하는 모든 것의 주인인 작가는 지구의 표면을 응시하는 식민지 정복자나 불모지를 응시하는 도시 계획가들과 같이, 그 위에 자신이 만든 건축물을 덧붙일 준비를 하면서 종이 한 장의 빈 표면을 응시한다. 사회가 식민 통치의 공간에서 창조되듯이, 도시가 계획에 둘러싸인 공간에서 세워지듯이, 문어는 그 면의 공간에서 생산된다(Certeau, 1984: 134-136). 그러므로 텍스트는 무(無)에서부터(혹 무언가 그 전에 있었더라도 그것은 이 과정 속에서 뿌리 뽑힌다) 세워지는 인공물, 제작되거나 만들어지는 사물이다. 호세 라바사(José Rabasa)는 크리스토퍼 콜럼버스의 일지를 논평하며 지도에 없는 바다를 항해하는 것과 빈 종이면 위에 글을 쓰는 것을 비교한다.

> 배의 지휘대와 펜의 스타일러스[9]는 이전의 자취들이 없는 표면에 패턴을 그린다. 이러한 전례 없음, 즉 '빈 종이면'의 허구는 콜럼버스 사례가 보여주듯 뱃사람과 작가가 영토와 텍스트의 '소유권'을 주장할 수 있게 만든다(Rabasa, 1993: 56).

하지만 언제나 이러했던 것은 아니다. 라바사가 세르토에 동의하며 지적한 바와 같이 표면과 표면에 가해진 구성물에 대한 권리를 주장하는 후기 르네상스 시대 글은 중세시대 경전과 근본적으로 차이가 있다. 왜냐하면 후자는 만들어진 무언가가 아니라 말하는 무언가로서 이해되기 때문이다(Certeau, 1984: 136-137).

그 시대에 쓰기의 모범적인 예시는 성서였다. 세르토에 따르면 독자들은 성서 구절의 음성을 듣고 그 음성들로부터 배움을

---

9 [역자주] 스타일러스란 끝이 뾰족한 막대기로 종이나 판에 자국을 내는 도구를 일컫는다.

얻으리라 여겼다(1984: 136-137). 이는 구약 그 자체에 묘사된 선조들을 따르는 것에 지나지 않았다. 한 유명한 예시는 예언자 예레미야의 책에서 나온다. 그는 필경사 바룩에게 신의 말씀을 "돌돌 말아진 책", 즉 두루마리(scroll)에 쓰라고 했다. 그 말씀은 유다 왕국 백성의 죄악에 가해진 벌에 대한 것이었다. 바룩은 두루마리를 손에 쥔 채 사람들에게 갔고 그들은 즉각 그에게 "자신들의 귀에 그것을 읽어 넣어줄" 것을 요청했다. 그가 그렇게 하자 그들은 매우 언짢아했다. "이제 우리에게 말해주십시오." 무리지은 청중들은 그에게 물었다. "당신은 어떻게 이 모든 말씀을 썼습니까?" 이에 바룩이 답하길 "그[예레미야]는 그의 입으로 이 모든 말을 나에게 불러주었고, 나는 그것을 잉크로 책에 썼노라."[10][11] 쓰기에 있어서 예언자의 입에서부터 필경사의 잉크 자취까지, 읽기에 있어서 잉크 자취에서부터 사람들의 귀에 이르기까지, 여기에 나타난 연결들은 직접적이며 매개된 것이 아니다.

글이 말한다면, 그리고 사람들이 그들의 귀에 글을 읽어 넣는다면, 그렇다면 문어에 대한 익숙함이 필연적으로 말을 보는 것처럼 듣게 유도한다는 옹의 주장은 틀렸다. 사실 성서 속에 나온 이야기를 읽는 선조와 같이 중세의 읽고 쓸 줄 아는 이들이 하는 일도 오늘날 우리가 하는 일과 정반대이다. 그들은 보기 위

---

10 [역자주] 구약성서 예레미야서 36장 참조.
11 [저자주] 킹 제임스 성경에서 나온 예레미야서(36: 15, 18). 여기에 있는 '구두 공언'으로 밝혀진 읽기 양식에 대한 상세한 논평과 분석은 보야린(Boyarin, 1992: 12-16) 참조.

해 귀를 사용하는 대신에 듣기 위해 눈을 사용했고, 문어에 대한 지각을 본보기 삼아 구어를 지각하기보다는 그 반대였다. 5세기 경, 성 아우구스티누스는 "그러므로 한 낱말이 쓰일 때 그 낱말은 눈에 표시를 만들어 귀와 관련된 것이 정신 속으로 들어오도록 하는 것이다"라고 썼다(Parkes, 1992: 9에서 재인용). 중세 사람들이 우리와 다르게 말을 지각했다면, 이는 그들이 글로 쓰인 말이나 노래 형태에 대한 노출이 제한적일 수밖에 없는 일차적 구술성의 세계에 살기 때문이 아니다. 그 반대로, 그들이 읽기와 쓰기 활동 그 자체를 상당히 다르게 이해했기 때문이다. 이 이해는 적어도 고대 그리스 시대로까지 거슬러 올라간다. 에릭 해블록(Eric Havelock)은 초기 명문(銘文)이 특정한 시기에 특정한 사람들에게 보내는 구두 공언의 특성을 지녔다는 점을 보여주었다. 명문을 인공물 위에 새김으로써 인공물 또한 목소리를 얻을 수 있었고, 인공물을 헌정한 사람은 인공물이 자신을 소유하고 있는 자에게, 혹은 자신을 가로챈 자에게 닥칠 일을 선언하도록 만들었다. 나폴리 근처 이탈리아 해안에서 발견된 기원전 7세기경 항아리는 "나를 훔친 누구든지 눈이 멀 것"이라고 말한다(Havelock, 1982: 190-191, 195).

이제 글이 말한다면 그때의 읽기는 듣기이다. 중세 연구자 니콜라스 하우(Nicholas Howe)는 앵글로색슨족의 *ræd*와 그것의 게르만족 유사어에서 유래한 동사, 'read(읽다)'의 어원학적 기원을 연구하면서, 그것의 최초 의미가 "충고나 조언을 하기"에 초점이 있었으며, 거기에서부터 (수수께끼를 푸는 것과 같이) "모호한 것을 설명하기"를 거쳐, 더 나아가 "일상적인 글의 해석"으로까지 확장해왔다는 점을 보였다(Howe, 1992: 61-62). 그러므로 준비된(ready) 누군가는 그것을 적절하게 '읽은' 덕분에, 다른 말로 하자면 조언을 받은 덕분에 상황을 대비한다. 악명 높은 무능력자인 앵글로색슨시대의 에셀레드 무책왕(Ethelred the Unready)은 조언을 받지 않았기 때문에 가장 기본적인 왕의 의무를 저버려 이러한 별칭을 갖게 됐다. 그는 듣지 않았다. 요컨대 오늘날 우리에게 친숙한 읽기는 침묵하는 것이자 홀로 문어를 사색하는 것이지만, 그와 달리 그 시대의 읽기는 "공동체 안에서 말해지는 공적 행위"를 의미했다(같은 책: 74). 그것은 퍼포먼스였고, 밖으로 읽어내는 문제였다. 초기 중세시대에 읽기에 대한 이러한 감각이 얼마나 잘 성립되었는지는 4세기 경 밀라노에 도착한 아우구스티누스가 『고백록』에 기록한 경악스러운 경험을 통해 증명된다. 그는 그 도시의 주교인 암브로시우스의 읽기 행위를 목격했다. 아우구스티누스는 암브로시우스가 그 어떤 소리도 내지 않고 읽는 것에 완전히 낙담했다. 그의 눈은 글을 따라갔지만 "그의 목소리와 혀는 침묵했다." 아우구스티누스는 왜인지 알 수 없었지만, 단순히 더 공적인 행사를 위해 "쉽게 쉬곤 하는 목소리를 보호하기 위함"일 것이라고 짐작했다(Augustine 1991: 92-93; Howe, 1992: 60과 Parkes, 1992: 10 역시 참조). 그러한 암브로시우스조차도 소누스 리테라룸(*sonus litterarum*), 즉 '글자의 소리'에 대해 글을 썼다(Parkes, 1992: 116, 각주 6번).

더 흔한 사례는 수도원 독자들의 사례로, 그들은 눈으로 글을 따라가는 것처럼 입술로도 낱말 소리를 따라가면서 그것들을 발음하고 중얼거리며 글을 따라가곤 했다. 나온 소리는 보체스 파지나룸(*voces paginarum*), 즉 종이면의 목소리로 알려졌다 (Leclercq, 1961: 19; Olson, 1994: 183-185). 그들이 더 많이 읽을수록 그들의 머리는 그러한 목소리의 합창으로 더 많이 채워졌다. 이제 소리를 순수한 물리적 행위로 생각하는 데 익숙한 오늘날의 독자들은 이러한 목소리를 상상된 허구로 일축하고 싶을 수도 있다. 물론, 우리는 그 목소리가 실체로 존재하지 않는다고 우리 자신을 안심시킬 것이다. 존재하는 것은 단지 발성의 이미지이며, 정신의 표면에 있는 이미지의 심리적 각인이다. 하지만 이 소리의 물질성(그것의 물리적 실체)과 그것의 이상적 재현 사이의 분열은 근대에 만들어진 것이다. 우리가 보는 바와 같이, 식사와 소화가 내장 안에서 연결되는 것처럼 몸의 퍼포먼스와 지적인 이해 역시 안에서 연결된다는 점에 기초한 철학적인 관점에서는 이러한 분열이 말이 되지 않을 것이다. 누군가가 숟가락으로 음식을 떠먹여줄 때 배가 차면 먹기에 물린다고 느끼는 것처럼 그 자신의 힘으로 식사하는 사람조차도 식사가 끝날 때는 그러한 느낌을 받을 것이다. 그렇다면 중세 성직자도 누군가 그에게 글을 소리 내어 읽어주었다면 그의 정신이 그 목소리로 가득 채워지는 것처럼, 그 글을 좇을 때도 눈으로 종이면에 기입되어 있는 글을 따라가고 아마 손가락으로도 따라가며 늘 그렇듯 중얼거리면서 목소리로 정신이 가득 채워졌으리라고 누가 아니 말할 수 있을까?

물론 그는 그 말이 이전에 노래로 불리고 말해져온 것을 들어왔기 때문에, 그리고 숙련된 반복을 통해 청각과 근육의 자각 속에 말의 표시가 남겨졌기 때문에 들을 수 있다. 그렇다면 읽기는 단지 듣기가 아니라 기억하기이기도 하다. 글이 말한다면 과거의 목소리들과 함께 말하는 것이며, 독자는 마치 그 목소리들의 한 가운데에 존재하는 것처럼 그것들을 듣는다. 역사학자 메리 캐루더스(Mary Carruthers)가 수많은 예시를 통해 보여준 것처럼, 고대 그리스로마 시대에서부터 르네상스 시대로 이어지는 글은 무엇보다 기억의 수단으로서 가치를 지녔다. 그것의 목적은 말한 것이나 행한 것의 완전하고도 객관적인 설명을 제공함으로써 과거를 폐쇄해버리는 것이 아니라, 과거의 목소리들을 되찾아 현재 경험의 직접성 안에 그것들을 재도입시키기 위한 길을 제공하는 것에 있다. 이는 독자들이 그 목소리들과의 대화에 직접적으로 참여하고, 그 목소리들이 말하는 것과 그들 자신의 삶의 상황을 연결할 수 있도록 만든다. 요컨대 쓰기는 기록으로서가 아니라 회복의 수단으로서 읽힌다. 캐루더스는 고대 그리스에서 사용된 읽기를 의미하는 단어인 아나기그노스코(*anagignosko*)가 말 그대로 '기억해냄(recollect)'을 의미했고, 라틴어에서 같은 단어인 레고(*lego*)가 이와 비슷하게 모으거나 수집하는 과정을 일컬었다고 언급한다. 한 고전 작가도 이 과정을 사냥과 낚시, 그리고 먹이를 뒤쫓는 것을 빗대는 수단으로 묘사하곤 했다(Carruthers, 1990: 30, 247). 앙드레 르루아구랑(André Leroi-Gourhan)이 그의 엄청난 논고인 『행위와 말』(*Gesture and Speech*)에서 말한 바, "각각의 글 한 편은 방주(旁註)와 직인으로 리드미컬하게 부서지는 일련의 조밀한 사건이며, 그 주위에서 독자들은 계획을 배우기보다는 원시 사냥꾼과 같이 자취를 따라가며 길을 찾는다"(Leroi-Gourhan, 1993: 261).

자취를 따라가기, 즉 행로(wayfaring)와 미리 계획된 운항(navigation) 사이의 구별은 대단히 중요하다. 간단히 말하자면 운항사는 영토의 완전한 재현물을 작도법적 지도(cartographic map)의 형태로 자신 앞에 두고, 그 지도에 따라 출발하기도 전에 진로를 결정한다. 그때 여정은 그 진로의 전개에 지나지 않는다. 반면에 행로에서 사람들은 이전에 다른 무리들과 여행했던 길이나 발자취를 따라간다. 그는 계속 길을 따라가며 여행 일정을 재구성한다. 이 경우, 여행자는 오직 목적지에 도달한 경우에만 진정으로 그의 길을 찾았다고 말할 수 있다. 이 구별을 더 정교하게 다듬기 위해서는 이 구별이 주요 논제가 되는 3장까지 기다려야 한다. 다만 이 시점에서는 고대와 중세 독자가 운항사가 아니라 행려(wayfarer)였다는 결론을 내는 것으로 충분하리라. 그들은 종이면 위에 있는 글을 이미 그 자체로 완벽하게 구성되어 있는 진로의 상세설명서로 이해하지 않았다. 오히려 그들은 글을 기억의 경관 속에서 길을 찾게 해줄 수 있는 위치 표지판과 디딤돌, 이정표의 집합물로 보았다. 중세 독자들에게는 이러한 길 찾기(장소에서 장소로 안내받으며 흘러가는 움직임)를 나타내는 특별한 용어인 둑투스(*ductus*)라는 용어가 있었다. 캐루더스가 설명하길 "둑투스는 움직임을 강요한다. 즉, 둑투스는 구성하는 동안 작문을 통해 그 길 위에서 사유하는 정신의 지휘(con*duct*)이다"(Carruthers, 1998: 77, 원저자 강조).[12]

---

12 [역자주] duct는 통로라는 뜻이며, ductus는 윤곽, 도관, 안내, 지휘라는 뜻을 지닌다.

하지만 이 기억을 위한 연상 수행을 생각할 때, 쓰기와 말하기, 이동에 있어서 몸이 행하기 전에 텍스트와 이야기, 경로가 이미 복합적 구성물로 존재하는 것처럼 보이고, 그것들이 먼저 총체적으로 접근되고 되찾아져야 하는 것처럼 보여도 이것들을 배타적인 인지 작업으로 여기면 안 된다. 작가가 펜으로 종이의 표면에 글을 새기고, 여행가가 땅의 표면에 그의 발자국을 새기듯 중세 사상가 역시 기억 작업을 정신의 표면에 무언가를 새기는 것이라고 상상할지라도, 그들은 이 표면을 측량하는 공간으로 생각하지 않고 거주하는 지역으로 생각했다. 그리고 그 표면은 하나의 단일하고 총체적인 응시를 통해서가 아니라 돌아다니는 고된 과정을 통해서 알아갈 수 있다고 생각됐다. 이야기하고 여행할 때만큼 읽을 때도 사람들은 나아가면서 기억한다. 그러므로 기억하는 행위는 그 자체로 퍼포먼스로 생각된다. 즉, 텍스트는 읽음으로써, 이야기는 말함으로써, 여정은 행함으로써 기억된다. 요컨대 모든 텍스트, 이야기, 여행은 발견되는 객체라기보다는, 행해지는 여정이다. 그리고 각각의 여정에서 여러 명이 같은 땅을 누빌 수도 있지만, 그럼에도 각각은 고유한 움직임이다. 모든 여로를 보증하는(underwrite) 정해진 견본이나 상세설명서는 없으며, 모든 퍼포먼스가 단순히 원고나 경로도에서 '독파'되는 고분고분하고 명목적인 징표로 여겨질 수도 없다(Ingold, 2001: 145).

리더스 다이제스트(Reader's digest)

위의 결론을 생각하면서 우리가 이전에 말한 원고와 악보 사이의 구별로 돌아가보자. 그리고 이러한 구별에서 종이면 위의 시각적 표시는 원고에서 개념을 지칭하고, 악보에서는 실제 소리를 지칭하기 때문에 원고는 인지 속에서 '내부를 향하여' 읽히는 반면, 악보는 퍼포먼스 속에서 '외부를 향하여' 읽힌다는 점도 떠올려보자. 이제 이러한 의미에서 고대와 중세의 필경사가 의심할 여지없이 글자와 낱말을 썼다고 할지라도 그 결과로 나타난 문헌은 원고로서의 자격을 갖출 수 없다는 점이 분명해질 것이다.[13] 우선 한 가지 이유는 애초에 거기에 적힌 표시가 소리 이면에 있는 추상적이고 언어적인 의미로 독자들을 인도하는 것이 아니라 들을 수 있는 소리로 인도했기 때문이다. (내가 곧 다시 논의할 음악 표기법을 고안한) 11세기 베네딕트 수사 귀도 다레초(Guido d'Arezzo)는 음악 표기법의 모든 음표가 그러하듯 모든 글자가 특정한 음성, 즉 소리를 호출한다고 확신했다(Carruthers, 1990: 18). 필경사의 문헌이 원고가 아닌 또 다른 이유를 들자면, 성대를 포함하든 혀와 입술의 조용한 움직임만을 포함하든, 그때의 읽기 행위는 독자가 텍스트 대화자의 목소리를 듣고 그 목소리와 대화를 나누는 하나의 퍼포먼스였다

---

13 [역자주] '원고'의 형용사 형태로 번역한 scriptural은 본래 '성서'라는 의미인데, 여기에서는 중세의 필경사가 성서(scriptural)를 필사했음에도 본문의 구별법에 따르면 원고(script)를 쓴 것은 아니게 되는 역설을 중의적으로 표현했다고 할 수 있다.

는 점이다. 읽기가 독자를 둘러싼 세계에 감각적으로 몰입하는 자신의 토대와 떨어져서 행해지는 고독한 지식인의 작업일 수는 없었다(Howe, 1992: 74). 돔 르클레르크(Dom Leclercq)가 관찰한 것처럼, 읽기는 "읊조림이나 쓰기와 같이 온몸과 온정신의 참여가 필요한 활동"으로 이해됐다. 그러므로 감기로 고생하여 그의 목소리를 잃은 가경자 피터(Peter the Venerable)는 "그의 렉티오(*lectio*)를 더 이상 수행할 수 없기 때문에" 읽을 수 없었다(Leclercq, 1961: 19-20).[14] 이렇듯 글이 퍼포먼스 중에 읽혔고, 이를 통해 소리로서 경험됐다면, 그것은 악보로 여겨지는 것이 더 낫지 않을까? 그러나 다시 한 번 더 대답은 '아니오'여야만 한다. 이것은 원고도 악보도 아니다. 단순한 이유를 들자면 (근대적 사고가 언어와 음악을 대조할 때 서로의 반대편에 배열하는) 의미와 소리, 인지와 퍼포먼스가 고대와 중세 필경사의 쓰기에서는 결코 반대편에 있지 않고, 차라리 같은 측면에 있었기 때문이다. 이어서 르클레르크는 사람들이 텍스트를 읽을 때 "존재 전체로, 다시 말해서 텍스트를 입으로 발음하기에 몸으로, 텍스트를 고정하는 기억으로, 텍스트의 의미를 이해하는 지적 능력으로, 텍스트를 실천하고자 하는 의지로" 읽길 기대받았다고 말한다(Leclercq, 1961: 22). 그러므로 읽기는 '밖으로 행하기'인 동시에 '안으로 받아들이기'이다. 내가 이미 암시한 것처럼 퍼포먼스와 인지(혹은 연설과 묵상)는 식사와 소화처럼 내재적으로

---

14 [역자주] *Lectio*는 라틴어로 (크게) 읽기, 숙독 등을 의미하며, 기독교적으로는 음악적 억양을 사용하는 성서나 기도문의 봉독(奉讀)을 의미한다.

연결돼 있다. 사실 중세 학자들은 글 읽는 법에 대한 논평을 쓸 때 위(胃)의 은유를 자주 활용했다. 소가 되새김질거리를 씹을 동안 입을 움직이는 것처럼 독자들은 텍스트가 기억 속으로 넘어갈 동안 중얼거리며 말들을 뻐끔거려야 한다고 권고받았다. 한마디로 그는 되새겨야 한다(Carruthers, 1990: 164-165).

기도에 전념한 사제, 가경자 피터는 "쉼 없이 그의 입을 거룩한 말씀으로 되새겼다"고 외쳤다(Leclercq, 1961: 90). 가경자 베데(Bede)가 전한 이야기의 영웅인 소몰이꾼 캐드먼(Cædmon)처럼 말이다. 그는 경이로운 작시의 재능을 타고났으며 그가 일하는 수도원의 사제들에게 추가적인 가르침을 받았다. 베데에 의하면 그는 "그것들을 듣고, 그런 다음에 기억하고, 마치 몇몇의 깨끗한 동물들이 되새김질하는 것처럼 계속 되새김으로써 그가 할 수 있는 모든 것들을 배웠고, 그것들을 가장 듣기 좋은 운문으로 바꾸었다"고 한다(Colgrave와 Mynors, 1969: 419). 여기에서 기억은 잘게 씹은 낱말의 영양분을 섭취하는 위장과 같다. 즉, 기억은 위장이 식사를 통해 가득 차듯 읽기를 통해 포화된다. 진미로 든든해진 위장이 달콤한 냄새가 나는 트림과 방귀로 위안을 얻는 것과 같이, 그렇게 (성 제롬이 말한 것으로 여겨지는 진술에 따르면) "인간 내면의 숙고는 말을 낳으며, 마음의 풍요는 입을 말하게 한다"(Carruthers, 1990: 166). 말이 더 신성할수록 소리는 더 달콤하다. 군중들에게 "목소리로 부르기보다는 마음으로" 노래 부르라고 조언한 자가 바로 제롬이었다는 점을 상기해보자. 좋은 트림과 같이, 성도(vocal tract)는 소리를 생산하는 것이 아니라 단지 그것을 내보내는 것이다. 마음으로 배운 것이 마음으로부터 나온다.

음악 표기법의 기원

우리는 지금까지 최소한 서구 세계에 한해서 말과 노래가 구분되는 목록으로 아직 나누어지지 않았던 쓰기 역사의 상당 부분에 대한 것을 규명했다. 다만 하나의 목록이 있었고, 그것은 글자와 낱말이라는 수단을 이용해 기술됐다. 고대 그리스는 무시케(*mousike*)라고 알려진 음성 예술의 범주를 지녔었다. 하지만 에릭 해블록이 설명한 것처럼, 그리고 우리가 이미 플라톤의 언명을 들은 것처럼, "선율로서의 음악은 오직 무시케의 부차적인 부분일 뿐이다. 이는 가사의 종복인 선율과 리듬이 가사의 양적인 발음 길이에 순응하도록 틀 지어져 있기 때문이다"(Havelock, 1982: 136). 이러한 이유 때문에 해블록은 고대 그리스인들이 그들의 '음악'에 쓸 만한 표기법을 결코 얻어내지 못했다고 추측한다. 그들은 음악을 가사 없이 생각할 수 없었기 때문에, 쓰기로부터 음악 표기법을 분리할 이유가 없었다(같은 책: 345). 하지만 고대 그리스 음악 표기법의 존재 가능성과 그 성질은 고전 학자들 사이에서 논쟁거리이다. 가령 마틴 웨스트(Martin West)는 최소 기원전 4세기부터 그리스인들이 하나가 아니라 두 개의 상응하는 표기법 체계를 가지고 있었다고 주장하면서, 심지어 하나는 성악을 위한 것이었고 다른 하나는 기악을 위한 것이었다고 말한다(West, 1992: 7). 하지만 만약 이러한 표기법이 있었다한들 그것은 매우 제한적인 기능을 지녔고, 그것에 대한 지식은 소수의 작은 전문 연주자 사회에 제한되어 있었을 것으로 보인다. 리듬 혹은 음표 길이를 특정하기 위해 별개의 표기법이 필요하지는 않았을 것인데, 왜냐하면 이것들은 이미 절의 음보에 내재하여 장음과 단음이 자체적으로 바뀌었기 때문이다(같은 책: 129-130).

게다가 웨스트도 인정하듯 노래의 선율은 부분적으로 구어의 특징에 기반을 두었는데, 그 특징을 구체적으로 말하자면 그리스인들이 프로소이디아(*prosoidia*), 즉 '따라 부르기'라 부르는 음 높이의 변주이다. 그들은 높음/낮음과 긴장/이완과 같은 대조를 표시하기 위해 선율에도 적용되는 동일한 어휘를 수단 삼아 연설을 기술했다(West, 1992: 198). 거만하고 부도덕한 태도로 선조들의 작품들을 무시한 것으로 잘 알려진 인물이자 아리스토텔레스의 제자인 타렌툼 지방의 아리스토크세누스(Aristoxenus)도 비슷한 점을 지적하면서 자신 이전에 그 누구도 말과 노래의 선율 형식을 구분하는 법에 대해 생각하지 않았다고 표명했다. 그는 말과 노래에서 모두 목소리가 여기저기로 나아가는 듯 위아래로 움직이지만, 말에서는 그 움직임이 연속적인 데 반해 노래에서는 간격[음정]이 있다고 주장했다.

대화를 나눌 때의 목소리는 결코 가만히 있지 않는 듯 움직이기 때문에 연속적인 움직임은 말의 움직임이라고 말할 수 있다. 우리가 음정이라고 부르는 다른 형식에서는 정반대의 방식으로 목소리가 움직인다. 목소리는 가만히 있는 듯 보이기 때문이다. 그리고 사람들은 모두 이를 행하고 있다 여겨지는 자에 대해 더 이상 말한다고 말하지 않고, 노래한다고 말한다.
— 아리스토크세누스, 『화성학의 요소』Elementa Harmonica I권, Barker, 1989: 133에서 재인용.

아리스토크세누스 그 자신은 별개의 음악 표기법을 구상하는 것에 별 관심이 없었고, 선율을 적는 것이 선율의 이해에 어떤 도움이 될 수 있을 것이라는 생각 자체를 경멸했다. 그는 이해가 오직 "두 가지에서 비롯할 수 있다. 지각과 기억 (…) 음악에 들어 있는 것들을 따라가기 위한 다른 방법은 없다"고 분명하게 말했다(같은 책: 155).

그럼에도 웨스트에 따르면 기원전 3세기쯤에는 전문 성악가 사이에서 성악을 위한 합의된 선율 표기법 체계가 일반적으로 사용됐고, 이 체계는 음높이를 지시하기 위해 텍스트의 음절 위에 배치한 문자 기호들로 구성되어 있었다(West, 1992: 254). 하지만 그들의 목적은 대개 기억을 돕기 위한 연상 기호였던 것으로 보인다. 성악가들은 단순하게 노래를 들으면서 배웠고, 음표 기호의 도움을 받지는 않았을 것이다(같은 책: 270). 그리고 노랫말은 보통 이러한 기호 없이 베껴졌고, 현대 기악 연주자가 인쇄된 악보에 운지법과 운궁법 부호를 추가할 수 있는 것처럼 같은 방식으로 후에 첨가됐을 뿐이다. 하지만 이렇게 텍스트에 '교정 표시를 하는' 실천은 노래 분야에서만큼 웅변 분야에서 더 폭넓게 적용됐다. 연설의 중요 지점에서 목소리의 높낮이를 지시하기 위해 텍스트의 글자나 음절 위에 추가하는 다양한 종류의 기호로 말이다. 우리는 이러한 노래와 같은 음높이의 변주를 일컫는 그리스어 프로소이디아를 이미 마주했었다. 이 말은 로마인들에 의해 아드-칸투스(*ad-cantus*)로 번역됐고, 후에 악켄투스(*accentus*)가 됐다(같은 책: 198). 그리스와 로마 문헌에서 체계적인 억양 부호 집합은 알렉산드리아 박물관의 사서였던 비잔티움 지방의 아리스토파네스(Aristophanes)가 기원전 200년 즈음에 발전시켰다. 그것들은 네우마(*neuma*)라고 불리었고, '끄덕임' 혹은 '신호'라는 그리스어에서 나왔다. 양음(acute)과 억음(grave)이라는 두 가지 기본적인 강세가 있었고, 각각은 상승과 하강을 지시했다. 이들은 더 복잡한 목소리의 어조를 재현하기 위해 예를 들어 V나 N 모양으로 결합될 수도 있었다(Parrish, 1957: 4). 이러한 형식 속에서 '네우마(*neume*)'라고 불리게 된 것이 서구의 쓰기 역사상 최초의 독특한 음악 표기법, 즉 그레고리오 성가를 위해 고안된 음악 표기법의 효시에 등장했다.

    네우마가 처음 사용됐던 정확한 시기는 알려지지 않았는데, 성가가 5세기부터 쓰였던 것에 반해 남아 있는 필사본 중 네우마로 교정 표시를 한 가장 오래된 필사본은 9세기부터 발견되기 때문이다(그림 1.4 참조). 게다가 글자나 음절 위에 놓인 이러한 부호들은 이미 글이 적힌 종이면에 덧붙여진 것으로 보인다. 그레고리오 표기법에서 양음 강세는 그것의 원형이 유지됐고 비르가(*virga*) 혹은 '막대'라고 불린 반면에, 억음은 푼크툼(*Punctum*; 작은 점) 혹은 '점'으로 줄여졌다. 이 두 기본적인 부호를 다양한 방식으로 결합하면 심화된 네우마의 전체 부호 목록을 만드는 것도 가능했다. 이렇게 하여 한 점 뒤에 따라오는

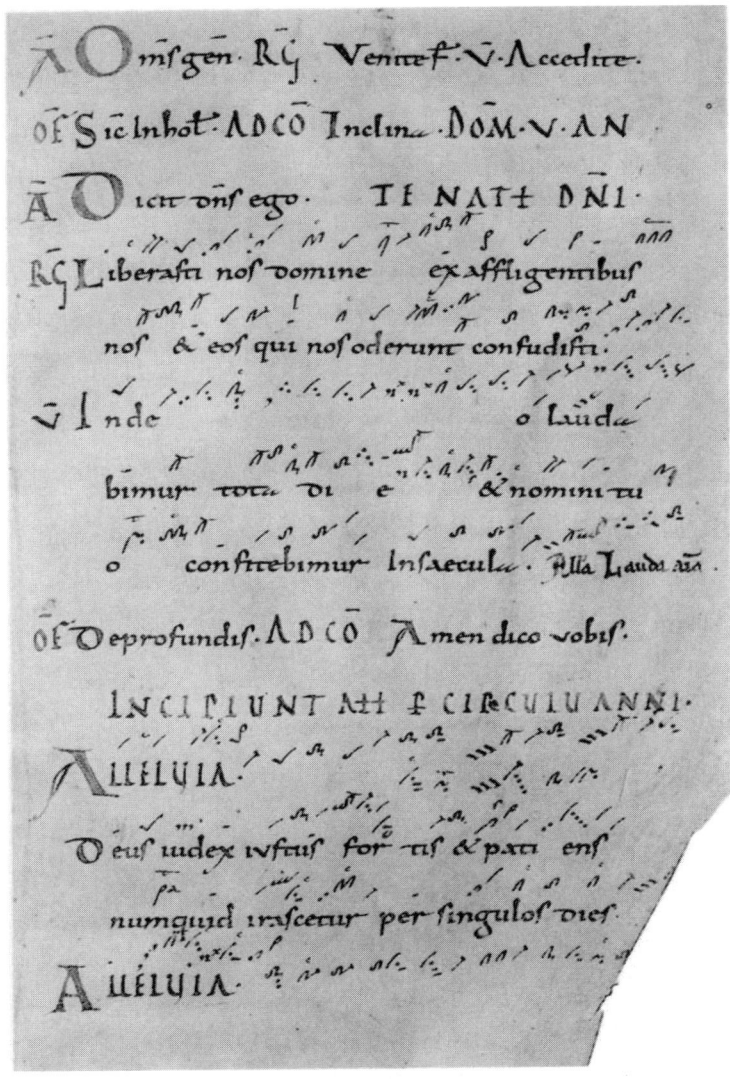

그림 1.4 생 갈 수도원에서 나온 네우마로 교정을 한 9세기 후반 필사본(생 갈, 칸타토리움, 필사본 359, 쪽번호 125).

막대로 구성된 포다투스(*podatus*), 즉 '발'은 낮은 음 뒤에 높은 음이 따라오는 것을 가리켰다. 마찬가지로 하나의 막대 뒤에 따라오는 점으로 구성된 클리비스(*clivis*), 즉 '굴곡'은 높은 음 뒤에 낮은 음이 따라오는 것을 가리켰다. 또한 두 점 뒤 하나의 막대로 이루어진 스칸디쿠스(*scandicus*), 즉 '등반'은 3음 상행을 가리키며, '사다리'를 뜻하는 클리마쿠스(*climacus*)는 하나의 막대 뒤 두 개의 점으로 이루어졌고 3음 하행을 가리킨다. '꺾기'를 뜻하는 토르쿨루스(*torculus*)는 한 점, 한 막대, 다시 점으로 구성되는데, 낮은 음, 높은 음, 그리고 낮은 음을 가리킨다. 네우마 표기법의 상이한 유파들이 있었는데 이들은 9세기 동안에 만들어졌다고 여겨진다. 그리고 이 유파들은 점을 이용하든, 획을 이용하든, 혹은 그 둘 다의 결합을 이용하든 더 복잡하고 다중적인 음을 내는 네우마를 적는 방식을 통해 어느 정도 구별된다. 사각형이나 다이아몬드 모양의 구역으로 구별되는 개별 음표와 얇은 수직선, 두꺼운 측선, 또는 비스듬한 선으로 네우마 모양이 네모지게 된 것은 13세기에 갈대 펜이 깃펜으로 교체된 결과였다. 이 주제에 대한 칼 패리시(Carl Parrish)의 권위 있는 저작에서 가지고 온 그림 1.5에는 표기법의 핵심 유파에서 가장 흔하게 사용되는 네우마가 있는데, 대략 왼쪽에서부터 오른쪽으로는 연대순이고 위에서부터 아래쪽으로는 복잡도순이다. 가장 오른쪽 열은 현대 표기법에 상응하는 것을 보여준다.

　가장 최초의 표기법은 독자에게 무슨 음을 부를지에 대해 전혀 혹은 거의 말하지 않았다. 사실 이것은 거의 중요하지 않은 문제였다. 우리가 보아왔듯이 노래의 정수는 가사의 울려 퍼짐

	SANGALLIAN	FRENCH	AQUITANIAN	BENEVENTAN	NORMAN	MESSINE	GOTHIC	SQUARE
SINGLE NOTES								
VIRGA	/	|	ʳ	]	ʔ	╱	↑	˥	♩
PUNCTUM	·	·	·	▪	·	✓	▪	■	♩
TWO-NOTE NEUMES								
PODATUS	✓	↲	⸝	⌐	↲	↗	⇃	⫟	♫
CLIVIS	⋂	⌠	⁞	⌐⌐	↼	ʍ	⋂	⋀	♫
THREE-NOTE NEUMES								
SCANDICUS	∵	ǃ	⸝	⌐	⸫	╱	⌐	♩♩	♫
CLIMACUS	/⸪	⎢⸪	⸪	⁞	⁝	⇃⇃	↑⸪	⁞⸪	♫
TORCULUS	⌠	ʃ	⁓	⌐	⋀	⋀	⌒	⋈	♫
PORRECTUS	⋎	⋎	⁞⸫	V	⋎	⋎	⋒	⋈	♫
COMPOUND NEUMES								
PODATUS SUBBIPUNCTIS	✓⸪	⌐⸪	⸝⸪		⸝⸪		⇃⸪	⁞⸪	♫♫
TORCULUS RESUPINUS	⋐	⌠	⋎	⋀	⋎			⋈	♫♫
PORRECTUS FLEXUS	⋈	⋈		⋈		⋈		⋈	♫♫
LIQUESCENT NEUMES								
EPIPHONUS	↲	↲	⸝	⸙	↲	↲		♩	♫
CEPHALICUS	⸝	⸝	⸜	↴	⋒	⸝		♩	♫
STROPHIC NEUMES								
DISTROPHA & TRISTROPHA	,, ,,,	.. ...	.. ...	⁓⁓ ⁓⁓⁓	,, ,,,	,, ,,,	⁀ ⁀⁀	▪▪ ▪▪▪	♫ ♫♫
ORISCUS	,	,	⋒	⁓	, ⁀			♩♩	♫♫
PRESSUS	/⁞	⸙	⌠	⸝	⋔	⸝		⁞⁞	♫♫
SPECIAL NEUMES								
SALICUS	⸝⸝	⸝⸝						♩⸝	♫
QUILISMA	⌠	⌠				⸝		▪	⁓

그림 1.5 그레고리오 표기법의 네우마. 패리시의 작업 『중세 음악의 표기법』(Parrish, 1957: 6)에서 복사. ⓒ W.W. 노튼 & 컴퍼니. 복사 허가받음.

에 있고, 성악가는 성가의 가사를 마음에 이미 새기고 있었을 것이라고 생각됐다. 선율이 단순한 음성의 장신구로 이해된 것처럼, 네우마 역시 순전히 글로 쓰인 가사의 부수품으로 보였다. 네우마는 성악가가 각 음절의 발음에 적용되는 운율적 뉘앙스를 기억하도록 거들면서, 패리시가 "선율 회상 장치 체계"라고 부르는 것을 형성했다(Parrish, 1957: 9). 하지만 몇몇의 표기법 유파는 가상의 수평선 위 다양한 지점에 네우마를 배치함으로써 음높이의 차이를 표시하기 위해 고심했다. 10세기 무렵부터 필사본에서는 이 가상선이 양피지 위에 실제로 그려진 진짜 선으로 대체됐다. 근대 표기법 체계를 향한 결정적인 움직임은 11세기, 귀도 다레초에 의해 이루어졌다. 귀도는 각각의 소리가 선율 속에서 자주 반복되곤 하지만 언제나 그 자신의 줄 위에 있어야만 하기에 그러한 방식으로 네우마를 적어야 한다고 권고했다. 이 줄들을 구분하기 위해 수평선들은 서로 가깝게 그려져서 소리의 일부 줄은 그 선 위에 있고 다른 줄은 사이 공간에 있어야 한다. 그러므로 귀도가 요한 19세 교황을 방문해 보여준 것처럼, 노래가 글로 쓰였기에 사람들은 앞서 들어본 적도 없는 노래의 절을 배울 수 있었다. 전해지는 바에 따르면 그 교황은 귀도의 발명에 매우 들떠 확실하게 만족할 때까지 스스로 해보길 고집했다고 한다(Strunk, 1950: 117-20).

지금 보면 노래의 음율적인 측면을 표기하기 위한 이 체계가 오늘날 익숙한 오선보의 효시라는 점을 손쉽게 알 수 있다. 하지만 이 체계가 완전히 발달한 음악 표기법이었다는 결론으로 건너뛰는 것은 잘못일 것이다. 노래의 핵심적인 음악성이 가사의 억양에 있는 한, 네우마는 주로 글 문자로 기입된 노래 그 자체에 부차적인 것으로 남아 있었기 때문이다. 네우마는 현대 기악곡의 운지법처럼 음악 자체를 지표화하기보다는 연주자를 돕는 역할을 해왔다. 어떤 이가 악보에서 음악의 어떠한 것도 잃어버리지 않은 채 운지법을 모두 지워버릴 수 있는 것처럼, 그렇게 음악의 어떤 것도 잃어버리지 않고 중세의 필사본에서 네우마를 모두 지워버릴 수도 있다. 각 사례에서 잃어버릴 것이라곤 프롬프트나 큐 신호, 혹은 리마인더가 제거될 때 연주자나 성악가가 잃어버릴 퍼포먼스 능력에 대한 무언가일 것이다. 글자에 기반을 둔 고대 그리스의 음표 기호와 같이 글로 쓰인 네우마는 완전히 연상 기호 목적으로 역할했다. 그것들은 제자가 노래를, 특히 그들이 전에 들어본 적 없는 노래를 마음에 새길 수 있도록 돕기 위해 거기에 존재했다. 귀도가 자랑하길, "내가 소년들에게 이 과정을 가르치기 시작한 뒤로 몇몇은 모르는 선율을 사흘도 되기 전에 부를 수 있었다. 다른 방법으로는 몇 주가 걸려도 가능하지 않았을 것이다(Strunk, 1950: 124)." 하지만 이것은 눈으로 본 것이 아니다. 여전히 사흘이 걸렸고, 제자들은 그 노래를 암기할 때까지 적절하게 공연하지 못했다. 하지만 표기법의 도움으로 그들은 훨씬 더 빨리 그것을 암기할 수 있었다.

오선보 위에 음표나 연결선 표기가 당당하게 음악 표기법으로 등장하기까지 수 세기가 걸렸을 것이다. 왜냐하면 이것은 고어의 언어로 표현하자면, "오직 음악이 텍스트로부터 완전히 해방됐을 때" 나오기 때문이다(Goehr, 1992: 133). 근대 악보에서 네우마는 엄청난 정교화 작업이 가해졌고 본래 있었던 가사의 연결성을 끊어낸 체계를 형성했다. 대조적으로 원고에서 네우마는 오늘날 작은 틈에서만 구두점의 형태로 살아남았다. 구두점에 대한 이상하고 모호한 역사는 그 자체로 한 장을 할애할 수도 있다. 하지만 여기에서는 네우마 표기법의 기원이 그러하듯 구두점의 기원 역시 읊거나 노래하는 텍스트의 악절을 나누고 전달할 때 사용자를 돕기 위해 이미 글로 쓰인 필사본을 교정하는 실천에서 기인했다는 점을 말하는 것으로 충분하리라(Parkes, 1992: 36). 사실 비잔티움의 아리스토파네스가 그리스 텍스트에 주석을 달기 위한 광범위한 전략의 일환으로 네우마의 효시를 포함하여 쉼표와 콜론, 악절을 처음 도입한 사람이다(Brown, 1992: 1050). 훨씬 뒤인 9세기 즈음부터 추가적인 부호(풍투스 엘레바투스(*punctus elevatus*), 풍투스 인테로가치부스(*punctus interrogativus*)(물음표의 전신), 풍투스 플렉수스(*punctus flexus*))가 더해졌으며, 이들은 질문의 끝이나 끝나지 않은 문장 속 종속절의 끝 같은 곳에서 멈추거나, 적절한 목소리의 변화를 가리키는 역할을 했다. 줄리안 브라운(T. Julian Brown)에 의하면 이러한 새로운 부호들의 원천은 다름 아니라 "네우마라고 불리는, 적어도 9세기 초부터 그레고리오 성가를 위해 사용돼왔다고 알려진 음악 표기법 체계"이다(Brown, 1992: 1051)!

음악이 말과의 관계를 끊었을 때 그 전에는 나눌 수 없었던 시적 통합체, 말하자면 노래와 같은 것이 낱말과 소리라는 두 가지의 합성물이 됐다. 그때부터 노래는 글자와 낱말로 적히면서도 동시에 네우마와 점 부호를 이용하여 강세와 변곡으로 꾸며

진 단일한 목록이 아니라 두 가지 목록으로 나뉘어졌다. 하나는 언어의 목록이며 다른 하나는 음악의 목록이고, 각각은 병렬적으로 읽히는 원고와 악보라는 분리된 선들로 표기됐다. 오늘날 노래의 가사는 악보를 동반한 원고로서 집필된다. 원고를 제거해도 여전히 목소리가 있다. 다만 그것은 가사 없는 목소리다. 악보를 제거하면 소리도 목소리도 없다. 오직 낱말의 연쇄가 움직임 없이 침묵하고 있다. 그림 1.6의 익숙한 예시에서 반점, 따옴표, 괄호, 그리고 세미콜론을 포함하여 남아 있는 구두점 부호는 텍스트의 정확한 구성 안에서 단순히 연결 지점을 지시하는 역할을 하기에 성악가에게는 도움이 되지 않는다. 사실 그것들이 퍼포먼스에 개입하는 무언가가 있다 하더라도 그것은 선율 구조나 노래의 악절 나누기와는 명확한 관계가 없다. 성악가가 음악에 맞춰 가사를 일렬로 세우는 것을 돕기 위해서는 낱말 그 자체 내에 일반적으로 인쇄되는 길이 이상으로 낱말을 늘리도록 변칙적인 구두점이 하이픈 형식으로 도입돼야만 한다. 해블록이 말하듯, 우리는 음악의 "고문대 위에 낱말을 눕힌다." 음악의 리듬감과 선율적 필요에 맞추기 위해 낱말의 억양을 수정하고, 늘리고, 압축한다(Havelock, 1982: 136). 음악은 어휘 선택의 주인이지 더 이상 하인이 아니다. 한때 노래의 음악성에 핵심적이었던 가사는 이제 음악에서 장식품으로 '부가'된다. 하지만 그렇다하더라도 어떻게 소리는 글로 쓰인 낱말로부터 축출됐는가? 어떻게 종이면은 목소리를 잃어버렸는가?

그림 1.6 캐롤 현대서적에서 발췌한 가사와 음악의 병렬적 목록.「한 밤에 양 치는 자」. 마틴 쇼 편곡. 더머, 본, 쇼의 저작(Dearmer, Vaughan, Shaw, 1964: 66)에서 복사.『옥스퍼드 캐롤집』. ⓒ옥스퍼드 출판사 1928. 복사 허가받음.

어떻게 종이면은 목소리를 잃어버렸는가

이 질문에 대답하기 위해 우리는 이전에 내가 소개했던 행로와 운항 사이의 구별로 돌아가야 한다. 중세시대 독자에게 텍스트는 그가 사는 세계와 같았고, 종이면의 표면은 그가 길을 찾는 지역과 같았으며, 그는 여행자가 땅에 있는 발자국이나 길잡이를 따라가는 것처럼 글자와 낱말을 따라갔다. 반면에 근대 독자에게 텍스트는 마치 기성의 완벽한 작도법적 지도의 종이 표면 위에 세계가 찍혀 있다고 여기듯 빈 면 위에 찍혀 있는 것처럼 보인다. 진로를 따라가는 것은 작도법적 지도를 이용한 운항과 같다. 하지만 그 지도는 기억을 지운다. 그것은 여행자들이 떠올렸던 지식과 여정이 없었더라면 만들어질 수도 없었을 것이다. 하지만 지도 그 자체는 이러한 여정들을 증명하지 않는다. 그 여정들은 괄호 속에 가두어졌거나 이제는 대체되어 과거 속으로 치워져버렸다. 세르토가 보여주듯이 그 지도는 지도의 구조가 직접적으로 세계의 구조로부터 튀어나온 것 같은 인상을 주어 그것을 생산한 실천의 모든 자취들을 지운다(Certeau 1984: 120-121; Ingold 2000: 234). 하지만 그 지도 속에 재현된 세계는 거주자가 없는 세계다. 다시 말해서 아무도 거기에 없다. 그 무엇도 움직이거나 소리 내지 않는다. 이제 거주자의 여정이 작도법적 지도에서 제거된 것과 꼭 같은 방식으로 과거의 목소리는 인쇄된 텍스트에서 지워진다. 그 텍스트는 자신이 탄생할 수 있도록 노동한 자들의 활동을 증언하지 않는다. 차라리 그것은 미리 구성된 인공물, 즉 하나의 작품으로 보인다. 언어는 침묵당

한다.
 이것이 바로 언어의 침묵과 그 결과로 나타난 음악과의 분리가, 쓰기의 탄생이 아니라 쓰기의 종말과 함께 나타났다는 나의 주장으로 돌아가는 지점이다. 나는 표면에 대한 지각의 근본적인 변화가 쓰기의 끝을 예고했다고 생각한다. 그 변화 속에서 표면은 사람이 지나갈 때 통과하는 경관과 비슷한 것으로 지각되는 것에서 사람이 보는 지점으로, 마치 또 다른 세계의 이미지가 투영되는 화면과 같은 것으로 지각된다. 적어도 이 책에서 말하는 것과 같은 의미에서 쓰기는 수공예이고, 필경사의 예술이다. 종이면에 새겨진 선은 글자, 네우마, 구두점 부호나 수치, 그 어떤 형식에서도 손의 능란한 움직임이 남긴 가시적인 자취였다. 그리고 산길 위의 사냥꾼처럼 종이를 배회하는 독자의 눈은 [글]자취를 만들었던 손의 궤적을 따라가는 것처럼 이 자취들을 따라갈 것이다. 예를 들어 최고(最古) 필사본들에서 많이 발견되는 카이로노미(*chironomic*) 네우마는 합창단장의 손짓에 상응했기에 이렇게 불리었다(Parrish, 1957: 8).[15] 합창과 마찬가지 방식으로 눈으로 따라가고, 또 목소리로도 따라가는 것은 (텍스트를 통해 적극적이고 주의 깊게 자신의 길을 만들어가는) 동일한 과정의 핵심적인 부분이었다. 그렇기에 보기와 듣기는 반대편에 있지 않았다. 비록 근대성 안에서는 시각적 추측과 청각적 참여 사이에 있는 분할의 축을 따라 반대편에 있게 됐지만 말이다.

---

15 [역자주] 카이로노미(chironomy)는 손의 움직임으로 합창을 지휘하는 것을 일컫는다. 손을 뜻하는 그리스어 cheir에서 유래한다(두산백과).

인쇄술이야말로 손짓과 시각적 기입 사이의 이 친밀한 연결을 깨뜨렸다. 그러나 내가 요약한 지각 변화의 원인이 인쇄였다고 주장하는 것은 망설여지는데, 다른 많은 분야, 가령 공학과 건축에서도 비슷한 발전들이 진행되고 있었기 때문이다. 하지만 모든 사례에서 결과는 같았다. 숙련된 수세공이 '창의적인' 디자인 혹은 '창의적인' 구성과 '단순한' 기술적 실행이라는 분리된 요소들로 쪼개졌고, 인쇄공이든 건설자든 기계공이든 결과적으로 손노동이 줄어들었으며, 기계가 잘 작동할 수 있도록 미리 결정한 순차 작업을 시행했다(Ingold, 2000: 349-350). 나는 5장에서 이 주제로 돌아갈 것이다. 지금은 단지 문학 분야에서 작문 작업이 작가에게 달렸다는 점을 관찰할 필요가 있다. 우리는 글을 쓰는 저자에 대해 옛 식으로 그의 결과를 수기(手記; manuscript)라고 말하지만, 이것이야말로 저자가 하지 않는 것이다. 물론 그는 심사숙고하기 위해서 펜이나 종이를 사용할지도 모른다. 하지만 이 낙서는 단지 작문에 수반되는 과잉된 행동일 뿐이며, 혼잣말하기부터 서재 벽 서성이기까지 그 모든 것들은 인쇄된 종이 위에 완성된 작업을 이행하기 전에 이루어진다. 이렇게 작가가 글을 쓰지 않는다면 인쇄공도 글을 쓰지 않는다. 왜냐하면 쓰기는 기입 과정인 반면에 인쇄는 받아들일 준비를 마친 빈 표면 위에 이미 구성된 텍스트를 각인하는 과정이기 때문이다. 수동이든 기계식이든 어떤 몸짓이 이 과정에 포함된다 할지라도 그 몸짓들은 전달하고자 하는 시각적 표시의 형태와는 일말의 관련도 없다.

인쇄로 못 박힌 낱말

이로써 나는 월터 옹의 논지, 즉 글이 시각과의 동화 때문에 고요한 객체로 바뀌면서 낱말을 잠재워버렸다는 논지로 돌아간다. 이제 옹조차도 필사본의 독자들에게 글은 결코 고요하지 않았다는 주장을 부정할 수 없기에, 그의 논지가 완전한 진실은 아니라고 인정해야 한다. 글은 소리와 움직임으로 고동친다고 지각됐다. 옹은 이러한 지각이 '듣기 우위의 잔존' 덕분이고, 이 듣기 우위는 필사본 문화의 가장자리에 존재하다가 인쇄의 도래로 마침내 완전하게 축출됐다고 본다. 마치 손으로 쓴 선들이 [낱말을] 사물화하는 시각적 감시에 평정되길 거부하며 계속 꿈틀거렸던 것 같다. 결국 낱말이 못 박히기 위해서는 인쇄가 있어야만 하는 듯 보인다. 옹이 동의하는 것처럼 "인쇄는 쓰기가 그러한 것보다 더 많이, 낱말을 사물이라고 암시한다 (…) 낱말을 효과적으로 사물화하는 것은 인쇄이지 쓰기가 아니다(1982: 119-121)." 사실, 옹이 양쪽 모두를 주장한다는 인상을 피하기 어렵다. 한편에서 그는 "모든 원고가 어떤 식으로든 단어를 사물로 재현"하고 이러한 측면에서 인쇄는 쓰기의 도래와 함께 수천 년 전에 시작된 사물화의 과정을 계속하는 것일 뿐이라고 믿기를 강요하는 것 같다(같은 책: 82, 91). 하지만 다른 한편에서는 실질적으로 낱말을 사물로 바꾼 것은 쓰기가 아니라 인쇄였다고 주장한 것이 맞다면, 가시적인 형식으로 주어질 때 낱말은 사물이 된다는 옹의 초기 논지에 무슨 일이 일어난 것인가? 손으로 쓴 낱말은 인쇄된 낱말만큼 가시적이지 않은 것인가?

이 모순을 해결하기 위해 우리는 글과 말의 구별을 다시 보아야 한다. 이 구별은 구술성과 문자성 사이의 대조라는 단일 축의 측면에서 빈번하게 논의됐지만, 더 자세히 살펴보면 말과 글은 정말로 상당히 다른 두 가지 축을 따라 구별되는 것으로 드러난다. 첫 번째는 청각적 감각 양상과 시각적 감각 양상 사이의 대조이며, 두 번째는 목소리와 손짓, 혹은 둘 다일 수 있는 신체 동작과 어떤 물질 표면 위에 있는 자취로서 여겨지는 그것의 기입 사이의 대조이다. 이 축들을 조합하면 2개의 안(案)이 아니라 네 개의 안이 제시된다. (1) 청각-동작적. (2) 시각-기입적, (3) 청각-기입적, (4) 시각-동작적(그림 1.7).

첫 번째 안과 두 번째 안은 각각 우리 시대 보통의 말과 글에 상응한다. 우리는 말이 성대 동작으로 구성되어 있어 듣는다고 생각하고, 글은 기입된 자취로 구성되어 있어 본다고 생각한다. 근대의 녹음 장비가 없으면 일반적으로 목소리는 지속되는 어떠한 자취도 남기지 않기에, 말을 받아들이는 세 번째 안은 오직 근래에 실천적 가능성을 지니게 된 것일 수도 있다. 하지만 우리는 지도자가 말한 공언을 잉크로 옮겼다고 주장하는 예언자 예레미야의 필경사, 바룩을 잊어서는 안 된다. 이것이 바로 받아쓰기의 예시로, 비록 가시적인 형식이기는 하나 정말이지 지속될 수 있는 명문을 산출할 것으로 기대되는 구술 읽기였다.

필경사는 물론 손을 써서 일한다. 이 손의 움직임이 없다면 쓰기에서 기입되는 것은 아무것도 없을 것이다. 하지만 옹의 선례들을 살펴보면 말과 글의 대다수 논의는 그 손과 손의 작업을 간과했다. 그들은 오로지 청각 양상과 시각 양상의 대조에 집중

	동작	기입
청각	말	받아쓰기
시각	손짓	글

그림 1.7 말하기, 쓰기, 받아쓰기, 손짓

하기에 몸짓과 몸짓의 기입 사이에 있는 관계에 주목하는 데 실패해왔다. 그러므로 글은 능란한 손동작의 지속되는 자취로 이해되기보다는 단순히 언어 소리의 시각적 재현으로 이해됐다. 이 점은 내가 그림 1.7에서 손짓의 시각적 이해라고 이름 붙인 네 번째 안을 생각하도록 만들었다. 손짓의 시각적 이해는 대면 상황에서 이루어지는 대부분의 인간 의사소통이 지닌 특징이다. 우리 모두는 이야기할 때 손을 이용하여 표현을 한다. 이 몸짓은 볼 수 없다면 무용할 것이다. 더 나아가 농인들의 수화와 같이 완전히 침묵하면서 오로지 손짓을 통해 기능하는 언어의 형식들도 있다. 하지만 수화의 사례가 보여주듯이 낱말을 보는 것은 전적으로 그들을 듣는 것만큼이나 능동적이고, 역동적이며 참여적일 수 있다. 조너선 레(Jonathan Rée)는 "시각적인 몸짓을 통한 의사소통과 들을 수 있는 낱말을 통한 의사소통을 나누는 형이상학적 심연이 있다는 생각은 토대 없는 환상이며, 이론이라기보다는 환영이다"(Rée, 1999: 323-324)라고 주장한다.

조너선 레가 옳다. 수어가 구어보다 덜 움직이는 것도 아니고, 덜 능동적인 것도 아니며, 더 사물 같은 것도 아니다. 게다가 손의 움직임이 종이면에 즉각적인 자취를 남기는 한, 수어를 바라보는 것과 문어를 바라보는 것 사이에는 큰 차이가 없다. 최종적으로 이 논평들은 시각에 대상을 물화시키는 무언가가 선천적으로 있다는 만연한 착각을 불식시켜야 한다.[16] 낱말을 사물로 환원하는 것은 시각 때문이 아니다. 그보다는 낱말이 글로 쓰이는 대신에 인쇄될 때 발생하는 (기술적으로 효과적인) 몸짓과 몸짓의 시각적 결과물 사이의 단절 때문이다. 우리가 보아 왔듯이 필사본을 읽는 것은 텍스트의 낱말을 발음하는 가운데 목소리와 행동을 같이 하는 손에 의해 만들어지는 흔적들을 따라가는 것이다. 하지만 인쇄면은 따라갈 수 있는 흔적이 없다. 그때 독자의 눈은 내가 3장에서 말하는 바와 같이 종이면을 조망하지만, 그곳에 거주하지는 않는다. 그리고 시각이 더 역동적이고 참여적인 청각으로부터 떨어져 이해의 과정에서 무관심한 감시 능력으로 환원되는 것은 명백히 우리가 이미 눈이 받아들인 낱말이 사물이라고 확신하기 때문이다.

악기와 함께(그리고 악기 없이) 성가 부르기

나는 말과 노래의 구별에 대한 수수께끼로 시작했다. 그리고 글과 음악 표기법 사이의 변화하는 관계를 고려하지 않는다면 우리가 이 수수께끼를 풀 수 없다는 점을 논증했다. 글과 음악 표

---

16 [저자주] 예를 들어 데이비드 레빈(David Levin)은 그 시각이 "우리의 모든 지각 양상 중 가장 물화되어 있다"고 주장한다(Levin, 1988: 65).

기법은 둘 다 선과 면을 포함한다. 하지만 중세 필사본에서 근대 인쇄본으로의 이행 중에, 그리고 고대 네우마에서 근대 음악 표기법으로의 이행 중에 선의 형태만 변화했던 것은 아니다. 선이 무엇인지, 그리고 선과 표면의 관계, 선과 몸짓의 관계, 특히 선과 시각 및 소리의 관계가 무엇인지에 대한 이해에 근본적인 변화가 있었다. 이제 말과 노래의 문제에서 출발했던 우리가 책의 남은 부분을 할애할 선의 성질과 역사에 대한 질문의 전체 의제에 당도했다. 하지만 본격적으로 그 의제로 나아가기 전에 사회인류학자가 즐겨하는 기분 전환에 가담하여, 다시 말해 비서구권 사회에서 나온 상대적인 예시가 있음을 호소함으로써 나의 학제적 정체성을 한 번 더 주장하고 싶다. 나는 우리 자신의 것과 전적으로 대등한 역사적 깊이와 복잡성을 지닌 지식과 실천의 전통들 사이에 있는 번드르르하고 얄팍한 유사성을 묘사하는 것이 위험하다는 점을 충분히 인식하고 있다. 그럼에도 나는 단지 고대로부터 근대에 이르는 서구 세계 내 표기법의 역사를 조사하는 중에 우리가 맞닥뜨린 문제가 결코 서구 지역에 한정되어 있지 않으며, 다른 곳들과 명백하게 공명한다는 점을 보이기 위해 비교하고자 한다. 나의 두 예시는 일본과 페루 아마존에서 왔다.

일본의 전통극인 노(能)극에 동반되는 음악을 쇼우카(唱歌)라고 부르는데, 이것은 말 그대로 노래나 읊조림을 의미한다.[17]

---

17 [역자주] 쇼우카는 일본의 창가를 말하며, 노극(のうがく)은 일본의 전통 무대 예술이다.

하지만 이 낱말은 악기의 소리나 작성된 악기 표기법을 말하는 것일 수도 있다. 모든 악기가 각자의 쇼우카 형식을 지니지만, 공통적으로 그것들은 모두 목소리로 불려지거나 암송될 수 있다. 이어서 나는 푸에(笛)라는 특정한 악기, 즉 피리에 대해 살펴볼 것이다. 나는 인류학자 이구치 카오리(井口 かをり)의 작업물에서 정보를 얻었다. 그녀는 일본 교토의 전통음악 학습과 실천을 인류학적으로 탐구하는 과정에서 피리를 연구했다(Iguchi, 1999). 근대 서구 음악 표기법에 익숙한 사람들에게 푸에를 위한 쇼우카는 사실 매우 생소하게 보이는데, 쇼우카가 완전히 일본어 가타카나의 음절문자체계에서 나온 문자로 적혀 있기 때문이다. 이 문자들은 말소리처럼 속삭이거나 흥얼거리는 방식으로 크게 읽힐 수 있다. 쇼우카 내 모든 음절은 모음과 비슷해서 문자 묶음은 끊어지지 않는 소리의 흐름으로 읽힌다. 그럼에도 혀와 입술의 위치가 변하고, 그에 따라 구강의 모양이 변하며, 각각의 연속적인 음절의 발음이 변화해 연속적인 조절이 이루어진다. 예를 들어 그림 1.8에 묘사된 표기법의 한 부분은 (위에서부터 아래로) "오-히야-아-아-아-아-라"라고 쓰여 있다. 바로 이러한 모음 의성어의 흐름, 즉 언어적 소리의 흐름 속에서 음악의 정수가 구성된다. 그런데 가타카나의 음절을 말하는 보통의 방식에서도 이와 똑같이 발음된다. 그러므로 이구치가 지적하는 것처럼, 말소리와 음악소리 사이의 경계선을 분명하게 그리는 것은 불가능하다. 그 읊조림에서 말하기와 노래하기는 하나이며 똑같다(Iguchi, 1999: 108).

그렇다면 피리는 어느 지점에서 읊조림에 들어갈까? 피리

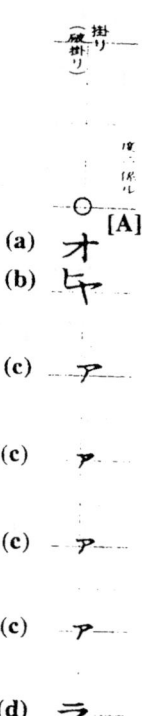

그림 1.8 추-노-마이(*chu-no-mai*)[노극 춤]의 카카리(*kakari*) 부분의 절: (a) 오, (b) 히야, (c) 아, (d) 라. 이구치의 작업(1999: 90)에서 복사. 이구치 카오리로부터 허가를 받음.

는 선율악기지만 선율 그 자체는 그 음악에서 부수적이다. 피리는 장식적인 꾸밈이다. 그러므로 그 음악은 연주자가 피리에 입술을 붙이든 아니든 똑같다. 그가 피리에 입술을 붙이지 않는다면 음악은 목소리의 흥얼거림으로 나온다. 그가 피리에 입술을 붙인다면 음악은 피리의 풍부한 소리로 나온다. 미숙한 연주자가 중요한 퍼포먼스를 선보여야 할 때, 스승은 그 뒤에 앉아 혹시 연주자가 더듬거리거나 계속 연주하지 못할 경우 쇼우카를 흥얼거림으로써 연주를 '대신 하려고' 대비한다. 연주자에게 사고가 닥치더라도 노극에서 음악은 끊어짐 없이 계속돼야 한다는 점이 중요하다. 공연자가 푸에 연주자와 무대에서 충돌하여 연주자가 악기를 떨어뜨린다면, 그는 푸에를 줍기까지 쇼우카를 목소리로 읊으면서 음악을 지속할 것이다. 심지어 관객조차 푸에 연주를 들었던 것처럼 쇼우카를 흥얼거릴 것이다(Iguchi, 1999: 88, 107).

여기에 일본의 쇼우카와 고대 그리스의 무시케 사이의 기묘한 유사성이 있다. 쇼우카의 읊조림이 모음 소리의 가타카나 문자로 적혀 있다면, 무시케의 읊조림은 알파벳 글자로 적혀 있다. 사실 알파벳 그 자체가 모음이 상대적으로 덜 중요했던 셈(Sem)족 언어의 글씨에서 추출한 문자를 이용하여 그리스어의 모음 소리를 쓰려고 시도하다가 만들어졌다(Olson, 1994: 84). 쇼우카와 무시케 모두에서 음악의 정수는 언어 음절의 울려 퍼짐에 있고, 선율적인 측면은 보조적이거나 심지어 잉여적이었다. 두 경우에서 모두 주요 선율악기가 피리였다는 점을 본다면 이 유사성을 한 단계 더 진척시키고 싶을 것이다. 그러나 이것은 착각이다. 그리스 악기인 아울로스(*aulos*)는 통상 피리로 묘사되곤 하지만 실제로 전혀 그렇지 않다. 사실 이것은 더블리드(double-reed) 악기로 가장 닮은 악기는 중세의 숌(shawm)이나 근대의 오보에다(Barker, 1984: 14-15; West, 1992: 81). 두 개의 악기를 양 손에 하나씩 쥐고 동시에 연주하는 것이 보통의 방식이었다.

하지만 피리처럼 손가락으로 구멍을 막아 다른 음을 냈다.

해블록과 웨스트는 모두 아테네에서 기원전 480년경에 만들어진, 음악과 시, 낭송에 대한 일련의 가르침을 묘사하는 한 꽃병을 설명한다. 그림 1.9는 그 꽃병의 한쪽에 그려진 장면을 보여준다. 앉은 인물들은 명백하게 성인들이지만 서 있는 더 작은 인물들은 어린 제자들이다. 오른쪽에 앉은 인물은 자식을 자랑스러워하는 부모이거나(Havelock, 1982: 201-202) 학교에 소년을 보내주는 노예일 수도 있다(West, 1992: 37). 제자가 대기하고 있는 동안 중앙의 인물은 근대의 모든 독자가 즉각적으로 노트북 컴퓨터로 식별할 것 같은 사물을 들고 앉아 있는데, 아마도 무언가를 쓰고 있는 것 같다(그가 제자의 작업을 교정하는 것은 아닐 터이다. 왜냐하면 지우개로 사용되곤 했던 스타일러스의 평평한 끝단 대신 날카로운 끝을 사용하고 있기 때문이다). 해블록(1982: 203)은 가운데 인물이 후에 제자들이 외워서 낭송해야 할 글을 적는 중이라고 추측한다. 그렇다면 왼쪽에 있는 두 인물 사이에는 무슨 일이 일어나고 있을까? 음악 수업처럼 보인다. 하지만 앉아서 아울로스들을 연주하고 있는 자가 스승임을 주목해보자. 서 있는 제자는 악기가 없다! 명백하게 그는 스승 앞에서 무시케를 낭송하고 있다. 악기만 바꾸면 이것은 거의 전통적인 일본의 음악 수업을 묘사한 것이라고 할 수 있다. 여기에서도 초보 피리 연주자는 악기에 손을 대기 전에 쇼우카를 낭송하는 법을 배워야 했을 것이다. 이구치가 관찰했듯이 정말로 일본의 전통적인 선율 악기는 공통적으로 "그 선율이 입으로 불리고 암송될 수 있다"(Iguchi, 1999: 87).

그림 1.9 두리스의 퀼릭스[역자주: 고대 그리스에서 사용된 사발 모양의 술잔]에서 나타난 낭송 수업, 기원전 480년 경(프로이센 문화유산 이미지 아카이브/고미술품 수집, 베를린 박물관). 사진: 요하네스 라우렌티우스. 복사 허가받음.

오늘날의 선율은 우리가 일반적으로 이해하듯이 각각의 정해진 음높이에 있는 일련의 음으로 구성된다. 하지만 쇼우카는 음높이에 대한 어떠한 지시도 제공하지 않는다. 그렇다면 피리 연주자는 어떤 음을 연주해야 하는지 어떻게 알까? 답은 운지법에 있다. 푸에에 대한 모든 운지법은 구멍의 특정한 조합을 막으며 음을 명시한다. 그림 1.10은 이구치 카오리를 위해 그녀의 피리 스승인 수기 이치카즈(杉 市和)가 소개 시간에 쓴 쇼우카 한 장을 보여준다. 이것은 위에서 아래로, 오른쪽에서 왼쪽으로 읽도록 돼 있다. 그 쇼우카 자체는 검은 펜으로, 운지법은 붉은 펜으로 적혔다. 이치카즈는 피리 구멍에 대한 도식도 덧붙였는데, 구멍을 막을 경우에는 칠이 된 동그라미로 보인다. 하지만 그가

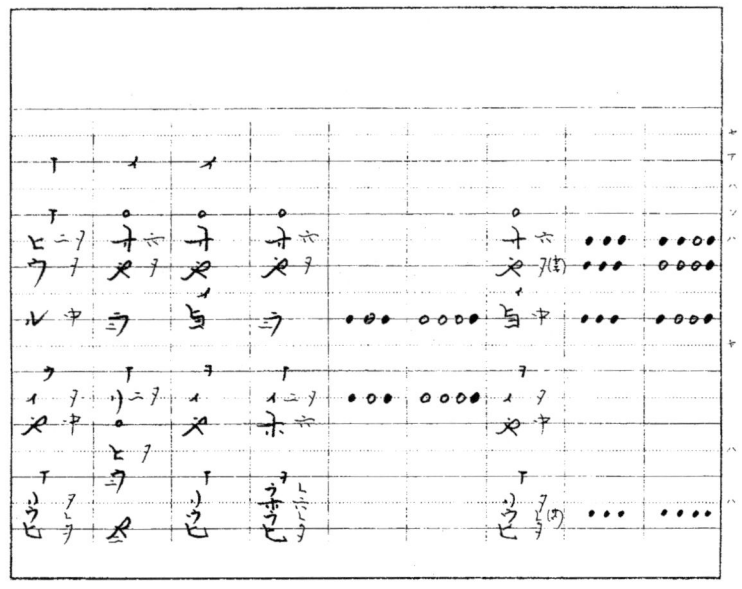

그림 1.10 이구치 카오리를 위해 그녀의 피리 선생이 써준 첫 번째 쇼우카. 이구치의 저작(1999: 94)에서 복사. 스기 이치카즈에게 허가받음.

이 도식을 또다시 그린 적은 없었다. 보통 운지법은 여기에서처럼 한자로 적혀 있고, 각 한자는 손가락의 특정한 배열의 이름이자 피리에 있는 특정한 피리구멍의 이름이고, 동시에 그 결과인 특정한 음을 위한 이름이다. 푸에는 독주용 악기이기 때문에 튜닝을 표준화하려는 시도가 없었다. 그러므로 다른 악기로 연주되는 같은 음은 절대 음계에서는 상당히 다르게 나타날 수 있다. 그러나 운지법을 표준화하려는 어떤 시도도 없었다(Iguchi, 1999: 106). 전문 피리 연주자는 정교하고 기교적인 운지법을 사용함으로써 그의 탁월함을 보여줄 수 있었다. 그러한 운지법을 사용하는 선율의 효과는 상당히 독특해서 노에 익숙하지 않은 청자들은 그것이 관행적인 운지법을 통해 얻은 선율과 같은 작품이라고 인식할 수 없을 수도 있다. 하지만 적용된 운지법과는 상관없이, 기저에 있는 쇼우카는 동일하게 유지된다.

요약하자면 그레고리오 성가와 같이 쇼우카에서 선율의 변화는 음악을 근본적으로 바꾸는 것이 아니라 음악을 수식하는 것이다. 그리고 같은 방식으로 운지법(그것과 연결된 구멍과 음)은 네우마가 중세 음악책의 가사와 글자를 보조하는 것처럼 바로 그렇게 쇼우카 표기법에 적힌 가타카나 음절을 보조한다. 운지법은 단순히 주석일 뿐, 보통 말하는 그런 의미에서는 음악의 어떤 부분도 형성하지 않는다. 내가 이미 말했듯이 오선 악보도 상당히 같은 방식으로 운지법 주석이 달릴 수 있을 것이다. 일본의 푸에 연주자처럼, 오선 악보를 보며 연주하는 서구의 악기 연주자도 동일한 악절을 연주하기 위한 그들 자신의 특이한 운지법 기법을 발전시킬 수 있다(그림 1.11을 보라). 하지만 중요한 차이가 있다. 우리가 보았듯이 일본 전통 음악의 경우, 운지법과 그것으로 만들어지는 선율은 모두 퍼포먼스의 우발적인 측면이고 음악의 정수는 언어적 소리 요소 속에 있다. 반면에 오선 악보는 어떻게 손을 쥐는지와 상관없이 모든 음이 정해져 있다. 그러므로 운지법은 우발적인 것으로 남더라도, 선율은 그렇지 않다. 여기에서 선율은 음악을 생산하는 기술이라기보다는 음악 그 자체와 관련되기에 어떻게 연주되는가가 아니라 무엇이 연주되는가의 문제이다. 이 차이는 근대 서구 음악과 중세 전신을 나누는 차이와 매우 유사하다. 노래의 음악성이 언어적

그림 1.11 저자의 요한 제바스티안 바흐 무반주 첼로 모음곡 6번 악보 사본 중 한 부분. 연필로 적힌 운궁법과 운지법이 나타나 있다.

인 측면에서 선율적 측면으로 이행하면서, 선율은 자신을 생산하는 데 수반하는 몸짓(손재주든 목소리든)으로부터 떨어져나왔다. 같은 방식으로 선율 표기법은 몸짓 표기법이 되기를 멈추었다.

소리의 선

나의 두 번째 비교 사례는 페루 동부에서 왔으며, 인류학자 피터

고우(Peter Gow, 1990)가 이 지역의 피로족(Piro) 사이에서 수행한 현장연구에서 기록하고 분석한 한 이야기로 시작한다. 그 이야기는 피로인 중 최초로 글을 읽을 수 있었던 인물이라고 알려진 상가마(Sangama)라는 한 개인을 다룬다. 이 이야기에서 언급된 사건은 1920년대 즈음으로 거슬러 올라가는데, 1940년대에 그의 어린 사촌 모란 주마에타(Moran Zumaeta)가 말하는 것을 선교사 에스더 매티슨(Esther Matteson)이 기록했다. 그때 피로인들은 채무 노예 상태로 아시엔다(hacienda) 플랜테이션의 백인 식민지 상관 옆에서 살았다.[18] 주마에타의 설명에 따르면 상가마는 상관이 버린 신문을 집어 그것을 읽곤 했다. 그가 읽을 때 그의 눈은 글자를 따라갔고, 입술은 움직였다. "나는 신문을 읽을 줄 안다." 상가마는 사촌인 주마에타에게 고백했다. "신문은 나에게 말을 해 (…) 신문은 몸을 지니고 있어. 나는 언제나 그녀를 본단다, 사촌아 (…) 그녀는 빨간 입술을 가지고 있고, 그 입술로 말을 하지." 주마에타는 상가마가 신문을 응시하는 방식에 대해서도 말했지만 아무도 그것을 보지는 못했다. 하지만 상가마는 이를 계속 주장하며, 같은 방식으로 그의 백인 상관의 행동을 해석하기에 이르렀다. "우리의 후원자인 그 백인이 신문을 볼 때 그는 신문을 하루 종일 붙잡고 있어. 그러면 그녀는 그에게 말을 하지 (…) 그 백인은 이걸 매일 해"(Gow, 1990: 92-93). 고우가 설명한 것처럼 상가마에게 읽기가 어떤 의미였는지 알

---

18 [역자주] 아시엔다는 스페인어로 거대한 농장을 일컫는데, 채무 노예들의 강제 노역을 통해서 경영됐다.

기 위해서는 피로 문화의 두 가지 특별한 측면을 고려해야만 한다. 첫 번째는 표면을 통제하기 위해서는 도안이 중요하다는 점이다. 그리고 두 번째는 주술 실천과 관련이 있다.

피로 언어로 '글'은 요나(yona)라는 낱말이다. 그런데 이 용어는 복잡하고 선형적인 도안이나 패턴도 의미한다. 피로족은 이 패턴을 특정한 표면에, 특히 사람과 밀접하게 관련한 것들, 무엇보다도 얼굴과 몸의 표면에 도포한다. 상가마에게 신문용지의 패턴은 확실히 이러한 의미에서 도안으로 구성되어 있었다. 그러므로 그는 몸의 피부와 유사한 표면으로 신문을 지각했다. 이제 피로족의 치료 주술을 보자면, 이웃 아마존 부족 사이에서처럼 주술사는 아야와스카(ayahuasca)라고 알려진 환각을 유발하는 넝쿨을 달인 차를 마신 뒤 그의 시야를 모두 가릴 것처럼 보이는 화려한 뱀 모양의 도안을 의식한다. 이 도안은 넝쿨 정령이 현현한 초기 모습으로, 생김새가 무시무시하다. 하지만 그 현현들이 그의 입술에 도달하면 그것들은 노래로 바뀌고, 이를 통해 정령은 그녀의 진실한 형태인 아름다운 여성으로 자신을 드러낸다. 바로 이 노래가 공기를 통해 퍼지고 환자의 몸을 통과하면서 그 몸이 치유된다. 상가마는 주술사의 눈으로 신문을 읽은 듯하다. 그가 인쇄된 글자로 형성된 구불구불한 패턴을 응시하자 종이의 표면은 녹아내렸고, 그 대신 빨간 칠을 한 입술을 지닌 사랑스러운 여성의 얼굴이 있었다. 주마에타도 그의 사촌 형이 주술적 힘을 지닌 것 같다고 말한다. 상가마가 쌍둥이로 태어났다고 추정되는데 쌍둥이는 본래 주술적 힘을 지녔다고 여겨지기 때문이다.

페루 아마존의 이웃 지역에서 사는 시피보(Shipibo)와 코니보(Conibo) 원주민 사이에서도 피로족의 선형 도안과 주술 실천에 대한 것과 매우 유사한 원리가 발견된다. 시피보-코니보 도안들은 느슨하게 맞물려 있으며 이어지고 각이 진 선으로 구성돼 있는데, 들판을 완전히 덮을 만한 가는 줄세공 패턴을 형성한다. 그 도안은 직물에 수놓아지고, 도기 주전자와 얼굴의 표면에 그려진다. 과거에는 초가지붕 내측, 집 말뚝과 기둥, 그리고 모기장, 배, 노, 주방, 사냥 장비에도 그것들이 보였다(Gebhart-Sayer, 1985: 143-144). 심지어 18세기 말 즈음 프란치스코회 선교사의 영향으로 원주민들은 그들의 패턴을 표지가 야자 잎으로 된 "책" 안에 있는 실로 묶은 무명직물 종이면에 그리기 시작했다. 1802년, 탐험가 알렉산더 폰 훔볼트(Alexander von Humboldt)가 리마에 머무를 당시 선교사 나르시소스 길바(Narcissus Gilbar)를 만났을 때 길바는 훔볼트에게 이러한 책들의 존재에 대해 알려주었다. 그중 하나는 리마로 보내졌고, 훔볼트의 지인들 몇몇이 살펴보기도 했지만 이내 잃어버렸다. 하지만 훔볼트가 돌아온 뒤에 출판한 그 주제에 대한 보고서로 인해 이후 학자들은 이 원주민(당시 파노안으로 알려진)들이 상형문자의 특정한 형식을 지녔을 가능성을 추측하기도 했다. 몇 백 년 후, 칼 폰 덴 슈타이넨(Karl von den Steinen)은 이러한 추측들의 검토를 종결하면서 길바의 기록에 주목하여 다음과 같이 말했다. "파노안 사람들은 '읽기' 위하여 '종이가 그에게 말하고 있다'는 매력적인 표현을 사용한다"(같은 책: 153-154). 불행히도 오늘날 남아 있는 책의 원본은 없다. 하지만 인류학자 앙겔리카 게프하르트자이어(Angelika Gebhart-Sayer)가 1980년대 초 카이미토(Caimito) 지역의 시피보-코니보 공동체에서 현장연구를 하던 중에, 그 근처 마을 출신이자 주술사의 사위인 노인이 붉은색과 검은색의 복잡한 패턴으로 채워진 면이 있는 학교 교재를 가지고 있었다고 들었다. 한 여성은 어린 시절 그녀가 할머니에게 붙잡혀 혼나기 전에 그 책을 비밀스럽게 구하여 도안 네 개를 베낀 것을 기억했다. 그녀는 그것들을 결코 잊은 적이 없었다고 주장했고, 기억하여 다시 그릴 수도 있었다. 그림 1.12는 그녀의 그림 중 하나의 사본이다.

게프하르트자이어가 언급한 것처럼, 폰 덴 슈타이넨은 페루 아마존에서 상형문자 쓰기 체계가 토착적으로 존재했다는 주장에 대해 부정적이었다는 점에서 옳았을지도 모른다. 하지만 그렇다고 그것이 음악 표기법 체계였을 수 있을까? 피로족 사이에서 그러하듯 시피보-코니보족의 주술 치료 의식에서도 주술사의 눈앞에 떠오르는 도안은 (도안이 그의 입술을 만지듯) 그 즉시 선율이 있는 음악으로 바뀐다. 분할과 대칭의 원리 측면에서 도안과 노래 사이에는 특정한 유사점이 명백히 존재한다. 과거에는 시피보-코니보 여성들이 때때로 큰 항아리를 꾸미기 위해 짝을 지어 일하곤 했다. 항아리를 사이에 두고 마주보며 앉기 때문에 그들은 서로가 무엇을 그리는지 알 수가 없다. 하지만 일할 때 노래를 부름으로써 항아리가 완성되면 양편에 있는 도안의 두 반쪽이 정확하게 맞아 합쳐질 만큼 퍼포먼스의 융화를 이룰 수 있었을 것이라고 추정된다. 게프하르트자이어는 이러한 정도의 조직화가 "일종의 음악적 코드"를 반드시 포함해왔다고

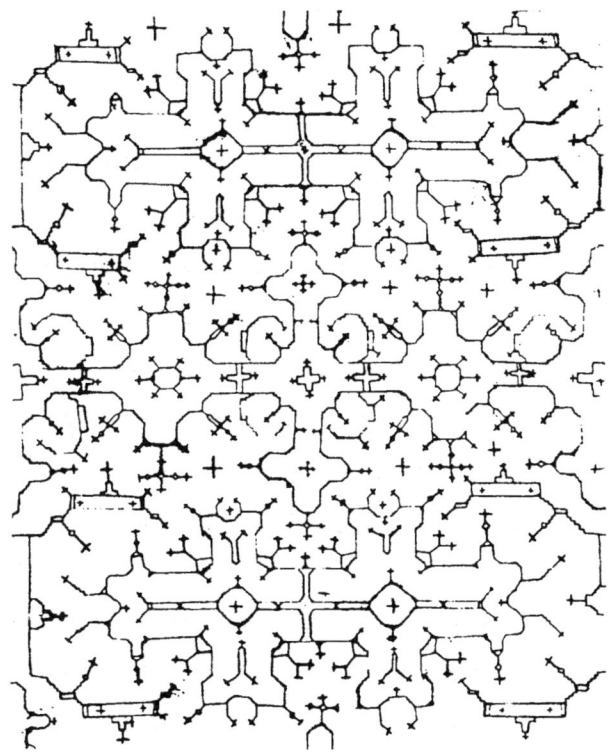

그림 1.12 1981년 카이미토 마을 출신의 여성이 기억하여 그린 시피보-코니보 주술사의 성스러운 책에 나타난 도안 중 하나. 게프하르트자이어의 저작(1985: 158)에서 복사.

추측한다(1985: 170). 시피보-코니보의 화가들이 도안을 융화하고자(harmonize) 음악을 사용하긴 하지만, 글로 된 표기법을 사용하여 다성음악의 화음을 만들고자(harmonize) 했던 유럽의 성가대원들과는 정반대로 작업했다. 사실 내가 이 장에서 발전시켜온 주장에 따르면 시피보-코니보 도안이 원고도 악보도 아닌 형태라는 점은 명백할 것이다. 도안은 그것이 음악적 소리를 재현하는 정도로만 말이나 개념을 재현한다. 더 정확하게 말하자면 도안은 듣는 눈에 보이게 된다는 점에서 그 목소리의 현상학적 형태다. 게프하르트자이어가 직접 언급했듯이 시피보-코니보의 노래는 "시각적 방식으로 들릴 수 있다 (…) 그리고 기하학적 도안은 청각적으로 보일 것이다"(1985: 170). 도안의 시각적 선은 그 자체로 소리의 선이다

우리는 2장에서 시피보-코니보족과 그들의 도안을 더 논의할 것이다. 지금은 다시 상가마로 돌아가보자. 파노안 사람들에 대한 길바의 기록을 확증하듯, 상가마는 자신이 읽고 있는 신문이 실제로 그에게 말을 한다고 믿었다. 더 나아가 상가마 이야기를 분석한 고우는 글로 쓰인 낱말에 대한 상가마의 지각과 서구의 전통적인 이해를 대조하려고 노력했다. 그리고 그 차이는 명백하게 컸다. 우리가 보아온 바와 같이 근대 서구의 독자들에게 종이는 언어적 소리의 시각적 이미지를 투사시킨 화면이나 다름없다. 그러나 상가마는 소리의 이미지를 보지 않는다. 대신 그는 소리가 그에게 직접적으로 전달되는 것처럼 말해지는 소리 그 자체를 본다. 그는 눈으로 소리를 듣고 있었다. 필경사 바룩이 그의 스승이자 예언자의 말씀을 써내려갔을 때 그에게 그 말씀이 확실히 실재했던 것과 같이 상가마가 듣는 소리 역시 실재했다. 바룩이 예언자의 입을 잉크로 따라간 것처럼 상가마 역시 그가 보았다고 주장한 여성의 칠해진 입술을 따라갔다. 사실상 그는 입술을 읽었다(Ingold, 2000: 281). 그리고 중세 유럽의 수사들이 예배문을 세세히 볼 때 그들도 역시 자신들의 방식으로

그렇게 했다. 수사들에게도 멀리 떨어진 목소리는 독자를 위해 글로 쓰인 종이면 위에 재현되는(represented) 것이 아니라 차라리 그의 현전(presence)으로 나타난 것이었고, 그래서 그 목소리는 수사와 직접적으로 관계 맺을 수 있었다. 수사들은 글의 종이면이 이야기한다는 상가마의 주장이나, 읽기는 종이면의 목소리가 하는 말을 듣는 문제라는 발상에 조금도 놀라지 않았을 것이다. 글에서 노래로 즉각적인 전환을 허용하는 시각적 지각과 청각적 지각의 교환능력은 아마존 주술사의 실천에서처럼 중세 수사의 수도 실천에서도 중심에 있다. 중세 수사가 그러했던 것처럼 혹은 그 점에 있어서 쇼우카를 연주하는 일본 전통 음악가가 그러했던 것처럼, 상가마도 그의 눈이 글자를 따라가는 것처럼 입과 입술을 움직이며 텍스트를 되새겼다.

하지만 이 유사성들은 과장되어서는 안 된다. 수사는 주술사가 아니다. 수사에게 종이 표면은 거주자들의 이야기를 들으며 돌아다니는 경관이거나 지역이었다. 반면에 주술사에게 종이 표면은 말이나 노래에서 그러한 것처럼 소리가 방출되는 표면이다. 이 비교를 통해 얻어지는 중요한 결론은 그들의 중대한 차이가 선 자체의 본성에서가 아니라 표면의 본성에서 발견될 수 있다는 점이다. 그러므로 선의 역사는 선과 표면의 관계에서부터 시작해야 한다는 결론이 뒤따른다. 다음 장에서는 바로 이 관계들을 다룬다.

2장
자취·실·표면

연속적으로 잇달아 모인 점들은 선을 구성한다. 그래서 우리에게 선은 부분들로 분할될 수 있는 길이를 지닌 기호일 것이지만, 매우 가늘어서 쪼개질 수는 없다. (…) 만약 많은 선들이 옷감 속 실들처럼 가까이 모인다면, 그것들은 표면을 만들어 낼 것이다.
― 레온 바티스타 알베르티(Leon Battista Alberti), 『회화론』(*De Pictura*, 1435) (Alberti, 1972: 37-38).

선이란 무엇인가

앞선 장에서 나는 쓰기의 역사가 보다 폭넓은 표기법의 역사에 포함돼야 한다고 주장했다. 이러한 역사가 갖추어야 할 형태에 대해 생각하려고 하자 그 즉시 내 마음에 떠오른 것은 표기법이 선들로 구성된다는 점이었다. 그러므로 표기법의 역사는 선의 일반적인 역사에 포함돼야만 할 것이다. 하지만 서구 세계 내 쓰기의 역사에 대해, 특히 중세의 필사본에서 근대의 인쇄된 텍스트로의 이행에 대해 샅샅이 조사하다보니 중요한 것은 단순히 선 그 자체나 선의 생산이 지닌 본성이 아니라는 점이 명확해졌다. 문제가 된 선은 대부분 양피지나 종이 위에 새겨졌다. 그런데 선을 기입한 그 평평한 표면을 무엇에 비유하는지에 따라, 가령 여행하는 경관으로 비유하는지, 식민화된 공간으로 비유하는지, 또는 신체의 피부나 정신의 거울로 비유하는지에 따라 선을 이해하는 방식이 상당히 달라진다. 표면을 그것 위에 새겨지는 선을 위한 당연한 배경쯤으로 여기는 것은 분명 충분하지 않다. 쓰기의 역사가 표기법의 역사 내부에 속하는 것처럼 표기법의 역사도 선의 역사 내부에 속하기 때문에 선과 표면 사이의 변화하는 관계를 고려하지 않는 선의 역사는 있을 수 없다. 이 장은 이러한 관계와 그 관계의 변형에 대한 것이다.

하지만 나아가기 전에 다소 근본적인 질문 몇 가지를 다루어야 한다. 선이란 무엇인가? 선이 있기 위해서 표면은 반드시 있어야만 하는가, 아니면 표면이 전혀 없어도 선이 존재할 수 있는가? 맷 도노반(Matt Donovan)은 간단히 선으로 이름 붙인 경이로운 시에서 선이 무엇일지 생각하기 시작하면 곧바로 떠오르는 풍성하고도 혼란스러운 연상들을 완벽하게 포착한다.

선

　　가는 획으로 새겨진 표면, 길
　　두 점 사이에 상상된 것. 한 겹의
　　하나의 그럴듯한 말, 하나의 파편, 하나의 끝나지 않는 구절.
　　이것은 한 모양의 어떤 가장자리이자 그것의 윤곽
　　전부라네. 배열된 선율, 낭송,
　　지평선이 형성된 방식들. 땅을 고르게 하는 것을 생각해보게,
　　덫을 놓는 것, 몸의 배치(움직임 속에서
　　그리고 쉼 속에서). 그것은 손바닥과 주름,
　　누군가의 손에 단단히 결합된 밧줄, 무언가
　　그려진 흔적을 닮은 것과 관계 있다네. 봉합선, 혹은 능선,
　　절개, 이 빛의 너비. 거울에 비친
　　면도날, 적정량을 두드리는, 혹은 휘젓는 것
　　컨베이어 벨트의, 닦여진 것, 공회전하는 기계.
　　도관, 경계, 까다로운
　　사고의 과정. 그리고 여기, 천막 말뚝의
　　팽팽함, 삽질된 흙, 참호의 깊이.

　　(Donovan, 2003: 333)

　이백오십여 년 전 1755년에 새뮤얼 존슨(Samuel Johnson) 박사는 그의 『영어 언어 사전』에서 '선(line)'이란 낱말의 17가지 다른 의미를 담은 목록을 모았다. 그것은 다음과 같다.

1. 길이의 연장
2. 가는 끈
3. 임의의 방향으로 늘어진 실
4. 낚시꾼의 갈고리를 유지하게 해주는 끈
5. 손이나 얼굴의 생김새나 특징
6. 묘사, 스케치
7. 윤곽, 개요
8. 한쪽 여백에서 다른 쪽 여백까지 쓰인 것. 한 행
9. 정렬
10. 던져진 일. 참호
11. 방법, 배치
12. 연장, 한계
13. 적도, 천구(天球)의 적도
14. 자손, 가족, 오르내리는
15. 라인(line)은 1/10인치이다
16. 편지. '나는 너의 편지(lines)를 읽는다'고 하는 경우와 같이
17. 린트[19] 혹은 아마 섬유

존슨의 목록이 덜 시적으로 표현된 것 같기는 하지만 이 목록과 도노반의 시 사이에는 그들을 갈라놓는 긴 세월에도 불구하고 많은 공통점이 있다. 목록과 시 모두에서 나타나는 몇몇 요소들 외에도 그것들은 공통적으로 뒤죽박죽이고 이질적이다.

---

19 [역자주] 부드러운 면직물의 일종.

하지만 그 둘을 함께 생각해보면 우리 질문의 시작점이 된다. 그러나 우리는 여기에서 어떻게 더 나아가야 할까? 나는 이 일을 시작하는 데 도움이 될 만한 것을 찾아냈다. 하나는 일상생활에서 우리가 마주칠 만한 다양한 종류의 선에 대한 조악하지만 쓸만한 분류 체계를 작성하는 것이고, 또 하나는 각각에 대한 몇몇의 예시를 생각하는 것이다. 이제 나는 이것들로 시작하려 한다.

선의 한 분류 체계

실

내가 하려는 첫 번째 구별은 선의 주요한 두 부류를 나누는 것으로, 나는 이들을 실과 자취라고 부르고자 한다. 모든 선들이 두 범주로 딱 나누어지는 것은 결코 아니지만 아마 대다수는 나누어질 것이다. 그리고 그것들이 나의 주장에서 가장 중요한 범주들일 것이다. 실은 일종의 가는 줄이며, 다른 실들과 얽히거나 삼차원 공간 속 점들 사이에 매달릴 것이다. 상대적으로 미시적인 수준에서 실은 표면을 지닌다. 하지만 그것은 표면 위에 그려지는 것이 아니다. 흔하게 보는 예로는 털실뭉치, 실타래, 목걸이, 실뜨기 놀이, 해먹, 그물, 배의 밧줄, 빨래줄, 다림줄, 전기 회로, 전화선, 바이올린 현, 철조망 울타리, 외줄, 현수교가 있다. 이것들은 모두 인간의 손에 의해 이러저러한 방식으로 만들어진다. 하지만 모든 실들이 인공적인 것은 아니다. 비록 자연의 수많은 선형 조직이 뿌리, 구근(rhizome), 버섯 균사의 형태

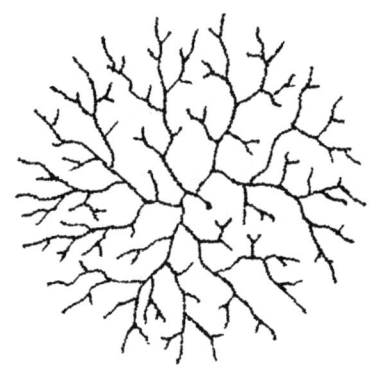

그림 2.1 저자의 아버지인 균학자 세실 테런스 잉골드가 그린 버섯 균사.

로 땅 밑에 숨겨져 있기는 하지만, 시골길을 주의 깊게 걸으면 실과 같은 수많은 선들을 발견하게 된다(그림 2.1). 땅 위에는 식물의 줄기와 새순이 자란다. 모든 낙엽수 잎은 선형적인 잎맥 연결망을 지니며, 침엽수의 모든 잎은 그 자체가 실과 같은 선이다(Kandinsky, 1982: 627-628).

동물의 몸 역시 몸털이나 날개, 더듬이나 수염, 내부의 관과 신경 체계를 지니기에 실들의 뭉치로 복잡하게 연결돼 있다고 여길 수 있다. 철학자 앙리 베르그송(Henri Bergson)은 1896년 작인 『물질과 기억』에서 신경 체계가 "주변에서 중심으로, 그리고 중심에서 주변으로 뻗어나가는 엄청난 수의 실로 구성"되어 있다고 묘사했다(Bergson, 1991: 45).[20] 동물이 실들로 이루어진 것처럼 그들 중 일부는 실을 만들기도 한다. 가장 유명한 사례는

---

20 [역자주] 최화 역. 2017. 자유문고. p. 86.

거미지만 누에도 그러하다. 그렇지만 이 동물들의 실을 위한 재료는 몸에서 흘러나온다. 실 만들기는 대부분 인간의 전문분야이다. 그리고 인간의 전문분야가 다들 그러하듯 실 만들기 역시 손의 능란한 움직임에 의존하며, 바느질을 준비하기 위한 경우와 같이 종종 치아가 함께 동원되기도 한다. 인간 손을 사용하는 경우 대부분 그 실은 손의 독특하고 정교한 움켜쥠에 의존하고, 이 움켜쥠은 실을 엄지와 검지 사이에서 유지하거나 조작할 수 있게 만든다.[21]

위대한 예술사학자이자 건축사학자인 고트프리트 젬퍼(Gottfried Semper)는 1860년에 처음 출간한 에세이에서 섬유를 꿰고, 꼬고, 묶는 행위가 가장 오래된 인간 예술 중 하나였고, 이로부터 건물과 직물을 포함하여 다른 모든 예술들이 파생됐다고 논의했다(Semper, 1989: 254). 또한 젬퍼는 인간이 벽 있는 집을 짓기 전부터 막대기나 나뭇가지를 이용하여 울타리(담장과 우리)를 지어왔고, 옷감을 짜기 전부터 그물과 갑옷을 깁고 꿰매왔다고 주장했다(같은 책: 218-219, 231). 젬퍼의 주장은 후에 예술사학계의 기득권층에 의해 매도당했지만 인정받을 만한 것들이 많다. 사실 나는 실 만들기와 사용이 인간 특유의 삶

---

21 [저자주] 최근 동물행동학자 크리스 헤르츠펠트(Chris Herzfeld)와 도미니크 레스텔(Dominique Lestel)의 논문(2005)은 우리의 가장 가까운 영장류 친척인 유인원들이 도구 사용자가 아니라 주로 섬유 사용자라는 점을 지적했다. 유인원은 심지어 손, 발, 입을 이용하여 매듭을 묶는다고 알려진다. 하지만 "매듭을 만드는 영장류는 언제나 인간과 긴밀한 관계 속에서 살아가는 영장류이다"(같은 책: 647).

의 형식이 출현했음을 보여주는 좋은 지표일 수 있고, 뒤이어 의복, 그물, 천막과 같은 상당히 중요한 혁신을 야기했을 것이라는 의견에 동의하는 편이다. 엘리자베스 바버(Elizabeth Barber, 1994: 45)는 이것을 "끈 혁명"이라고 부르기까지 한다. 만약 실이 역사학자들과 고고학자들에게 마땅히 받아야 할 주목을 받지 못했다면, 의심할 여지없이 부분적으로는 실이 일반적으로 유기물질로 만들어지기 때문에 보관이 잘 되지 않은 탓이다. 하지만 바버가 제시한 대로 실을 다루는 것이 최소한 많은 남성 선사학자들의 마음속에서는 여성의 작업으로 연상되는 것도 관련이 있을 수 있다.

가장 소리 높여 젬퍼를 반대한 자는 오스트리아 예술사학자인 알로이스 리글(Alois Riegl)이었다. 리글은 1893년 작인『스타일의 문제들』에서 예술의 선이 실에서 기원했다는 생각을 즉각적으로 거부했다. 그는 선사시대 사람들이 직조와 직물에 익숙해지기 전부터 선을 그려왔었다고 주장했다(Riegl, 1992: 32, 주석 9번). 리글은 또한 예술의 선이 재료나 기술의 결과로 발명되는 것이 아니라 "근본적으로 예술적인 과정의 자연스러운 흐름" 속에서 발명됐다고 강조했다. 우리의 현재 목적에 비추어 보았을 때 이 논쟁이 흥미로운 까닭은 어느 쪽의 주장이 승리했는지의 문제 때문이 아니라, 그들이 선에 대한 서로의 대안 관념들에 의존했다는 점 때문이다. 젬퍼에게 선의 원형은 실이었지만, 리글에게는 "모든 이차원 그림과 표면 장식의 기본적인 요소"인 자취야말로 선의 원형이었다(1992: 32). 그리고 이것은 우리 분류 체계의 두 번째 주요 범주를 떠오르게 만든다.

자취

우리 용어에서 자취는 어떤 종류든 연속적인 움직임에 의해 고체 표면 속에, 혹은 그 위에 오래도록 남겨지는 표시다. 대부분의 자취들은 첨가되거나 감소되는 것 중 하나다. 종이 위에 목탄으로 그려진 선이나 칠판 위 분필로 그려진 선은 목탄이나 분필 물질이 기층 위에 덧대어져 추가로 층을 형성하기 때문에 첨가형이다. 표면을 긁거나 표면에 자국을 내거나 새겨서 만든 선은 표면 그 자체의 물질을 제거하며 형성되는 경우이기 때문에 감소형이다. 실처럼 자취도 비인간 세계 속에 풍부하게 있다. 그것들 중 가장 흔한 경우는 동물이 움직인 결과이며 이것은 오솔길이나 자국으로 보인다. 달팽이의 경우 점액 첨가형 자취를 남기지만, 동물의 자국은 대개 감소형이다. 이 자국들은 나무통이나 나무껍질이 파여 생기거나, 진흙, 모래, 눈의 부드러운 표면 속에 발자국이 찍혀서 생기거나, 혹은 그보다 더 딱딱한 바닥 위에 많은 발자국이 찍혀 마모되어 생긴다. 때때로 이 자취들은 화석이 되어 지질학자들이 오래전 멸종한 생명체의 움직임을 재구성하는 것을 가능하게 한다. 인간 역시(걷거나 말을 타고, 보다 최근에는 바퀴 달린 운송수단을 이용하여) 같은 경로를 따라 자주 이동하면서 경관 속에 감소형 자취를 남기곤 한다. 하지만 몇몇의 자취들은 물질을 첨가하거나 빼지 않아도 나타난다. 예술가 리처드 롱(Richard Long)은 그의 유명한 작품인 「걷기로 만들어진 선」(1967)에서 풀밭에 하나의 선이 나타날 때까지 그 위를 서성거렸다(그림 2.2). 이 행위를 통해 제거되거나 더해진 물질이 거의 없었음에도 밟혀 구부러진 수많은 풀줄기에 반사된

그림 2.2 「걷기로 만들어진 선」. 영국, 1967, 리처드 롱. 리처드 롱의 허가를 받아 복사.

빛의 패턴 속에서 선이 나타난다(Fuchs, 1986: 43-47).
 인간은 탁월한 실 제작자이자 사용자지만, 또한 그만큼 손을 사용하는 자취 제작자로도 성공해왔다. 우리가 실을 조작하고 자취를 기입하는 손의 활동을 일컫는 데 모두 draw(그리다/

끌다)라는 같은 동사를 사용한다는 점은 흥미로운 사실을 보여 준다. 우리가 앞으로 보겠지만 이 둘은 우리가 생각했던 것보다 훨씬 더 긴밀하게 연결되어 있다. 어떤 도구나 재료의 도움 없이도 인간은 손가락을 이용하여, 예를 들어 모래 위에 감소형 자취를 만들 수 있다. 조각칼이나 끌과 같은 기입 도구를 이용하면 나무, 뼈, 돌과 같이 훨씬 단단한 물질에 자취를 생산할 수도 있다. writing(쓰기)이란 낱말은 본래 이러한 종류의 예리한 자취 만들기를 일컬었다. 고대 영어에서 writan이란 용어는 '돌에 룬 문자를 새긴다'는 특정한 의미가 담겨 있었다(Howe, 1992: 61). 그러므로 누군가는 표면에 뾰족한 것을 그어(draw) 선을 썼을(write) 것이다. 그리기와 쓰기 사이의 관계는 오늘날 관습적으로 이해되는 것처럼 근본적으로 다른 감각이나 의미의 선들 사이의 관계가 아니라, 바로 여기, 도구를 당기거나 끄는 몸짓과 그것에 의해 그어진 선 사이의 관계다(5장을 보라). 첨가형 자취는 펜이나 붓을 포함하여 표면에 재료의 색소를 전달하는 다양한 손 도구를 사용해서 생산할 수 있다. 모래그림의 경우에는 도구가 필요하지 않는데, 손가락 사이로 재료가 흐를 수 있기 때문이다. 하지만 앞서 제시한 분필이나 목탄의 예시처럼 연필이나 크레용에서 도구는 색소의 원천으로도 역할한다. 여기에서 자취의 재료와 재료를 바르는 도구는 동일하다.

절단선, 금, 주름

앞으로 나는 실과 자취, 그리고 그 둘 사이의 관계에 대해 집중할 것이다. 하지만 선의 세 번째 주요 부류도 있다. 이들은 표면에 물질을 추가하거나 표면을 긁어 생기는 것이 아니라 표면 그 자체의 파열에 의해 생긴다. 이들은 절단선, 금, 주름이다. 바실리 칸딘스키(Vasily Kandinsky)는 1926년에 출간한 에세이 『점·선·면』에서 "선의 특별한 능력[은] 표면을 창조하는 능력[이다]"(Kandinsky, 1982: 576, 본고 저자 강조)라고 말했다.[22] 우리는 6장에서 수평 이동 방식으로 이차원 평면을 만들어내는 직선의 능력을 다시 다룰 것이다. 칸딘스키가 사용하는 예시는 고고학에서 사용하는 절개법처럼 삽의 긴 날을 움직여 토양의 표면을 자르는 방식으로, 이 과정에서 새로운 수직면이 만들어진다. 물론 쟁기로 땅을 가르는 농부의 밭고랑 선도 있다. 이것은 새로운 표면을 만들 뿐만 아니라 이 표면이 위쪽을 향하도록 바꾼다. 지면 자체를 자르지 않고 재료의 면을 자르면, 표면이 만들어지지 않고 그 재료가 분할될 뿐이다. 이와 같이 재봉사는 가위로 재료의 선을 자르고, 퍼즐 제작자는 그의 조각그림들을 자른다. 내가 라플란드에서 현장연구를 하며 익숙해진 절단선의 한 종류는 순록의 귀를 칼로 자른 것으로, 이것은 각 동물의 주인을 식별하는 역할을 하는 다양한 형태의 노치 패턴을 만들어낸다.[23] 사미족은 전통적으로 각 패턴을 낱말 하나로 묘사하고, 표시의 절단을 쓰기 행위로 묘사하곤 했다(그림 2.3).

다친 손가락이 명확하게 보여주듯 절단선이 우연하게 생길 수도 있는 것이라면, 금은 대부분의 경우 우연하게 생겨난다. 금

---

22 [역자주] 차봉희 역. 2019. 열화당. p. 50.
23 [역자주] 노치(notch)는 가위집을 내어 구분하는 표시를 일컫는다.

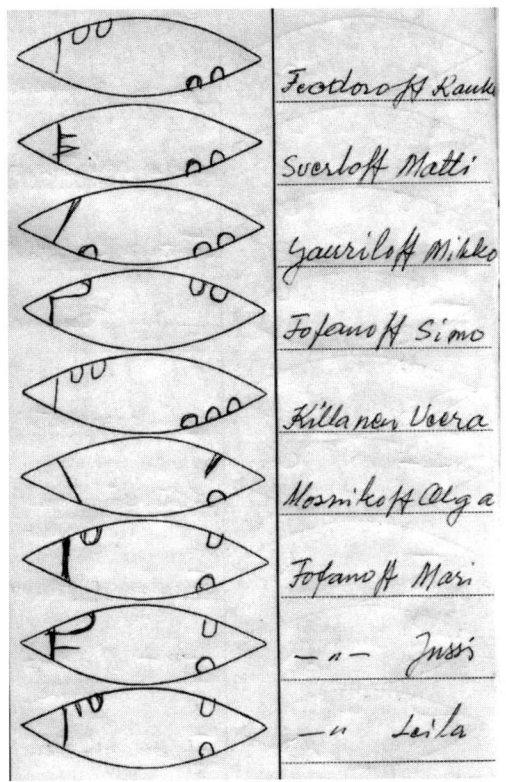

그림 2.3 순록의 귀표시에 대한 책의 한 면. 핀란드의 라플란드 지역 현장연구 중에 저자가 수집함, 1971-1972. 이 책에는 양쪽이 뾰족한 표준 도안 위에 순록의 왼쪽과 오른쪽 귀를 자른 패턴이 그려져 있고, 그 옆에는 주인의 이름이 기록되어 있다.

들은 압박, 충돌, 마모에 의해 불안정한 표면에 균열이 생기면서 발생한다. 금을 만들어내는 힘은 일반적으로 불규칙하고, 파손된 선을 (따라 진행하기보다는) 가로지르기 때문에, 이 선들은 전형적으로 곡선 형태가 아니라 지그재그 형태다(Kandinsky,

그림 2.4 장성한 밤나무 껍질. 특유의 사선으로 뒤틀려 있는 금을 보여준다. 거너스버리(Gunnersbury) 공원, 런던. 사진: 이안 알렉산더(Ian Alexander). 허가를 받아 복사.

1982: 602-603). 금은 깨지고 있는 얼음, 마른 진흙, 압력을 받은 암석, 죽은 나무, 고목의 껍질에서처럼 자연에서도 쉽게 발견될 수 있다(그림 2.4). 물론 점토나 나무, 유리, 콘크리트, 그 어떤 것으로 만들어졌든, 인공물에서도 금들은 쉽게 발견된다. 긁힌 자국이 균열의 궁극적인 원인이 아니라면, 금은 표면에 그어질 수도 있는 자취를 고려하지 않는다. 경관 속의 여행 경로가 평평한 고원에서 예외적으로 가파른 협곡을 만나 끊어질 수도 있는 것과 같이 금은 오히려 자취를 방해한다. 건너기 위해서는 다리를 만들어야 하고, 결과적으로 자취는 하나의 실이 된다. 이것의 가

장 극단적인 사례는 아마 외줄타기일 것이다.

표면이 유연하다면, 부러지지 않고 구부러져서 금보다는 주름을 만들 것이다. 커튼이나 덮개, 옷의 주름 잡은 천의 선이 그렇듯, 봉투를 뜯어 열어본 편지의 선도 주름이다. 또한 피부의 주름으로 인한 얼굴과 손의 선 역시 마찬가지다. 예지자들은 전통적으로 손바닥에 있는 주름선들을 인생사의 해석과 예측으로 여겨 그것들을 읽었다(그림 2.5). 엘리자베스 할럼은 수상가(手相家)에게 "손은 인생의 시각적 지도를 담고 있으며, 시간은 길, 노선, 여정이 연속적으로 맞물리는 것으로 표현된다"고 설명한다(Hallam, 2002: 181). 우리의 논의 속에서 이 예는 두 가지 이유 때문에 특별히 흥미롭다. 첫 번째는 예지자가 선을 '읽는다'는 감각이 중세 개념과 꽤 정확하게 일치한다는 관찰에 있다. 지난 장에서 이미 설명한 것처럼 중세 개념에 따르면 읽기는 무엇보다 소리를 내뱉는 것이고, 조언하는 것이며, 그렇지 않았더라면 모호하게 남아 있을 문제들을 명확하게 설명하는 것이다. 두 번째 이유는 주름선의 패턴과 습관적인 손짓 사이에 있는 친밀한 관계 때문이다. 이것은 몸짓이 쓰기나 그리기 외에 자취를 남기는 또 다른 방법으로, 한 사람이 세상 사이로 움직일 때 밖으로 가리키거나 이루어내는 바로 그 인생길을 손 안쪽으로 감싼다.

유령선

지금까지 우리는 환경이나 그 환경에 거주하는 유기체들(우리 인간 자신을 포함하여)의 몸에 실제 현상으로 존재하는 선들에

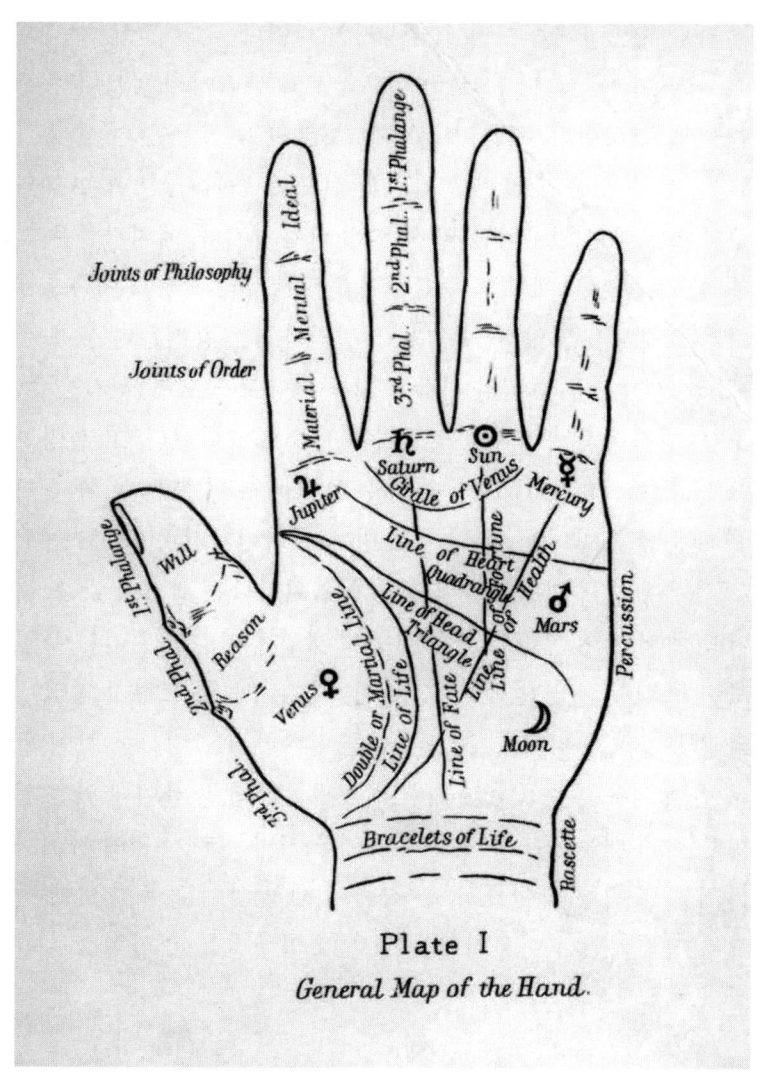

그림 2.5 "손의 일반적인 지도". 루이스 코튼(Louise Cotton)에게서 복사. 『손금 보기와 그 실전 사용』(1896). 애버딘 대학교 킹스 칼리지 유물 전시관의 허가를 받음.

대해 말해왔다. 사실 이들이 우리의 주된 관심사이다. 하지만 더 환영적이거나 더 형이상학적인 의미에서도 선을 생각해볼 수 있다. 장프랑수아 빌레테(Jean-François Billeter)의 언어로 말하자면 유클리드 기하학의 선은 "몸도, 색도, 질감도, 어떠한 다른 유형(有形)의 질도 지니지 않는다. 그것의 본성은 추상적이고, 개념적이며, 이성적이다"(Billeter, 1990: 47). 이 선은 투명하고도 실체가 없는 평면에 그려진 무한히 얇은 존재로, 제임스 깁슨(James Gibson)이 시각적 지각의 생태학에 대한 연구에서 언급한 것처럼 그의 분류에 따르면 균열선, 막대기, 섬유를 포함하는 선들, 즉 우리가 실제로 살고 있는 세계에서 인식하는 선들의 "유령"같은 것이다(Gibson, 1979: 34-35).

우리는 밤하늘을 바라보며 별자리를 형성하는 보이지 않는 유령선으로 연결된 별들을 상상한다(그림 2.6). 오직 그렇게 해야만 우리는 그들에 대해 이야기할 수 있다(Berger, 1982: 284). 삼각 측량 기준점의 연결선과 같은 측량선 역시 똑같이 유령적인 본성을 지녔고, 위도와 경도의 격자, 적도, 열대, 극권의 선과 같은 측지선 역시 마찬가지다. 그것은 지구를 측정하려는 최초의 실질적인 시도들 속에서 실제로 행해졌던 것처럼 마치 점 사이에 팽팽한 끈을 늘여놓거나, 그 점 사이의 육지를 지나는 원호를 따라 그리는 것과 같다. 물론 이러한 종류의 선들은 자나 나침반을 이용하여 지도나 표 위에 펜이나 잉크로 그린 자취로서 등장할 수도 있다. 하지만 그 선들은 지도 위에 재현된 세계 안에 물리적 대응물을 지니고 있지 않다. 하지만 유령선 중 일부는 사람들의 움직임에 진짜로 영향을 미칠 수도 있다. 나는 이십

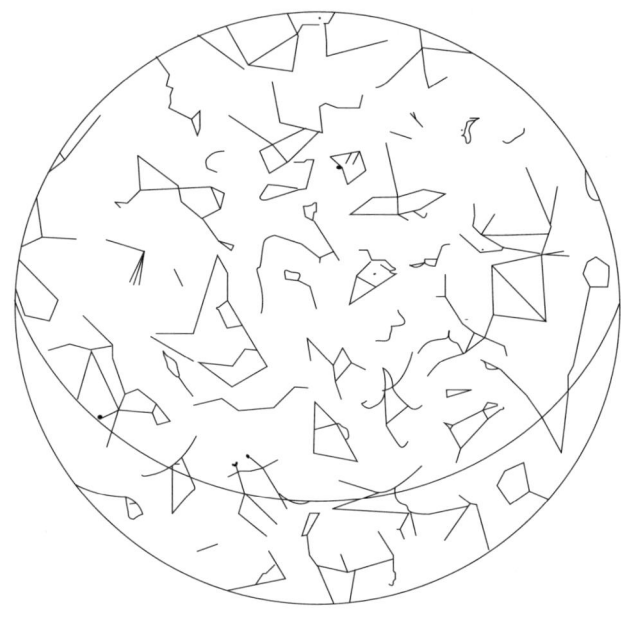

그림 2.6 북방 천구의 별자리.

오 년쯤 전에 핀란드와 러시아 사이의 경계를 따라 순록을 몰다가 이러한 선을 우연히 발견했었다. 숲이 실제 국경으로 작동하는 중앙선을 따라 깨끗하게 벌목되어 있어서 그 경계는 뚜렷하게 보였다. 때때로 나타나는 푯대를 제외하고는 그것을 표시하는 다른 방식은 없었다. 하지만 그 선을 넘으려고 시도했다면 소비에트 측의 수많은 감시대 중 하나에서 쏜 총알에 맞았을 것이다. 동일하게 가상적이지만 중대한 선들은 영공(領空)과 조업 수역을 분할하고 시간대를 결정한다.

하지만 어떤 선이 실재인지 유령인지, 다시 말해서 그것이 경험의 현상인지 허깨비인지가 언제나 뚜렷하게 확정되는 것은 아니다. 그래서 나는 이 구별이 분명히 문제적이라고 고백해야만 한다. 예를 들어 오스트레일리아 원주민의 우주론에서 전 대륙을 십자 모양으로 가로지르는 이른바 노랫길(Songlines, Chatwin, 1987)은 조상 창조주들이 그렸다고 이야기된다. 그들은 꿈의 시대(the Dreaming)라고 알려진 형성기 동안 이 지역을 돌아다니며 언덕이나 암석 노두, 샘, 도랑과 같은 두드러진 경관에 그들의 흔적을 남겼었다. 원주민들에게 이러한 자취들은 경관의 구성 그 자체에 내재한 것이지만 서구의 관찰자들에게는 경관에 '고정된' 상상의 구성 중 일부다(Wilson, 1988: 50). 마찬가지로 침술요법의 원리에서는 몸의 활력을 지휘하는 경락선(meridian lines)이 정맥처럼 몸에 흐르며 그것이 몸의 표면에 나타난다고 하지만, 지금까지 서구 의사들이 주시한 바로는 그 선은 완전히 허구이다. 하지만 전통 중의사에게 이 경락선은 실재하는 실이다. 중의사들에 따르면 이 실을 따라 안내되는 기운이 서예가의 손에서 붓의 춤을 통해 흡수력이 좋은 종이로 전달되고, 거기에서 그것은 똑같이 기운찬 손글씨의 자취로 현현된다(Yen, 2005: 78).

딱 들어맞지 않는 선

나는 이 선의 분류 체계가 만족스럽지 않다는 점을 인정한다. 우리가 살고 있는 세계는 다양한 종류의 선형으로 이루어진 세계로, 다소 깔끔하게 정리된 체계 내에 그 모든 것을 수용하는 것은 사실상 불가능하다. 선은 누군가 그것에 부여하고자 하는 그 어떤 분류로부터도 벗어나 언제나 꿈틀거리는 것처럼 보이며 모든 방향으로 끝없이 뻗는다. 실로 이 세계는 선들의 바로 그 본성 속에 있다. 내가 제안한 범주에 딱 들어맞지 않는 선의 예시를 생각하기란 어렵지 않다. 날아다니는 항공기가 남긴 비행운이나 실험용 안개상자 속에서 아원자 입자가 만들어내는 궤적은 어디에 두어야 할까? 이리저리 갈라지는 번개는? 향의 흔적은? 이것들은 확실히 일종의 자취이지만, 딱딱한 표면에 새겨지지 않기 때문에 실의 특성을 지니고 있다. 민족지학자 데버라 버드 로즈(Deborah Bird Rose)에 따르면 오스트레일리아 북부 지역에 사는 야랄린(Yarralin) 원주민들은 이따금 일몰 하늘에 보이는 긴 줄무늬와 번개를 모두 '끈'으로 말한다. 이 끈을 따라 지구와 하늘의 매개자이자 삶과 죽음의 매개자인 두려운 존재자, 카야(kaya)가 지상으로 사람을 떨어뜨리거나 끌고 올라간다. 그런데 그 원주민 우주의 끈은 또한 지구의 표면 위에 있는 선조들의 꿈 경로를 포함한다(Rose, 2000: 52-56, 92-95). 그러므로 그 끈은 야랄린 사람들에게 실이자 자취이며 동시에 그 무엇도 아니다. 또한 인류학자 크리스 로(Chris Low)에 따르면 칼라하리 지방의 코이산(Khoisan) 사냥꾼의 경우도 그러하다. 그들은 동물을 뒤쫓기 위해 땅에 있는 자취뿐만 아니라 바람에 실린 냄새의 실도 따라간다. 사냥꾼과 사냥감이 땅 위와 공기 사이로 동시에 뻗어 나간 끈으로 연결되는 것처럼 보인다(Low, 2007). 전(前) 아파치 정찰대원에게 사사받은 아메리카 덫 사냥꾼 톰 브라운(Tom Brown)은 이러한 코이산인의 이해와 공명한다. 그는 "최초의 길은 한 끈의 끝이다"라고 썼다(Brown, 1978: 1).

마찬가지로 우리가 보았던 전통 중의학의 기운찬 선은 몸에 흐르는 정맥과 같은 실이면서 동시에 종이 표면에 먹으로 새긴 자취일 수도 있다. 그렇다면 선은 정맥과 같이 물질이 흐르는 관일 수 있을까? 기름이나 가스, 물을 위한 파이프라인이나 곤충의 주둥이나 코끼리의 코처럼 말이다. 우리는 안정된 구조의 설계를 가능하게 하는 단단함을 지닌 삼차원 공간 내의 선을 나타내기 위해 별도로 막대라는 범주가 필요할까? 낚시와 같은 명백한 사례 외에도, 막대와 선의 조합은 천막 구조의 기본이 된다. 칸딘스키는 "표면이 축출된 선들로 대단히 큰 건물을 짓고자 하는 초기 시도"로서 에펠탑을 지목했다(1982: 621). 버크민스터 풀러(Buckminster Fuller)의 측지 돔은 텐세그리티(tensegrity)라고 알려진 동일한 건축 원리를 이용한 더 최근의 응용물이다. 이 원리에서 구조의 안정성은 그것의 구성 선을 따라 형성되는 압축과 장력의 반작용력을 분산하고 평형을 이룸으로써 꾀해진다. 인공물과 살아 있는 유기체 모두 공통적으로 텐세그리티가 있는데, 유기체의 경우 세포의 세포골격구조부터 전신의 뼈, 근육, 힘줄, 인대에 이르기까지 모든 수준에서 발견된다(Ingber, 1998). 정말로 선은 어디에나 있고 내가 여기에서 대답할 수 있는 것 이상의 질문들을 제기한다.

자취에서 실로, 그리고 다시 자취로

하지만 지금 나의 관심은 더 제한적인 것으로 선과 표면의 관계에 관한 논의를 발전시키는 데 있다. 이 논의를 짧은 일화와 함께 시작해볼 수 있을 것 같다. 내가 최근에 페리선을 이용해 노르웨이에서 스웨덴으로 넘어가던 중의 일이다. 나는 배 라운지의 탁자 주변에 앉은 세 여성들을 관찰하게 됐다. 한 명은 만년필로 편지를 썼고, 다른 한 명은 뜨개질을 했으며, 마지막 한 명은 바늘과 실을 이용하여 패턴집에 있는 도안 하나를 하얀 민무늬 천에 수놓았다. 그들은 각자의 일을 하며 함께 담소를 나누었다. 이 장면에서 나를 사로잡은 것은 이 세 여성의 인생사가 잠시나마 대화 속으로 얽혀 들어가는 동안 그들 각자가 몰두하고 있는 활동들이 선을 각각 다른 방식으로 사용하고 있을 뿐만 아니라 선과 표면 사이에 있는 각기 다른 관계를 포함한다는 점이다. 첫 번째 여성은 글을 쓰며 종이 표면 위에 첨가형 자취를 새겼다. 옆에 털실 뭉치를 둔 두 번째 여성은 작업할 때마다 손가락 사이로 털실을 꿰고 그렇게 만든 고리를 뜨개바늘을 이용해 잡아서, 실을 고른 질감의 표면으로 만들었다. 세 번째 수놓는 여성에게 표면은 미리 준비돼 있었다. 사실 이 점은 편지를 쓰는 그녀의 친구에게도 마찬가지였다. 하지만 세 번째 여성은 뜨개질하는 이가 그러하듯 선을 꿰고 있었지 긋고 있지는 않았다.

　세 여성들이 작업하는 모습을 보며 나는 쓰기와 뜨개질, 수놓기 사이의 유사성과 차이를 되돌아보기 시작했다. 자취 만들기의 한 형태로서 쓰기는 실들을 이용하여 행해지는 수놓기와 뜨개질 모두의 반대편에 있지만, 수놓기와 뜨개질 또한 서로의 반대편에 있다는 점이 떠올랐다. 뜨개질하는 이는 선을 표면으로 묶어낸다. 그 표면 위에서, 다시 말해 실들의 뒤엉킴으로 형성되는 일정한 패턴 속에서 본래의 실들은 자취로서 역할한다. 반면에 수놓는 이는 패턴집의 한 면 위에 있는 자취처럼 표면 위에 있는 자취와 함께 시작한다. 하지만 바늘을 이용하는 활동을 통해 그녀는 이 자취를 실로 번역한다. 그렇게 함으로써 심지어 그녀는 천의 표면을 사라지게 만든다. 왜냐하면 자수 놓은 옷감을 볼 때 우리는 실로서의 선들을 보지 자취를 보지 않기 때문이다. 마치 그 옷감 자체는 투명하게 만들어졌다는 듯이 말이다. 젬퍼가 주장하듯, "자수는 사실 실들 안에 있는 모자이크의 일종이다"(1989: 228).

이러한 의미에서 자수는 레이스 만들기를 모방한다. 그래서 섬세하게 세공된 스카프, 손수건, 식탁보에서 가운데에는 자수가 있고 가장자리에는 레이스가 있는 방식으로, 수놓기와 레이스 세공이 꽤 자주 함께 나타난다는 점은 놀랍지 않다. 침선 레이스 세공의 가장 오래된 형태는 베네치아를 중심으로 하는 지역의 것이 가장 유명한데, 그 세공에서 세공사는 세공 패턴을 양피지 종이에 먼저 그리고, 그 위에 바느질을 했다. 작업이 끝나면 그 양피지는 떼어 버려졌으며 오직 실의 패턴만 남았다(Semper, 1989: 222-223). 베네치아 섬 부라노의 전통적인 레이스 세공을 연구한 리디아 시아마(Lidia Sciama)는 오늘날 푼토 인 아리아(*punto in aria*), 즉 "공기에 바느질하기"(Sciama, 2003: 156)라고 불리는 것을 남기기 위해 종이에 그어진 윤곽선을 따라 바늘과 실로 면 안감 위의 패턴을 장식하고, 그 뒤에 면 안감과 종이 모두가 제거된다고 설명한다. 레이스 세공이 자수로부터 유래됐다고 주장하는 공식적인 역사와 반대로, 부라노 여성들은 그것이 남성들이 낚시 그물을 만드는 데 사용하는 기법을 본떠 만들어졌다고 주장한다. 두 사례와 관련한 몸의 자세나 기법은 현저하게 비슷하다(같은 책: 188).

내가 비록 실과 자취가 범주적으로 구분되는 것처럼 보여주며 논의를 시작하기는 했지만, 뜨개질과 자수, 레이스 세공의 예시는 현실에서 실과 자취가 서로의 변형태로 있다는 점을 시사한다. 실은 자취로, 자취는 실로 변형될지도 모른다. 나는 실이 자취로 변형되면서 표면이 생겨나게 됐다고 주장한다. 반대로 자취가 실로 변형되면서 표면이 용해된다. 뒤이어 나는 변형의 두 방향을 묘사하는 예시를 들 것이다. 자취가 실로 변형되는 것을 먼저 생각하고, 후에 그 반대로 나아가보자.

자취에서 실로: 미로, 고리, 도안

　미로와 미궁

서구 문명사에서뿐만 아니라 세계 도처에서 발견되며, 아마도 실의 가장 전형적인 사용인 듯 보이는 것으로 시작해보자. 아테네의 영웅 테세우스가 크레타의 왕 미노스에 의해 크노소스 미궁에 던져진 후, 미궁의 중앙에서 무시무시한 미노타우로스를 죽이고 다시 탈출로를 찾았다는 이야기는 우리 모두에게 익숙하다. 알다시피 그는 미노스의 딸 아리아드네가 그에게 선물한 실을 이용했다. 이 미궁을 고안한 명장 다이달로스는 지하세계로 이어지는 미로를 본떠 이것을 만들었다고 알려진다. 많은 고전 작가들은 계속해서 그 미궁의 원형을 크레타 산악지대에 뚫린 수많은 자연 석굴 체계 중 하나일 것이라고 여겼다(그림 2.7; Matthew, 1922: 23-28을 보라). 그럼에도 불구하고 그 미궁 혹은 미로는 일상적 경험 세계의 표면 아래에 있다고 여겨지는 죽은 자들의 세계 안에서의 움직임과 행로의 강력한 이미지로 남아 있다.

이러한 이미지의 일반성을 보여주기 위해 나는 블라디미르 보고라스(Vladimir Bogoraz)의 북동 시베리아 추크치족(Chukchi)에 관한 고전 논문에서 나오는 그림(그림 2.8)을 여기에 다시 싣는다. 이것은 혼수상태에서 죽은 자들의 지하 세계를 보았다는 사람이 그린 것으로, 그가 주장하는 지하 세계의 길들을 묘사하고 있다. 그 그림에 의하면 이 세계는 새로 온 이들을 혼란스럽게 만드는 복잡한 통로로 가득 차 있다. 동그라미는 그들이 들어가는 구멍을 나타낸다. 이 경로는 경관에 새겨진 길이 아니라 차라리 경관의 표면 아래 깊숙이 흐르는 좁은 해협으로 상상되는 것처럼 보인다. 죽은 자들은 동굴 탐험가와 같이 이 해협들을 헤매는 운명에 처해 있고, 여행자들이 미로 속에서 길을 잃는 것처럼 지하 세계에 최근에 도착한 자는 이 해협 속에서 길을 잃기 쉽다. 살아 있는 여행자와 다르게 귀신 여행자는 발아래에는 땅이, 그 위에는 하늘이 있는 딱딱한 지면 위를 걷는다는 지각을 할 수 없고, 사방을 보거나 듣는 시각과 청각을 이용하지도 않는다. 말하자면 그는 '밖으로 드러나 있지' 않다. 반대로 그는 땅 안쪽에 완전히 에워싸여 있고, 오직 찢겨진 금과 갈라진 틈을 따라 이동할 수 있을 뿐 주변과의 감각적인 접촉으로부터

그림 2.7 몇몇 사람들이 미노타우로스 미궁의 원형일 것이라고 추정하는 크레타 남부 이다(Ida) 산 부근에 있는 고타이너(Gortyna) 동굴 스케치. 이 스케치는 예술가이자 여행가인 프란츠 시버(F.W. Sieber)가 1817년에 만들었으며, 소문에 의하면 그가 완성하는 데 사흘이 걸렸다고 함. 매튜스의 저작(Mattews, 1992: 표제면 28쪽)에서 복사. 애버딘 대학교 킹스 칼리지 유물 전시관의 허가를 받음.

그림 2.8 죽은 자들의 세계에 있는 길을 나타낸 추크치족의 스케치. 보고라스의 저작(Bogoraz, 1904-1909: 335)에서 복사.

절연된 매체 안에 갇혀 있다. 그는 자신이 가는 곳을 볼 수 없고, 아무것도 생각할 수 없으며, 길이 나누어지면 받아들여야 한다. 요컨대 산 자가 세계 안에서 길을 만들 때 선행자들이 땅의 표면 위에 남긴 자취를 따라가는 것과 다르게, 죽은 자는 길의 작은 틈을 통해 그 길을 빠져나가야만(thread) 한다.

수십 년 동안, 문화를 횡단하며 공명함에도 불구하고 미로는 인류학에서 간과돼온 주제였다. 하지만 최근에 앨프리드 겔

(Alfred Gell)의 작업에서 되살아나기 시작했다. 겔은 영향력 있는 책인 『예술과 행위성』(*Art and Agency*)에서 자신이 "패턴의 액막이 사용(Gell, 1998: 83-90)"이라고 부른 것의 주요한 예시로 미로를 다룬다. 그는 이것을 통해 복잡하고 시각적으로도 혼란스러운 도안을 표면에 새기는 실천이 도안 뒤에서 악령과 악마의 공격을 피해 사람들을 보호하기 위함이라고 의미화한다. 이것은 악마가 패턴을 지닌 도안의 매혹에 사로잡혀 그 표면에 유인되지만, 그 패턴을 해독하거나 그것이 보여주는 수수께끼를 풀지 않는다면 그것을 통과할 수가 없어 매우 애를 태운다는 발상이다. 그들은 꼼짝하지 못한 채 패턴 속에 몸이 묶여서, 반대편으로 통과하기 위한 해결책에 당도하지 못한다. 겔은 액막이 패턴이 "악마를 붙잡아두는 끈끈이"로 기능한다고 주장한다(같은 책: 84). 이러한 발상은 매력적이며, 당연히 특정한 종류의 패턴은 이러한 방식으로 사용되고 있거나 사용됐을 가능성이 있다. 겔이 제시하는 한 예시는 켈트족의 매듭 세공 패턴이다. 이 패턴에서는 연속적인 선이 표면에 그려져 있음에도 불구하고, 위아래로 고리 모양을 만들어 전체 장을 뒤덮는 촘촘한 직물을 형성한 듯 보이도록 만들어진다. 또 다른 예시는 콜람(*kōlam*)이라고 알려진 도안으로 남인도의 타밀나두 지역 여성들이 집과 사원의 문턱에 그리는 것이다. 이것들도 비슷하게 하나나 서너 개의 선으로 구성된다. 그 선들은 점들의 격자 주위에 구불구불하게 이어지며 (하지만 합류하지는 않는다) 자기 자신이나 다른 선과 교차하지만 그럼에도 시작 지점으로 돌아와 닫힌 고리를 형성한다(그림 2.9). 켈트족과 타밀나두 사례 모

두에서 민족지학적 증거는 악마의 공격을 방어하는 데 있어 그 패턴들이 중요하다는 점을 가리킨다(같은 책: 84-86).

하지만 미궁의 예시에서 겔의 의견은 틀렸다. 왜냐하면 애초에 그 의견은 일종의 '악마의 시선', 즉 미로의 전반적인 배치를 패턴과 같은 형식으로 관찰하고 재현할 수 있는 상공(上空)의 관점을 전제하기 때문이다. 하지만 이러한 관점은 이미 땅의 표면을 가로지르는 여정(삶 그 자체와 마찬가지인 여정)에 나선 지상의 여행자들에게는 가능하지 않다. 미로의 입구는 그가 표면에 착륙하는 지점이 아니라 지하로 들어가는 지점을 표시한다. 이제 땅과 공기 사이의 접촉면인 땅바닥은 아래에서가 아니라, 위에서 보이는 종류의 표면이다. 다른 쪽은 없다. 그러므로 지하로 들어가는 바로 그 순간에 미궁으로 들어가는 표면 그 자체는 시야에서 사라진다. 그것은 용해되는 것처럼 보인다. 이 순간은 삶에서 죽음으로의 이행을 지시한다. 그러므로 겔의 악마가 액막이 패턴을 응시하는 것에 사로잡혀 표면에 붙어 있는 것과는 상당히 다르게 귀신 여행자는 어떠한 표면도 없는 세계에 자신이 있음을 발견한다. 각각의 길은 이제 자취라기보다는 실이다. 그리고 영웅 테세우스나 보고라스를 위해 그림을 그렸던 추크치족의 샤먼과 같이 죽은 자의 세계를 방문했다가 다시 돌아오는 데 성공한 오직 소수의 사람들만이 결코 전체적으로 볼 수 없는 통로들의 미로를 복원해낼 수 있다.

사실 자취에서 실로의 이러한 뒤바뀜, 그리고 결과적으로 발생하는 표면의 용해는 아마 켈트족의 매듭 세공과 남인도의 콜람이 지닌 보호 기능에 대한 이해의 실마리를 쥐고 있는 것일지

그림 2.9 위: 타밀나두에서 발견된 콜람 도안. 아마르 몰(Amar Mall)의 사진을 그림. 왼쪽이 캄피 콜람(Kampi kōlam)이다(Mall, 2007), 아래: 타라(Tara) 지역 브로치 핀의 머리 부분에 있는 켈트족의 나선형 매듭. 미한의 저작(Meehan, 1991: 111)에 있는 설명을 따라 그림.

도 모른다. 최근 연구에서 아마르 몰(Amar Mall, 2007)은 콜람이 실은 두 가지 형태로 나타난다는 점을 보였다. 하나는 패턴의 선들이 자신이 그려지는 격자의 점들을 실제로 합치지만, 다른 하나는 그 점들 주변에 고리를 만든다(그림 2.9). 캄피(*Kampi*)라고 알려져 있는 후자의 선은 전자의 것과 확연히 구별되며, 보호 기능은 특별히 이 캄피 콜람 덕분이라고 여겨진다. 점들을 합치는 선들은 형체들의 모자이크 윤곽을 표시한다. 이러한 선들은 표면에 그려질 뿐만 아니라 실제로 기하학적 평면으로서 표면을 규정한다. 이는 화가 파울 클레(Paul Klee)가 그의 노트에 적어놓은 점이기도 하다(Klee, 1961: 109). 하지만 몰이 주장하길 캄피 선은 "자신이 그려진 바로 그 표면을 용해시켜, 정확하게 반대의 효과를 지닌다. 그래서 그 선은 모든 삶과 존재를 굴러가도록 강제하는 미궁과 같은 실들의 그물처럼 보인다"(Mall, 2007: 76). 캄피 콜람은 겔이 제안한 대로 풀리지 않는 숙고의 난제로 악마를 기습하여 악마가 그 완성된 패턴의 구성 원리를 알아내려다가 그 패턴에 갇히게 만드는 것이 아니라, 악마를 그 미궁 속에 잡아들여서 죽은 자들의 세계 속 귀신만큼 탈출할 수 없게 만들어 보호 기능을 수행할 가능성이 더 크다. 악마가 그 표면에 내려앉는 바로 그 순간에 표면은 표면이기를 멈추고, 표면에 그려진 듯 보였던 선들은 마치 거미줄에서처럼 악마를 가두는 실들이 된다. 아마 켈트족의 매듭 세공 도안도 같은 방식으로 악마를 물리치는 기능을 수행했을 것이다.

고리 만들기와 노출 세공

자취가 실로 변형되면서 표면이 용해되는 방식에 대한 두 번째 예시는 브리기타 하우저쇼블린(Brigitta Hauser-Schäublin)이 수행한 연구에서 나왔다. 이것은 파푸아뉴기니 세픽 동부 지역 아벨람족(Abelam)의 장식 예술에 대한 것이다(Hauser-Schäublin, 1996). 아벨람 장식은 흐르는 듯한 선이나 교차하는 선으로 구성된 뚫린 그물을 형성하기 위해 주로 식물 재료에서 나온 끈과 가느다란 조각, 긴 잎을 모아 만든다. 장식에 대한 이런 식의 접근은 대부분의 멜라네시아인들과 아벨람 사람들이 공유하는 것으로, 폴리네시아와 인도네시아의 '옷감 문화'와는 근본적으로 다르다. 후자의 장식은 직조된 직물이나 땋아 만든 깔개, 혹은 나무껍질 옷감을 이용하여 사물들을 감싸, 그 사물들이 번갈아 가며 감추어지거나 드러날 수 있도록 만든다. 아벨람족의 미학적인 관심은 표면이 아니라 선에 있다. 하우저쇼블린에 따르면 "모든 패턴은 균일한 평면의 관점에서 옷감 속에 풍성하게 전시되거나 재현되기 위한 것이 아니라, 선의 관점에서 '가시적으로 열린[노출] 세공'으로 지각된다"(1996: 82). 그런데 아벨람 사람들은 잎들의 긴 조각이나 끈으로 물건을 만드는 것 외에 그림도 그린다. 이 그림은 잿빛이나 검은색 진흙으로 덮인 사고야자의 불염포[24] 위에 행해진다. 먼저 하나의 선을 흰색 염료에 담근 깃털을 이용해 불염포에 그린다. 이것은 가장 중요한 선으로 패턴의 나머지 부분들을 위한 본보기로 역할한다. 흰 선 그리기가 끝나면, 빨강, 노랑, 검정의 추가적인 선들이 더해진다. 예식장의 외관을 위한 그림처럼 크고 복잡한 그림의 경우 화가는 위에서부터 시작하여 줄지어 작업을 한다. 하지만 그는 언제나 각 줄의 도안 아래에 끈처럼 늘어진 흰 선 한 줄을 남겨두는데, 이렇게 하면 다음에 다시 시작할 때 이 선을 이어받아 그리면 된다(그림 2.10). 그 결과, 완성된 작품의 모든 줄들은 이어진 하얀 선(마인드쉬(*maindshe*)라고 불린다)으로 함께 연결된다. 반면에 다른 색의 선은 이어져 있지 않으며, 오직 이 흰 마인드쉬를 강조하는 역할만 한다(같은 책: 89).

여기에서 놀라운 점은 멜라네시아 내륙 사람들의 일상생활

---

24 [역자주] 여기에서 불염포란 야자나무의 꽃을 감싸는 커다란 변형 잎을 일컫는다.

그림 2.10 그림 작업을 하는 아벨람 남성들. 화가들은 현재 작업하는 줄을 그리며 앞선 줄에서부터 늘어진 흰 선을 집어 이어간다. 사진: 외르크 하우저(Jörg Hauser). 외르크 하우저와 브리기타 하우저쇼블린의 허가를 받아 복사.

에서 다용도로 사용되며 어디에서나 볼 수 있는 그물 가방 즉, 빌럼(*bilum*)을 만드는 데도 정확하게 같은 원리가 적용된다는 점이다. 다양한 나무와 관목의 인피(靭皮)로 만들어진 빌럼의 끈은 본래 베이지 색이지만 하얗게 표백된다. 그림의 경우 아벨람 예술가가 앞선 줄에서 마인드쉬의 '완결되지 않은 끝'을 집어 다음으로 나아가는 것과 같이, 그물 가방 만들기의 경우에도 전체 가방을 만드는 연속적인 하나의 선을 형성하기 위해서 끈을 추가적으로 늘릴 때 그 끈은 언제나 이전의 끈에 (섬유를 허벅지 위에 올려놓고 꼬고 말아서) 붙어 있다. 이 선 역시 같은 용어인 마인드쉬로 알려진다. 패턴은 빨간색과 검은색으로 염색된 끈을 덧대어 형성된다. 비록 우리가 색 있는 도안들을 흰 배경과 대비하여 보다 두드러지게 보는 경향이 있을 수 있겠지만, 아벨람 사람들은 그림의 경우와 마찬가지로 우리와 반대되는 경향을 지닌다. 사실 아벨람 남성들은 예식장 외관에 그려진 자신들의 도안이 여성들의 그물 가방 패턴에서 기원한다고 말한다. 분명히 그림의 마인드쉬는 불투명한 표면 위에 첨가형 자취로 형성됐음에도 불구하고, 그물 가방의 마인드쉬와 같은 종류의 실로 여겨진다. 또한 그려진 선이 고리 모양의 실로 변형되는 동안 표면은 어떻게든 사라져서, 결국 그 그림은 모든 아벨람 예술의 특징이기도 한 '노출 세공'과 같은 질감을 지니게 된다. 표면이 용해되는 또 다른 방식은 표면을 잘라내는 것이다. 이는 정확하게 하우저쇼블린이 몇몇의 아벨람 여성들의 요구에 따라 근처 마을로 쇼핑을 나갔다가 다소 밋밋한 검은색과 빨강색 옷감을 가지고 돌아왔을 때 일어난 일이다. 그들은 그것을 옷감으로 사용하는 대신, 우선 길고 잘게 잘라 조각난 천을 개별의 실들로 풀기 시작했다. 그런 다음 이 실들을 꼬고 말아서 형형색색의 패턴이 있는 그물 가방으로 만들었다(같은 책: 96).

신체를 위한 도안

자취가 실로 변형되는 세 번째 예시를 들기 위해 지난 장에서 이미 소개했던 앙겔리카 게프하르트자이어의 페루 아마존 시피보-코니보 원주민 연구(1985)로 돌아간다. 게프하르트자이어에 따르면 2세기쯤 전까지 시피보와 코니보 마을은 연속적인 지그재그 선으로 뒤덮였었다. 이 선들은 집의 내부표면, 도자기의 바깥표면, 배, 사냥 도구와 조리 도구, 정교하게 직조된 면 의복, 그것을 입는 사람들의 얼굴과 손, 다리에 퍼졌었다. 오늘날에도 이 선에 대한 집착은 직물 자수와 도자기 그림, 땋은 구슬 세공, 그리고 특정한 얼굴 무늬로 이어진다(Gebhart-Sayer, 1985: 143-144). 선 만들기는 오직 여성의 영역으로, 이들에게 불투명한 표면을 가로질러 가시적인 선을 따라가는 문제로 여겨진다. 그곳의 화가나 자수공예가는 기본 형태선을 그리며 작업을 시작한다. 이 선은 상대적으로 두껍지만 뱀처럼 꼬이고 휘어져 명확한 방향이 없다. 그 뒤에 두 번째 선들은 이 형태선의 양편에 나란히 그려진다. 빈 공간은 표면 전체가 확실히 뒤덮이도록 세 번째 선들로 채워진다(같은 책: 147). 형태선의 규칙적인 반복은 전체 패턴에 특정한 대칭성을 부여한다(그림 2.11).

하지만 이 표면 패턴은 단지 도안의 시각적 현현일 뿐이다. 게다가 시피보-코니보 사람들은 모든 개인에게 유아기 때부터 계속해서 이어진 샤먼의 치유 기간 과정 중에 부여받은 도안 자국이 보이지 않게 남아 있다고 생각한다. 영구적인 이 도안은 살아 있는 몸 전체에 스며들어 그 몸을 도안으로 가득 채우고, 죽은 후에는 한 사람의 영(spirit)과 함께 남는다고 이해된다(같은

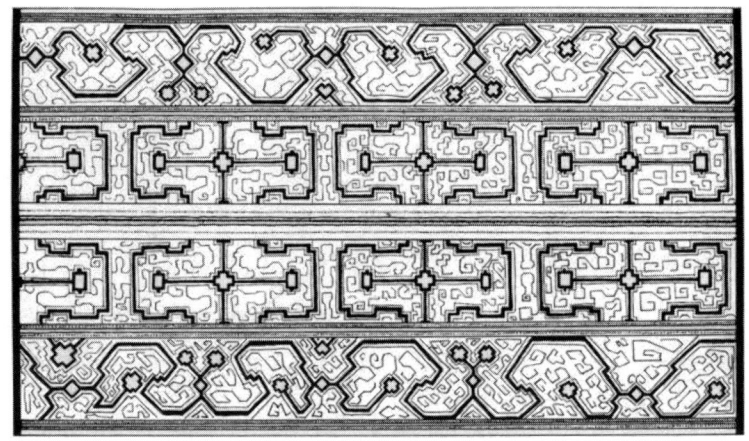

그림 2.11 시피보-코니보 여성들의 덮개인 라코티(*racoti*). 테스만의 저작(Tessman, 1928: 2판, 표제면 40)에서 복사. 옥스퍼드 대학교 보들리 도서관의 허가를 받음. 서가기호 247236 d.13.

책: 144-145). 치유 의식에서 샤먼(대개는 남성이지만 언제나 그런 것은 아니다)은 도안을 '노래'하지만, 또한 목소리가 공기를 통해 이리저리 거니는 동안 도안이 환자의 신체 속에 가라앉는 패턴으로 변형되는 것도 본다. 그러나 이것은 오직 샤먼에게만 가시적인 변형이다. 이 시각 속에서 선은 피노(Pino)라고 하는 벌새의 영으로 바뀌어 보인다. 환자 위를 서성이는 영은 바쁘게 획획 움직이고, 그의 부리를 빠르고 잘게 움직이며 윙윙거린다. 피노가 영들 사이에서 '작가'나 '비서'로 묘사되기는 하지만, 지칠 줄 모르는 그의 부리에서 나오는 선이 자취가 아니라 실인 것은 명백하다. 그가 써내려간 패턴은 환자의 신체 표면을 가로질러 새기는 것이 아니라, 그 위에 내려앉아 신체를 통과한다고 말

해진다(같은 책: 162-164). 자취가 샤먼의 시각 내에서 실로 변형됨에 따라 신체의 바로 그 표면이 용해되고, 선이 치유가 효과를 발휘하게 되는 장소인 신체의 내면을 관통할 수 있게 만든다.

실에서 자취로: 매듭, 직조, 양단(洋緞), 텍스트

내가 들었던 예시(시베리아 추크치의 미궁 같은 지하세계, 뉴기니 아벨람 사이의 예식장 외관 그림, 동페루 시피보-코니보 원주민의 샤먼적 치유) 속에서 우리는 자취에서 실로의 변형이 각각 땅과 집, 몸의 표면을 용해시킨다는 점을 보았다. 이제 그 반대의 변형으로 넘어갈 시간이다. 표면이 구성되는 동안 이루어지는 실에서 자취로의 변형 말이다. '선'의 어원 자체가 이러한 변형의 모범적인 예시를 보여준다. 새뮤얼 존슨이 그의 『영어 언어 사전』에서 우리에게 상기시켜준 바와 같이, 이 단어의 의미 중 하나(그의 목록 중 17번째이자 마지막 명부)는 "린트 혹은 아마 섬유"이다. 린트는 라틴어 리니아(*linea*)에서 파생됐고, 본래 이것은 아마 섬유로 만든 실, 리눔(*linum*)을 의미했다. 이 실로 현재 우리가 린넨(linen)이라고 부르는 옷감을 짜거나 보온을 위한 여분 층을 제공하는 라인(line) 의류로 사용될 수도 있다. 그리고 만약 '선'이 자취가 아니라 실로 시작했다면, '텍스트' 역시 새겨진 자취가 아니라 직조된 실들의 그물망(meshwork)으로 시작했을 것이다. '직조하다'라는 동사는 라틴어에서 텍세레(*texere*)였고, 여기에서 영어 단어 textile(직물)과, 프랑스어 tistre(직조하다)를 거쳐, 무수히 많은 꼬아진 실들로 섬세하게 직조된 직물을 의미하는 tissue(조직)가 파생됐다.

해부학자들은 신체 기관을 묘사하기 위해 이러한 구성적 은유를 적용했다. 즉, 신체 기관은 상피조직, 결합조직, 근조직, 신경조직으로 구성된다고 말해진다. 해부학자는 이 기관들의 기저에 있는 선형 구조가 드러나도록 그것들의 표면을 투명하게 만드는 방법을 적어두었다. 그 방법은 숙련된 해부학적 시각으로 밝혀낸 것이었다. 아서 톰슨(J. Arthur Thomson)은 1911년 저서 『과학 개론』에서 다음과 같이 썼다.

> 우리가 오랫동안 어떤 것에 몰두하고, 그것을 사방으로, 안팎으로, 속속들이 알게 될 때, 그것은 꽤 놀라운 방식으로 반쯤 투명해진다. 식물학자는 나무를 통해 목재와 인피를 볼 수 있고 (…) 동물학자는 같은 방식으로 마치 유리 모델 속에 모든 것이 제 자리에 있는 것처럼 가시나무 위에 있는 달팽이를 통해 중추신경, 근육, 복부, 박동하는 심장, 순환하는 혈액, 여과하는 신장을 본다. 마찬가지로 숙련된 해부학자에게 인간 몸은 투명해진다. (Thomson, 1911:27-28)[25]

그러므로 샤먼의 시선과 다르지 않은 해부학적 시선은 신체 표면을 그것을 구성하는 실로 분해한다. 하지만 샤먼이 선들을

---

25 [저자주] 이 훌륭한 구절에 관심을 가지게 해준 엘리자베스 할럼에게 깊은 감사를 표한다.

몸에 떨어뜨려 치유하는 것과 달리, 서구 외과 의사는 반대 방향으로 나아간다. 선의 파열이 문제의 원인이기에 전신의 표면을 재구성하기 위해 그는 이미 신체 내에서 발견한 선들을 봉합한다.

매듭짓기와 직조하기

선과 조직의 어원학적 기원에 대한 우리의 짧은 여행이 제시하는 바와 같이, 표면이 실로부터 구성된다는 점과 이 과정 속에서 자취가 발생된다는 점의 가장 명백한 예시는 봉합하기와 직조하기에서 찾을 수 있을 것이다. 젬퍼가 지적하듯(1989: 219) 본질적으로 봉합은 매듭인데, 그것의 반복을 통해 뜨개질과 코바늘뜨기에서 그러한 것처럼 실로 이루어진 끊임없는 선으로 연속된 표면을 만들 수 있다. 어떤 의미에서 매듭 진 표면은 앞서 서술한 아벨람 사람들과 같은 이들의 고리모양 노출 세공의 반대편에 있다. 고리가 표면을 파괴할 때 매듭은 표면을 창조한다. 하지만 우리가 지각하는 표면은 매듭이 아니라 매듭으로 이어진 공간이다. 주자네 퀴흘러(Susanne Küchler)가 설명한 대로 "매듭을 제외한 모든 것은 표면의 내부나 그 아래에 매듭이 있기에 눈에 보인다"(Küchler, 2001: 65). 매듭을 더 튼튼하게 당길수록, 표면은 더 뚫을 수 없는 것처럼 보인다. 가령 타히티에서 토오(to'o)라고 알려진 특별한 나무 막대는 신성 권력의 화신으로 여겨졌는데, 시선으로부터 그것들을 보호하기 위해 꼬아지고 매듭진 밧줄로 단단하게 포장된다. 토오는 "신을 감싸는" 주기적인 의식에서만 모습이 드러났고, 그마저도 오직 고위 인사에게만 해당됐다. 토오의 힘은 그들 외 다른 누군가가 그것을 보았다면 틀림없이 죽게 만들었을 정도였다(같은 책: 66-67; Gell, 1998: 111). 따라서 그 표면은 완벽하게 봉인된다. 본래 그것이 실로 구성됐다는 점이 독특한 질감의 장식적인 무늬에 명백하게 남아 있음에도 불구하고 말이다(그림 2.12). 요컨대 그 질감은 그것의 표면이 단순히 신성 권력을 위한 수동적인 그릇이 아니라 능동적으로 신성 권력을 싸매는 것임을 분명하게 보여준다.

매듭짓기에서 직조하기로 넘어가자면, 방직공은 단일하고 연속적인 방적실의 선으로 작업을 시작하는 것이 아니라, 일련의 평행하는 선들, 즉 세로로 매어진 날실과 또 다른 선인 씨실을 이용하여 시작한다. 씨실은 날실을 통과해 날실과 위아래를 번갈아가며 십자형으로 꿰어진다. 만약 씨실이 모두 한 종류의 색이면 완성된 옷감은 끊어지지 않는 균일한 표면처럼 보일 것이다. 하지만 여러 색의 씨실을 도입하면 원하는 어떤 두께의 가로로 된 직선 줄무늬도 쉽게 만들 수 있다. 멀리 떨어져서 보면 이것들은 재료를 가로질러 그린 선처럼 보인다. 따라서 직조의 과정을 통해 직물이 쌓아질 때, 씨실의 유색 실들은 표면 위에 자취의 형상을 점진적으로 만들어낸다. 사선이나 세로 선의 생산은 더 복잡하다. 글래디스 레이차드(Gladys Reichard)는 나바호 담요 직조법에 대한 고전적인 설명에서 가로 방향으로 40도에서 52.5도로 기울어진 사선을 만드는 방법을 보여준다. 그 방

그림 2.12 매듭으로 감싸진 타히티 사람들의 토오. 케임브리지 대학교 고고학 및 인류학 박물관의 허가를 받아 복사. E1907.342(Z6067).

법은 기본 색상의 씨실을 매행 혹은 하나 걸러 하나의 행마다 날실 선 하나씩 더 나아가게 하고, 동시에 반대 방향에서부터 다가오는 대비 색상의 씨실은 그에 맞춰 점차 날실을 잃게 만드는 것이다(Reichard, 1936: 89-94)(그림 2.13). 따라서 두 색상이 만나는 지점, 즉 로크(lock)라고 알려진 지점은 일정한 간격을 두고

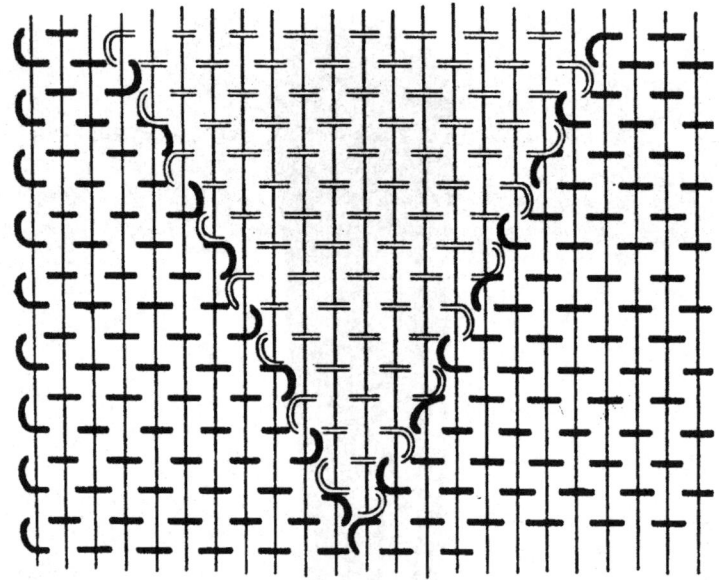

그림 2.13 두 가지 색으로 된 나바호 담요에서 삼각형 부분의 성형. 첫 번째 색(검은색) 씨실은 행마다 날실 하나씩 더 나아가고, 두 번째 색(흰색)은 행마다 날실을 잃게 된다. 그 효과로 40도 경사의 완만한 선이 만들어진다. 레이차드 저작 (Reichard,1936: 90)에서 복사.

행마다 바뀐다. 세로 줄무늬를 만들기 위해서는 반대 방향에서 들어오는 두 씨실 색이 언제나 같은 날실 주변을 돌아 제자리로 와야 하는데, 이렇게 되면 로크의 가로 위치가 언제나 유지된다.

하지만 나바호 담요의 가장 매력적인 지점은 표면 위에 있는 유색 도안이 매우 선형적인 데 반해, 이 선들 자체로는 실이 아니라는 점에 있다. 진정으로 그것들은 자취도 아니다. 사실 담요에 있는 그 선을 자세하게 살펴보면 오로지 차이들을 발견할 뿐이다. 말하자면 실이 지닌 색이 변화한다는 것, 그리고 각각의 색을 위한 씨실의 로크 지점이 행마다 이동한다는 것을 발견한다. 우리는 담요의 선이 담요를 만드는 실들의 합성물로 존재하는 것이 아니라, 실 사이에 질서 잡힌 차이의 체계로서 존재한다고 말할 수도 있다. 하지만 종합하여 생각해보면 이 차이들은 긍정적인 무언가, 다시 말해 일관된 표면 위에 있는 연속적인 선에 대한 지각으로 나아간다. 그리고 이 지각이야말로 선에게 자취의 형상을 부여한다. 그럼에도 직조된 표면 위에 형성된 그 선은 실로 만들어졌기에, 이미 존재하는 표면 위에 그려진 선과 실제로는 상당히 다르다. 나바호 담요와 주목받고 있는 또 다른 나바호 예술 실천인 모래그림을 대조해보면 그 차이가 뚜렷해질 것이다. 모래그림은 염색된 모래의 고운 줄기를 떨어뜨려 만든다. 이때 미리 준비한 매끈한 바닥면의 자연적 흙빛 모래 위에 선형적인 도안을 만들기 위하여, 먼저 한 색의 모래를, 그리고 그 위에 다른 색의 모래를 떨어뜨린다. 엄지로 그 모래의 흐름이 통제되며, 검지와 중지 사이로 천천히 흘려보내진다. 이 경우에 선은 명백하게 첨가형 자취이며, 그것을 생산하는 데 관여하는 정교한 움직임과 몸짓의 결정체이다. 몇몇의 나바호 방직공들은 관광 시장을 위한 '진짜 나바호' 도안을 만들라는 압박 때문에 담요 위에도 모래그림 도안을 베끼기 시작했다. 하지만 레이차드가 우리에게 말해준 것처럼 그 결과는 대개 만족스럽지 않았다. 그것은 딱 맞는 색을 만드는 것이 사실상 불가능할 뿐만 아니라, 직조 기술은 그러한 종류의 도안을 생산하는 데 적합하지 않았기 때문이다. 모래그림 도안들은 너무 복잡하다(Reichard, 1936: 156).

요약하자면 모래그림의 선과 같이 이미 존재하는 표면 위에 있는 선은 한 움직임의 자취인 것에 반하여, 담요의 선과 같이 실로 짜인 표면 위의 선은 다른 방향으로 (앞뒤로 횡단으로) 왔다갔다하는 움직임들의 축적을 통해서 한 방향으로 유기적으로 자라난다. 결과적으로 이러한 구별은 직조하기와 쓰기의 관계를 이해하기 위한 단초를 제공한다. 앞서 언급했듯, text(텍스트)와 textile(직물)이라는 단어가 '직조하다'라는 텍세레(*texere*)로부터 유래했다는 공통 기원은 이 관계의 중요성을 암시한다. 일반적으로 표면 위에 자취를 새기는 것을 수반하는 쓰기가 어떻게 실의 조작을 수반하는 직조를 본떠 나왔을까? 어떻게 방직공의 실이 작가의 자취가 됐을까? 기원전 5세기경에 살았던 중국의 사상가 유협(劉勰)은 "새의 무늬가 매듭진 끈을 대신했을 때, 글이 처음 나타났다"는 아주 흥미롭고도 수수께끼 같은 말 속에서 바로 그 쓰기의 탄생에 있는 이 질문을 다루었다.[26] 그의 마음 속에 있었던 것은 명백하게 실이나 끈의 매듭짓기와 고리 만들기를 기본으로 하는 표기법 체계가, 새나 동물의 발자취로 은유되는 새겨지는 자취를 기본으로 하는 표기법 체계로 대체되는 것이었다.

---

26 [저자주] 나는 이 유협의 발언을 플로리안 쿨마스의 최근 글(Coulmas, 2003: 4)에서 처음 알게 됐고, 거기에서는 다음과 같이 번역됐다. "새의 자취를 그리는 것이 뜨개질로 대체됐을 때 글이 시작됐다." 그러나 나는 그가 언급한 원본 번역의 표현을 그대로 유지하는 것이 더 신중하다고 판단했다(Liu Hsieh, 1983: 17).

매듭진 끈에서 양단으로 만든 글자로

표기법 내에서 용납되는 모든 것들이 꼭 자취로 구성될 필요는 없다. 예를 들어 파푸아뉴기니의 세픽강 중부 지방에 위치한 칸딘게이(Kandingei) 사람들 사이에서는 모든 집단 내에서 가장 중요한 남성이 6에서 8미터가량의 길이와 3센티미터 두께를 지닌 매듭진 노끈을 갖고 있다. 이 노끈은 씨족의 시조가 악어의 길을 따라가며 곳곳을 여행했던 태고의 이동을 나타낸다고 여겨진다(그림 2.14). 노끈에 있는 각각의 큰 매듭은 마른 빈랑나무열매 껍질 조각과 엮었으며, 태고의 장소를 재현하는 한편, 큰 매듭 앞에 있는 더 작은 매듭은 그 장소에 거주하는 토템의 비밀스러운 이름을 의미한다. 중요한 의례에서 그 노끈의 소유자는 마치 묵주를 돌리는 것처럼 노끈이 손가락을 타고 흐르게끔 놓아둔 채 각각의 장소와 그것과 연관된 토템을 '노래 부른다.' 그러므로 노끈을 손가락 사이로 빠져나가게 하는 움직임은 씨족의 시조가 한 정착지에서 다른 정착지로 여행할 때의 움직임과 일치한다. 또한 영결식에서 그것은 풀밭 섬과 관련 있는 죽은 자들의 땅으로 귀신이 여행할 때 그 길에서 여기저기 좌초하는 그의 움직임과 일치한다(Wassmann, 1991: 51-60, 70-71, 103-105, 114; 야트물(Iatmul) 인근에 있음. Silverman, 1998: 429 참조).

완전히 실로만 이루어진 표기 장치 중 가장 유명한 예시는 당연히 잉카 제국의 키푸(*khipu*; 결승(結繩) 문자)이다. 키푸는 수북한 노끈으로 구성되며, 이것은 이차적인 노끈과 매듭으로 연결된다(그림 2.15). 더 나아가 이차적인 노끈은 삼차적인 노끈과, 삼차 노끈은 사차 노끈과, 사차 노끈은 오차 노끈과 계속해

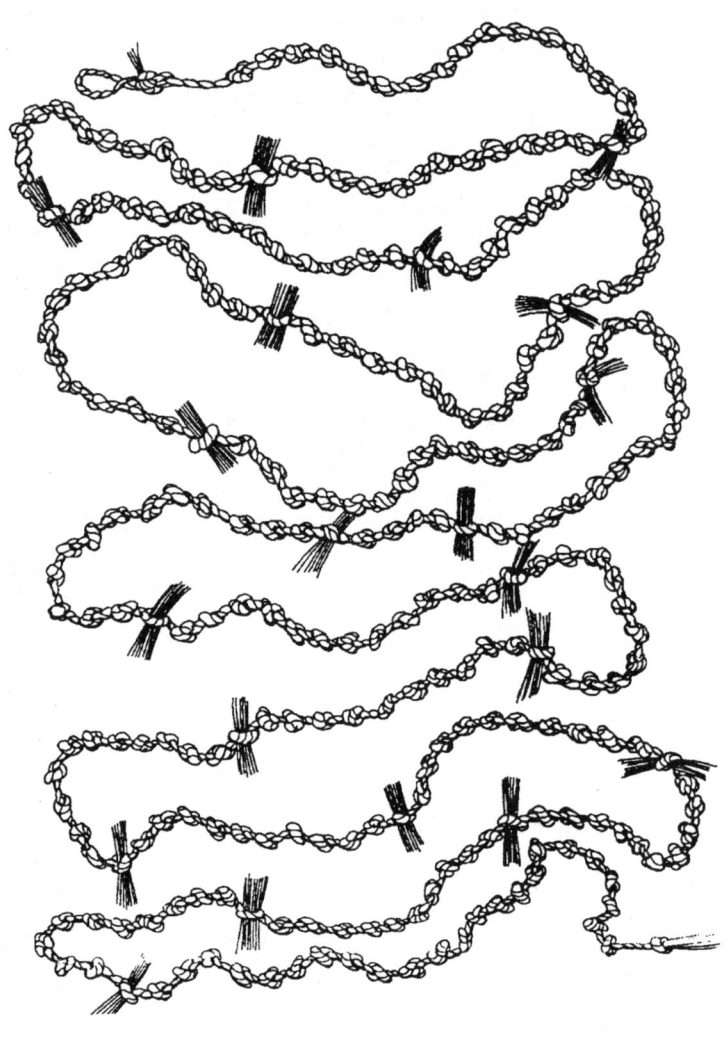

그림 2.14 파푸아뉴기니의 세픽강 중부 지방에 위치한 칸딘게이의 매듭진 팔린가위 (Palingawi; 담수악어) 노끈. 바스만의 저작(Wassmann, 1991: 71)에서 복사.

그림 2.15 펠리페 구아만 포마 데 아얄라(Felipe Guaman Poma de Ayala)가 17세기 전환기 즈음에 묘사한 키푸카마유크(Khipukamayuq), 즉 '키푸의 수호자(keeper of the khipu).' 그가 키푸를 잡고 있는 것이 보이며, 그의 왼손 아래 모서리에는 탑타나(taptana), 즉 돌로 만들어진 계산기가 묘사되어 있다. 구아만 포마 데 아얄라의 저작(1987: 365)에서 복사.

2장 자취·실·표면　　　　　　　　　　　　　　　　　　　　143

서 매듭으로 연결되기도 한다. 학자들은 여전히 키푸의 기능이 기억을 촉발하기 위함인지 아니면 정보를 기록하기 위함인지에 대해, 그리고 만약 후자라면 그 정보가 단순히 수와 관련된 것인지 아니면 이야기의 요소를 수반하고 있는 것인지에 대해 논쟁한다(Quilter와 Urton, 2002). 하지만 매듭의 종류, 노끈 위의 매듭의 위치, 노끈이 적재되는 방식, 사용되는 색 조합을 포함하여 그것의 구성에 대한 거의 모든 요소들은 의심할 여지없이 이러저러한 종류의 의미를 담지하는 것처럼 보인다. 게다가 기본구조의 한 종류로서 키푸는 목걸이, 머리띠, 그리고 더 큰 규모로는 당연히 현수교도 포함하는 잉카 제국의 다른 많은 종류의 기본구조와 같은 원리로 구성된다. 이 원리는 펜던트와 매달림 줄의 조합과 연관된다. 하지만 직물 직조가 잉카 제국 내에서 고도로 발달했음에도 불구하고, 키푸는 직조되지 않았으며 직물도 아니다. 키푸는 키푸를 이루는 끈의 표면을 제외하고는 표면이 없다.

실제 직물로 직조된 쓰기의 예시를 위해 우리는 안데스에서 메소아메리카로 이동하거나 과테말라의 마야인에게로 이동해 볼 수 있다. 16세기에 스페인 문자를 사용하지만, 키체(Quiché) 토착 언어로 쓰인 포폴 부흐(*Popol Vuh*)는 인류의 창조, 신들의 행적, 키체인들의 기원과 역사에 대한 연대기이자 그들의 왕에 대한 연대표이다. 그 안에는 원숭이 신에 대한 이야기가 나오는데, "그들은 피리 연주자이며 성악가이자 작가이다. 그들은 또한 판화가이자 보석 세공사이며 금속공이다"(Tedlock과 Tedlock, 1985: 123). 이 구절에서 '작가'는 아흐츠입(*ajtz'ib*)이라고 불리며, 이것은 문자라는 단어인 츠입(*tz'ib*)에서 유래했다. 하지만 내가 이 논의를 위해 끌어온 권위 있는 작업의 저자들인 바버라 테들록(Barbara Tedlock)과 데니스 테들록(Dennis Tedlock)에 따르면 츠입은 또한 "긋든 그리든 새기든 수놓든 직조되든 일반적으로 형상, 도안, 도해"를 지시할 수 있다(같은 책: 124). 키체 마야인이 근세에 직조한 스카프에는 직조공의 정체성을 나타내는 추가적인 도안과 함께 양단으로 만든 동물 형태의 형상이 포함되어 있다. 이것들은 모두 츠입이다(직물에 퍼져 있는 수직적이고 색 있는 띠들은 츠입이 아니다). 그림 2.16은 이것의 한 예시이다. 이 특정한 스카프는 또한 알파벳 대문자로 수놓아진 소유자의 이름을 담고 있다. 글자와 도안의 병치가 우리에게 어울리지 않아 보일 수도 있지만, 현대의 키체인에게 그 것은 완전히 평범한 것이며, 모두 츠입의 예시이다. 하지만 비판적으로 보자면, 수놓은 글자는 직조가 끝난 뒤에 추가되지만, 양단으로 만드는 도안은 직조 과정 그 자체 동안 보충용 씨실을 더 함으로써 직조 과정에 포함된다. 그러므로 이 츠입은 스카프 표면에 있는 자취처럼 보임에도 불구하고, 실제로는 표면 그 자체를 따라 실들의 누적된 이동을 통해 만들어진다. 양단제작 기법에서 직조와 쓰기는 동일한 하나가 된다.

텍스트를 직조하기

마지막으로 나는 서구의 전통 내에서 우리에게 전승돼온 이러한 종류의 텍스트로 넘어가고자 한다. 텍스트를 직조된 태피스

그림 2.16 키체 마야의 직조 스카프. 사진: 바버라와 데니스 테들록. 그들의 허가를 받아 복사.

트리로 여기는 발상은 아마 글자와 낱말을 인쇄된 형태로 보는 데 익숙한 근대의 독자들에게는 이상하게 보일 수도 있다. 다음 장에서 명확하게 드러날 몇 가지 이유들 때문에 근대 독자들은 텍스트와 관련한 내러티브의 '직조'를 언급할 때 종이면에 쓰인 글의 실제 선을 직조한다기보다는 훨씬 더 막연한 의미에서 그 은유를 다루기 쉽다. 하지만 고대 그리스나 로마 시민들이 이집트로부터 파피루스를 도입하고 필기도구로서 잉크를 입힌 갈대붓을 사용한 덕분에 처음 필기체를 사용하기 시작했을 때, 그들은 이 은유를 극히 당연하다고 보았을 수도 있다. 그때까지 글자는 오직 딱딱한 표면에 짧고 분리된 타법으로 긁거나 새길 수 만 있었다(고대 영어 *writan*이 특별히 이러한 종류의 기입을 말 하는 것임을 상기해보라). 하지만 파피루스 위에 펜을 사용하면 서 연속적인 선의 생산이 가능해졌다. 이후, 기원전 4-5세기경 에 더 오래가고 더 부드러운 표면을 지닌 양피지나 모조 피지의 도입은 깃펜으로 만들어지는 이 선을 훨씬 더 자유롭게 흐르도 록 만들어주었다. 그림 2.17은 9세기 한 원고의 예시이다. 이것 은 프랑크의 황제인 뚱보왕 카를로스 아버지의 공증인인 왈토 (Walto)가 쓴 선언문에서 나왔다.

이 예를 힐끗 보기만 해도 우리는 쓰기와 직조 사이의 비유 가 지닌 힘을 이해할 수 있다. 직조공의 북(shuttle)이 씨실 아 래에 있으면서 앞뒤로 움직이는 것과 같이, 작가의 펜은 펜 뒤 에 잉크의 흔적을 남기며 위아래로 움직인다. 하지만 태피스트 리를 구성하는 실의 선과 태피스트리 위에 있는 선이 같지 않듯 이, 이 흔적, 즉 글자선은 텍스트의 선과 더 이상 같지 않다. 직조 된 태피스트리에서 그러하듯 우리는 텍스트 선을 볼 때 글자선 을 찾지 않는다. 그것은 가시적인 자취나 실로 존재하지 않는다. 오히려 텍스트 선은 마치 정해진 '대역폭'(나부끼는 끝부분들 이 많이 있지만) 안에서 위아래로 진동하듯 글자선이 점진적으 로 세로로 움직이면서 나타난다. 이는 마치 씨실이 선택된 날실 선 사이 양옆으로 진동하듯 가로로 움직이면서 만들어지는 것 과 같다. 15세기 '텍스투라(textura)'라고 알려진 고딕 양식 서체 에서는 이러한 유사점들이 상당히 명확하게 묘사된다. 그 서체 는 직조된 담요의 질감(texture)과 글의 종이면 질감이 유사하다

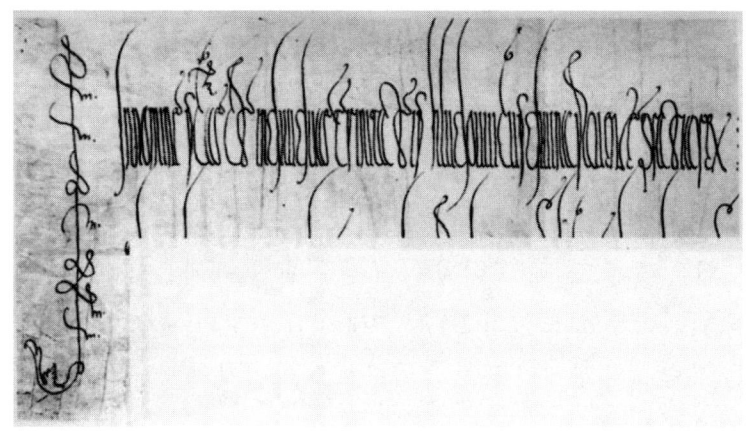

그림 2.17 9세기 선언문 원고. 그레이의 저작(Gray, 1971: 19)에서 복사. 옥스퍼드 대학교 출판사의 허가를 받음.

는 점 때문에 그렇게 불렸다. 글자선의 비유적인 원천이 직조공의 방적실에 있는 것처럼, 필사본에서 정렬된 글자 사이에 있는 똑바른 괘선에 대한 원형은 베틀 위에 팽팽하게 당겨진 날실에 있다(우리는 이를 6장에서 살펴볼 것이다). 본래 이 괘선은 금이 그어져 있고, 날실과 마찬가지로 희미하거나 보이지 않았다. 그 선은 구텐베르크가 그의 첫 인쇄 활자에 텍스투라를 적용했을 때 완전히 사라져버렸다. 날실과 씨실을 엮어 짜내는 것과 함께 시작했던 것[쓰기]은 미리 형성된 글자 형상을 여러 줄에 미리 배치해두고, 미리 준비된 표면 위에 찍어내면서 끝이 났다(그림 2.18). 그 지점에서부터 텍스트는 더 이상 직조되지 않고 조립됐으며, 분리된 시각 요소들로 쪼개졌다. 이제 변형은 끝났다. 우리는 다음 장에서 그 변형의 결과 일부를 탐구해볼 것이다.

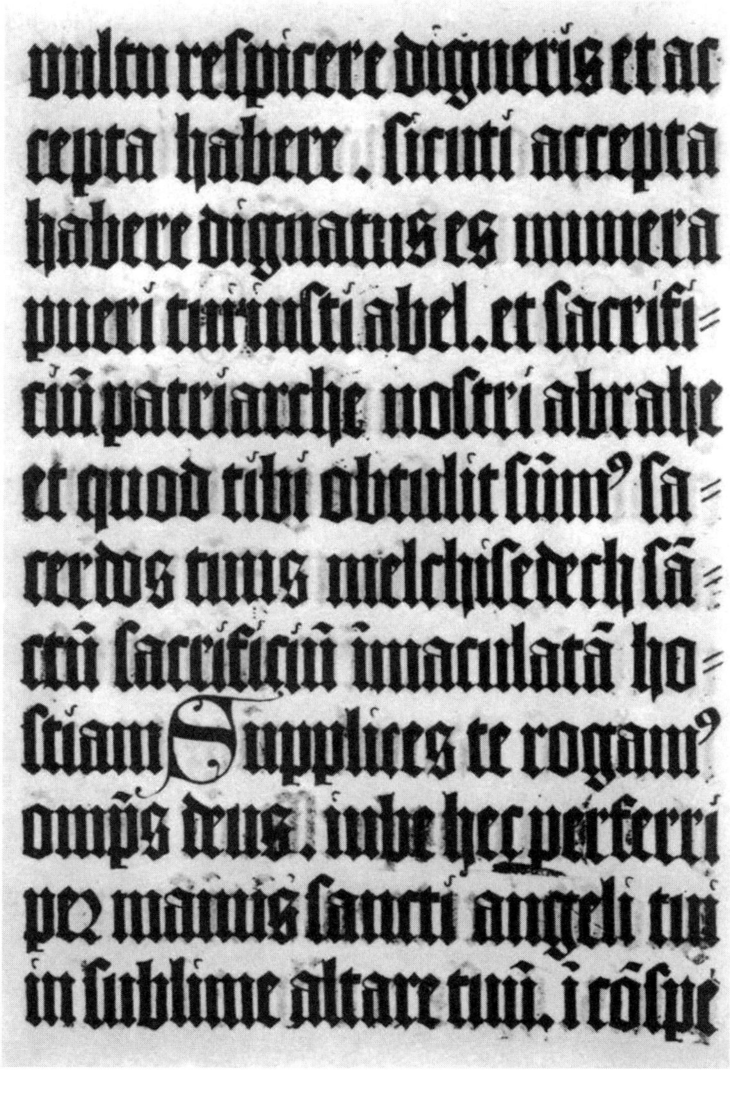
vultu respicere digneris et ac
cepta habere. sicuti accepta
habere dignatus es munera
pueri tui iusti abel. et sacrifi=
ciũ patriarche nostri abrahe
et quod tibi obtulit sũm⁹ sa=
cerdos tuus melchisedech sã=
ctũ sacrificiũ imaculatã ho=
stiam. Supplices te rogam⁹
omnipõs deus. iube hec perferri
per manus sancti angeli tui
in sublime altare tuũ. i cõspe

그림 2.18 1481년 요한 젠젠슈미트(Johan Sensenschmidt)가 쓴 텍스투라 활자. 카프르의 저작(Kapr, 1983: 80)에서 복사.

3장
위로·가로질러·따라서

자취와 연결장치

"인간은 자유로운 한−." 하사는 큰 소리로 이렇게 말하다가 손에 쥐고 있던 스틱을 공중에다 이런 모양으로 휘둘렀다.

여기에 있는 것은 로런스 스턴(Laurence Sterne)의 1762년 이야기, 『신사 트리스트럼 섄디의 생애와 견해』(*The Life and Opinions of Tristram Shandy, Gentleman*)에서 묘사된 것으로, 하사가 공기 중에 남긴 선이다.

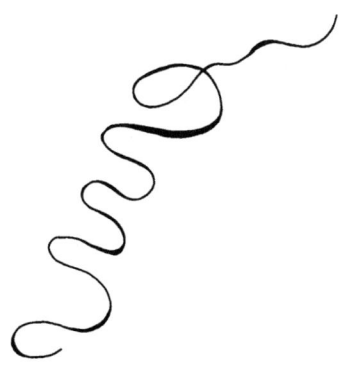

3장 위로·가로질러·따라서

다른 여느 몸짓과 마찬가지로, 하사의 휘두름은 특정한 지속시간을 체현한다. 그러므로 이것이 만들어내는 선은 본질적으로 역동적이고 일시적이다. 스턴이 손에 쥐어진 펜으로 종이면 위에 그 휘두름을 되살렸을 때, 그 움직임은 오래 지속되는 자취로 남겨져 우리가 지금까지도 계속해서 읽을 수 있다(Sterne, 1978: 743).[27] 예술가 파울 클레는 이러한 종류의 선을 가장 활동적이고 진정성 있는 선으로 기술했다. 공기 중이든, 종이면 위이든, 스틱의 끝으로든, 펜의 촉으로든, 그 어디에 무엇으로 그어지든 이 선은 (상병이 의도했던 것처럼) 어디든 자유롭게 이동할 수 있는 한 점의 움직임으로부터 발생한다. 클레가 인상적으로 덧붙였듯이, 그 자신의 시간 속에서 자유롭게 성장하는 선은 "산책을 하러 나간다(go out for a walk)"(Klee, 1961: 105). 그리고 그 선을 읽을 때, 눈은 그것을 그리는 손이 따라갔던 바로 그 길을 따라간다.

반면에 다른 종류의 한 선은 참을성이 없다. 그 선은 한 장소에서 다른 장소로, 또 다른 장소로 이동하고자 하지만 이동할 시간이 거의 없다. 클레가 말하길, 이 선의 모습은 "산책이라기보다는 일련의 업무 약속에 더 가깝다." 연이은 모든 도착점들은 이미 출발 전에 고정되었고, 선의 각 부분들은 그것이 연결하는 점들에 의해 미리 결정되었기 때문에 그 선은 할 수 있는 한 빨리, 원칙적으로는 그 즉시 순차적으로 한 지점에서 다른 지점으로 간다. 클레에 의하면 산책 중에 있는 활동적인 선은 역동적인

---

27 [역자주] 김성균 역. 2020. 지식을 만드는 지식. p. 1196.

반면에 일련의 근접한 점들을 연결하는 선은 "정지 상태의 정수"이다(같은 책: 109). 전자가 시작도 끝도 모호한 여행으로 우리를 인도한다면, 후자는 노선도에서처럼 한 번에 볼 수 있는 상호연결된 목적지의 배열을 보여준다.

    스턴은 하사의 스틱을 휘두르는 몸짓을 따라가면서, 명백하게 선을 산책시켰다. 하지만 나는 여기에서 간단한 실험을 제안하고자 한다. 이 선을 잡고 대략적으로 비슷한 길이의 짧은 조각으로 이것을 잘라보자. 이제 모든 조각은 실처럼 감아질 수 있고, 원래 조각의 가운데 지점 부근에 있는 한 점에 이 조각을 집어넣을 수 있다고 상상해보자. 그 결과는 아래에 보이는 것과 같이 흩뿌려진 점들이 될 것이다.

사실 나는 손으로 각각의 점들을 그렸다. 이렇게 그리기 위해 연필 끝을 종이에 접촉시켜 미리 결정한 지점에 두었고, 점을 만들기 위해 그 지점쯤에서 연필을 이리저리 흔들어야만 했다. 모든 에너지와 모든 움직임은 거기에 초점이 맞추어졌다. 거의 구멍을 뚫듯이 말이다. 그러나 점 사이의 공간에는 움직임의 자취가 남겨지지 않는다. 점은 본래 몸짓의 경로 위에 위치함에도 몸짓의 자취와 연결되지 않는다. 왜냐하면 자취에서 남겨진 것, 그리고 자취를 발생시킨 움직임에서 남겨진 것은 그 점들에 묶이기 때문이다. 각각은 작고 고립된 순간처럼 앞뒤에 있는 것들과 끊어진 것처럼 보인다. 확실히 한 점을 그리고 나서 다음 점으로 나아가기 위해서 나는 종이 표면으로 연필 끝을 다시 가져오기 전에 연필을 올려 손을 조금 이동시켜야만 했다. 하지만 우리가 보았듯, 이러한 횡단적인 움직임은 점 그리기에만 갇힌 기입의 과정 그 자체에서는 어떠한 역할도 하지 않는다. 내가 원했다면 언제든지 나는 이 작업에서 완전히 손을 떼 연필을 내려놓고, 이후에 이 일을 다시 시작할 수도 있었을 것이다.

그렇다면 이 흩뿌려진 점들 속에서 선은 어디에 있는가? 그것은 오직 고정된 점 사이에 있는 연결 사슬로서만 존재할 수 있다. 하사의 스틱이 만든 본래의 궤적을 복구하기 위해서 우리는 그들을 결합해야 한다. 아래는 내가 그렇게 한 것이다.

연결선은 정해진 순서대로 실행돼야 하겠지만, 결과적으로 그 선들이 형성하는 패턴은 어린이들의 점잇기 놀이에서처럼 이미 처음부터 가상의 물체로 주어진다. 패턴을 완성하는 것은 선을 데리고 산책 나가는 것이 아니라 차라리 구성이나 조립의

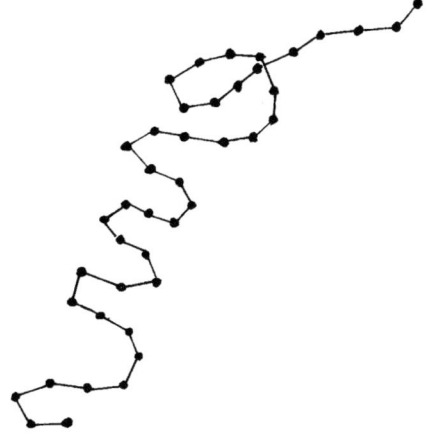

과정에 참여하는 것이다. 이 속에서 각각의 선형 조각들은 더 높은 수준의 총체성으로 패턴의 요소들을 용접하는 이음새의 역할을 한다. 그 구성이 완전해지면 선이 가야 할 곳은 더 이상 없다. 우리가 보는 것은 더 이상 몸짓의 자취가 아니라 점대점 연결장치(point-to-point connector)들의 조립체이다. 구성요소들은 완성된 객체, 즉 인공물로서 있다. 그것을 구성하는 선들은 사물들을 결합하지만, 성장하거나 발전하지는 않는다.

산책과 조립체 사이의 구별은 이 장의 논의를 푸는 열쇠이다. 나는 선이 어떻게 역사 과정 속에서 점진적으로 자신을 만들어낸 움직임을 박탈당해왔는지 보이고자 한다. 한때 지속적인 움직임의 자취였던 선은 포인트나 점의 연속으로 조각나게 됐다. 내가 앞으로 설명할 이 파편화는 행로가 목적지 지향 운송으로 대체되는 것과 관련 있는 여행 현장에서, 손으로 그리는 약도가 노선 계획표로 대체되는 것과 관련 있는 지도 제작(mapping) 현장에서, 그리고 스토리텔링이 미리 구성된 플롯으로 대체되는 것과 관련 있는 텍스트성(textuality) 현장에서 일어났다. 이것은 또한 공간에 대한 우리의 이해를 변형시켰다. 한때 매듭이 서로 얽힌 움직임과 성장의 수많은 끈으로 묶여 있었다면, 이제 매듭은 연결장치들의 정적인 연결망 속에 있는 교점(node)으로 역할한다. 근대 대도시 사회의 사람들은 연결된 요소들의 집합체로서 건조(建造)된 환경 속에 자신들이 있다는 것을 점점 더 발견하게 된다. 하지만 실제로 그들은 길이 난 대로 길을 따라가고, 계속해서 이 환경을 누비며 나아가고 있다. 사람들이 살고 있는 환경을 단지 점거하는 것이 아니라 거주한다는 사실을 이해하려면 조립의 패러다임에 머물 것이 아니라 산책의 패러다임으로 되돌아가는 것이 나을 것이다.

흔적과 노선

캐나다 작가 루디 위베(Rudy Wiebe)는 북극에 관한 사색을 담은 책인 『죽음 연기』(*Playing Dead*)에서 이누이트족이 땅과 해빙을 넘어갈 때와 영국 해군이 동양으로 향하는 복잡한 북서 항로를 찾을 때 각각이 지니고 있었던 움직임과 여행에 대한 이해를 비교했다. 이누이트족의 경우 사람이 움직이는 그 순간 그는 선이 된다. 동물을 사냥하기 위해, 혹은 실종자를 발견하기 위해 벌판에 진로의 선을 하나 놓아두며, 추적물이 이끄는 또 다른 진로의 선에 대한 흔적들을 찾는다. 그러므로 그 지역 전체는 연속적인 표면이라기보다는 직조하는 선의 그물로서 지각된다.[28] 하지만 영국인은 "유동적이며 흔적이 없는 바다에 익숙해져, 면적의 관점에서 이동했다"(같은 책: 16). 해군 사령관은 출범하기 전에 항해를 위해 보급된 배를 정해진 경로로 바다를 가로질러 선원들을 이동시킬 수 있는 이동식 그릇으로 생각했다. 그때 경로는 의도한 목적지로 향하는 연속되는 위경도 지점들로 결정됐다. 요약하자면, 이누이트족이 여행길을 따라 세계 사이로 이동했다면, 영국인들은 그들이 지구(globe)의 표면으로 간주했던 것을 가로질러 항해했다. '따라서'와 '가로질러'라는 종류의 움직임 모두 선으로 묘사될 수 있지만 이들은 근본적으로 다른 종류의 선이다. '따라가는 선'은 클레의 용어에 따르면 산책하러 나간다. 그와 대조적으로 '가로질러 가는 선'은 이차원 공간에 배열된 일련의 점들을 연결하는 연결장치이다. 앞으로 나는 이 선들 사이의 차이와 내가 행로와 운송으로 부르려는 여행의 두 양상 사이의 차이를 연결하고자 한다.

행려(wayfarer)는 끊임없이 이리저리 움직인다. 더 엄격하게 말하자면 그는 그의 움직임이다. 위에서 보았던 예시에서 이누이트족의 경우처럼 행려는 세계 속에서 여행의 선으로 예시된다. 이글루릭(Igloolik) 공동체에서 민족지 현장연구를 수행했

---

28 [저자주] 이러한 관찰은 베아트리체 콜리뇽(Beatrice Collignon, 1996: 98)에 의해 확인됐다. 그녀는 이누이트 사람들이 영토를 여정의 총체로 인식하고, 또 "사람들과 사냥감이 움직이는 선의 연결망으로 조직된다고" 인식한다고 지적한다(Aporta, 2004에서 재인용).

던 클라우디오 아포타(Claudio Aporta)는 그곳의 이누이트 주민에게 "여행은 (…) 한 공간에서 다른 공간으로 이행하는 활동이 아니라, 존재의 방식이다 (…) 특정한 위치에서부터 혹은 특정한 위치로 향하는 여행 활동은 여행자가 누구인가를 정의하는 역할을 한다"고 보고한다(Aporta, 2004: 13). 이 경우에 여행자와 그의 선은 동일한 것이다. 선이야말로 그가 계속되는 성장과 발전, 혹은 자기재생의 과정을 밟아가며 일각에서부터 나아가는 것이다. 세계의 반대편에서 온 예시는 이 논점을 강화하는 데 도움을 줄 것이다. 턱 포 리에(Tuck Po Lye)에 따르면 말레이시아 파항(Pahang) 지역의 바텍(Batek) 여성들은 식량으로 채집한 야생 덩이줄기 뿌리가 사람이나 다른 동물과 마찬가지로 "걷는다"고 말한다. 만약 이러한 발상이 우리에게 기이하게 보인다면, 이는 단지 우리가 걷기 활동을 보행의 기술로 환원하는 경향이 있기 때문이다. 마치 걷는 이가 그 자신의 몸에 탑승한 승객이며, 한 지점에서 다른 지점으로 다리를 이용해 운반된다는 듯이 말이다. 하지만 바텍족에게 걷기는 흔적을 남기는 문제이다. 그리고 이것은 정확하게 뿌리가 흙 사이로 그들의 길을 엮어나가며 성장의 선을 따라 튀어나올 때 하는 것이다. 행려의 흔적, 그리고 뻗어나가는(trailing) 뿌리는 같은 종류의 현상이다. 두 현상의 선 모두 그 자체로 "산책하러 나간다"는 클레의 격언에 대한 예시이다.

하지만 행려는 나아갈 때 길을 따라 펼쳐진 지역과 활발하게 관계하면서도 인식적으로나 물질적으로나 그 자신을 유지해 내야 한다. 리에는 모을 만한 유용한 식물 재료나 동물의 발자국과 자취를 찾기 위해 "바텍 사람들은 흔적 위를 걸으며 활발하게 그것을 추적하고 관찰한다"고 말한다(Lye, 2004: 64). 마찬가지로 제임스 와이너(James Weiner)에 의하면, 파푸아뉴기니의 포이족(Foi) 사이에서 도보 여행은 "결코 단순히 한 지점에서 다른 지점으로 도착하는 문제가 아니다." 과실수나 질 좋은 라탄, 혹은 식용 곤충 애벌레를 찾는 도중에 포이족은 언제나 그들의 길을 "새겨진 활동의 도관"으로 바꾸며 길을 운용한다(Weiner, 1991: 38). 외부인에게 이 길은 아주 오래 사용된 것이 아니라면 거의 인식되기 어려울 것이다. 빽빽한 열대 숲의 식생은 마치 여행자가 한 번도 간 적 없었던 것처럼 여행자를 뒤로 숨겨버릴 수도 있다. 개방된 툰드라나 북극의 해빙 위에 있는 자취는 눈이 내리거나 눈사태가 나서 빠르게 파묻힐 수도 있다. 얼음이 녹아 이누이트족이 자신들의 카약이나 포경선을 옮길 때, 그들이 남긴 흔적들은 물 매체 속에서 즉각적으로 지워진다. 하지만 땅과 물 위에 있는 그들의 자취가 희미하거나 순간적임에도 불구하고 이 흔적들을 따라오는 자의 기억 속에 아로새겨져 남아 있다(Aporta, 2004: 15). 아포타가 관찰하길, 이누이트족에게 "삶은 여행 중에 일어난다. 그 도중에 다른 여행자들을 만나고, 아이들이 탄생하고, 사냥과 낚시, 그리고 그밖에 자급 활동이 행해진다"(같은 책: 13).

심지어 항해자(seafarer)들도 보이지 않는 선을 따라 그들의 길을 만들어간다. 숙련된 뱃사람은 늘 바람과 날씨, 너울과 조석, 새의 비행과 다른 많은 신호들에 집중하며, 어떤 종류의 도식이나 기기에 의지하지 않고도 가장 깊은 심해 사이로 배를 이끈다. 내가 지난 장에 언급한 새뮤얼 존슨은 선이라는 단어의 17가지 의미 중 세 번째 의미("임의의 방향으로 늘어진 실")를 존 드라이든(John Dryden)이 쓴 역사시「경이로운 해(Annus Mirabilis)」의 구절로 설명했다. 드라이든은 그 구절에서 영국과 네덜란드 함대 간의 전투에 대한 생생한 설명을 하면서 해운과 운항의 역사에 대한 한 부분을 끼워넣는다.

> 조수의 간만과 신비로운 흐름을
> 우리는 예술 요소처럼 이해하게 되리라.
> 그리고 선을 따라 대양에 갈 때,
> 그 길은 육지와 같이 친숙하리라.
> (Dryden, 1958: 81)[29]

여기에서 드라이든이 찬양하는 바는 영국 항해자의 유래 없는 능력으로, 그들은 육지 근방에서 항해해야 했던 자신들의 선조들과 달리 망망대해에서도 길을 찾을 수 있게 됐다.

이 점에서 행로와 항해 사이에는 확실한 공통점이 있지만 항해가 삶의 방식인 뱃사람들의 경험과 내가 앞서 예를 들었던 해군 고위 지휘관의 관점은 천지 차이다. 지휘관의 목적은 모항과 국외 자치령을 연결하여 교역과 정착, 제국의 국제적 팽창을 도

---

29 [저자주] 존슨은 그의 『영어 언어 사전』에서 이 운문의 마지막 두 줄만 따라 썼고, 또 약간 잘못 인용했다. "우리는 선을 따라 대양에 갈 때/그 길은 육지와 같이 친숙하리라."

모하는 것이다. 말하자면 핵심적인 구별은 항해의 선과 해운의 선 사이에, 혹은 바다에서의 삶과 바다를 가로질러 이루어지는 전송 사이에 있다. 제국의 야망에 사로잡힌 영국 해군은 국제 좌표 체계에 따라 고정된 목적지를 향해 배를 보내고자 했고, 점대점 운항의 미적분학을 선호하여 전통적인 항해 실력을 부차적인 것으로 다루었다. 지휘관의 관점에서 배는 항해 기관이 아니라 운송 수단으로 보였다.

행로나 항해와 달리 운송은 목적지 지향적이다. 그것은 삶의 방식에 따른 발전이라기보다는, 사람이나 물건을 그것들의 기본적인 성질이 영향받지 않게 그대로 놔둔 채로 한 위치에서 다른 위치로 가로질러 운반하는 것이다. 물론 행려도 한 장소에서 다른 장소로 가고, 뱃사람도 한 항구에서 다른 항구로 간다. 그는 쉬기 위해 주기적으로 멈추어야 하고, 심지어 쉬기 위해 반복적으로 같은 집이나 안식처로 돌아가기도 한다. 하지만 각각의 멈춤은 긴장의 순간과 같다. 숨을 참는 것과 같이 멈춤은 지속될수록 훨씬 더 강렬해지고, 덜 지속 가능하게 되기 때문이다. 사실 행려나 항해자는 최종 목적지가 없다. 왜냐하면 그가 어디를 가든 삶이 계속되는 한 그가 갈 수 있는 더 먼 곳이 있기 때문이다. 이와 대조적으로 운송되는 여행자와 그의 짐의 경우, 모든 목적지는 종착지이며 모든 항구는 (수송 중에 일시적으로 그가 추방됐던) 세계로 재진입하기 위한 지점이다. 이 지점은 긴장의 순간이 아니라 완성의 순간을 표시한다. 이 두 가지 여행 양식의 대조를 묘사하는 추가적인 예시가 여기 있는데, 이 예시는 두 양식이 함께 미묘한 균형을 이루는 것도 보여준다.

극동러시아 내에 있는 북중 사할린의 오로촌(Orochon) 사람들은 야생 순록을 사냥하며 생계를 꾸려간다. 그들은 사냥하는 종과 같은 종의 가축화된 순록 안장 위에 올라타 사냥을 가는 반면에, 이미 죽인 사냥감을 모을 때는 순록이 끄는 썰매를 이용한다. 인류학자 권헌익에 의하면 안장에 올라탄 사람의 경로는 "그 형상이 본능적이고, 우회와 급격한 회전으로 가득하다." 사냥꾼들은 길을 가면서 그 경로를 따라 펼쳐진 경관과 경관에 살고 있는 동물 거주자들에게 언제나 주의를 기울인다. 그들은 여기저기에서 동물들을 사냥해 죽일 수도 있다. 죽은 사냥감은 후에 회수되기 위해 쓰러진 자리에 모두 남겨지고, 사냥 경로 자체는 두서없이 진행되다가 결국은 야영지로 돌아간다. 그러나 그 이후 사냥꾼이 사냥감을 모을 때는 사체가 숨겨진 장소로 곧장 썰매를 몬다. 권헌익은 이 썰매 경로가 "거의 직선이며, 야영지와 목적지 사이의 최단거리"라고 보고한다(1998: 118). 썰매 경로는 안장 경로와 확연히 구별될 뿐만 아니라, 애초에 각 경로는 야영지의 반대편에서 출발하여 결코 만나지 않는다. 삶은 안장 경로를 따라 살게 된다. 즉, 시작도 끝도 없이 언제까지나 계속 진행된다. 이 경로는 행로의 선이다. 반면에 썰매 경로는 운송의 선이다. 그것은 시작점과 끝점을 지니고 있고, 그 둘을 연결한다. 썰매 위에 있는 죽은 동물의 사체는 죽임당한 장소에서 다른 장소로, 즉 배분되고 소비될 장소로 옮겨진다. 결국 사냥꾼 또한 죽을 때는 썰매가 그의 사체를 숲속에 있는 최종 매장 장소로 옮길 것이다.

    이 예시가 제시하는 바처럼 행로를 운송으로 바꾸는 것은 단순히 인체 외의 에너지원을 활용한다는 문제가 아니다. 오로촌 사냥꾼은 사슴을 타려고 오를 때 행려이기를 그만두지 않고, 유럽 뱃사람 역시 돛을 올린다고 항해자이기를 그만두지 않는다. 전자의 사람이 축력(畜力)에 의지하고 후자의 사람이 바람에 의지함에도 불구하고, 두 경우 모두 여행자의 움직임(그의 방향과 걸음)은 길을 따라 드러나는 환경에 대한 그의 지각적 모니터링에 지속적으로 반응한다. 그는 나아가면서 보고 듣고 느끼며, 그의 존재 전체가 태도의 미세한 조정을 촉발하는 무수한 신호에 매순간 신경을 곤두세운다. 오늘날 행려는 심지어 오토바이나 전-지형 차량(all-terrain vehicle), 혹은 사미족 목동이 순록을 몰 때 그러한 것처럼 스노모빌과 같은 기계를 운전할지도 모른다. 오스트레일리아 서부 사막의 원주민들은 차를 행로 기관으로 바꾸기도 했다. 다이아나 영(Diana Young)의 설명에 따르면 덤불에서 나올 때 그들은 몸짓으로 차를 운전한다. 운전자는 능숙하게 돌, 나무 그루터기, 토끼굴 주변을 이동하며, 도보 여행자들의 발자취와 같은 방식으로 이해되고 해석되는 타이어 자국을 남긴다. 그러므로 "차량의 경로가 대지에 만드는 표시는 운전자의 몸짓처럼 여겨진다"(Young, 2001: 45).

그러니까 운송은 기계적 수단을 사용한다는 점에서 행로와 구별되는 것이 아니라, 이동과 지각을 연결하는 그 친숙한 결합을 용해한다는 점에서 구별된다. 운송되는 여행자는 승객이 된다. 승객은 스스로 움직이지 않고, 다만 한 장소에서 다른 장소로 이동된다. 이동 중에 그에게 말을 거는 광경, 소리, 느낌은 그를 앞으로 이동시키는 동작과 전혀 관련이 없다. 가령 열병식에 참석한 군인의 다리는 메트로놈의 규칙성을 지닌 진동을 만들어내지만 그의 눈은 오른쪽을 향해 있다는 점에서 그의 행군은 운송이다. 역사지리학자 케네스 올위그(Kenneth Olwig)는 행군과 순회 걷기를 비교하며, 행군이 어디에도 없는 '열린' 공간, 즉 유토피아를 상정한다고 주장한다. 행군은 떠난 뒤의 공간을 없애버린다. 대조적으로 순회 걷기는 장소적(topian)이다. 순회 걷기는 "북의 일정한 울림에 맞추어 가두행진을 하게 만드는 것이 아니라, 나선형의 화음 진행처럼 우리에게 자양분을 주는 장소로 돌아와 재생할 수 있도록 만든다"(Olwig, 2002: 23). 도보 운송의 한 형태로서 행군은 한 장소에서 다른 장소로 돌아다니는 것이 아니라 한 무대에서 다른 무대로 나아가는 전진의 의미를 암시한다(같은 책: 41-42). 이와 같은 의미의 전진이 17세기 중에 상용화된 승합 마차 여행에도 적용된다. 길 위의 여행자는 마차에 들어앉아 저장품으로 생계를 유지하고, 행인이나 인근 주거지와의 직접적인 접촉을 막기 위해 최선을 다했을 것이다. 왜냐하면 그는 여정 그 자체나 여정이 제공하는 경험을 위해서가 아니라, 목적지에서 볼 수 있는 광경을 목격한다는 유일한 목적을 위해 여정을 감수했을 것이기 때문이다(Wallace, 1993: 39). 관광은 이러한 일련의 목적지들로 이루어졌다. 관광객은 각 정류장에 도착해 운송 수단이 멈출 때만 움직이기 시작한다.

그러므로 행려가 쉬기 위해 잠시 멈추는 바로 그 공간은 운송되는 승객의 활동 장소이다. 하지만 이 활동은 한 장소에 갇히고, 한 점에 완전히 집중된다. 그는 장소들 사이에 있을 때 세계의 표면을 간신히 훑어보거나 그렇지 않다면 그것을 완전히 지나치며, 지나간 어떤 흔적도, 심지어 여정의 어떤 기억도 남기지 않는다. 사실 관광객은 그가 보러온 것의 감상을 방해하거나 망치지 않도록 거기까지 가면서 고되거나 다사다난할 수도 있는 경험을 기억에서 지우라고 조언받을 수도 있다. 실제로 운송의 관행은 모든 흔적들을 점선에 대응하는 것으로 전환시킨다. 점선을 그릴 때 내가 종이에 연필을 내려 한 점 위에서 연필 끝을 빠르게 움직인 것처럼, 관광객 역시 여행 일정에 있는 각각의 목적지에 내려 다음 목적지로 출발하기 전까지 그가 서 있는 곳에서 이리저리 움직인다. 연속된 목적지를 연결하는 선은 움직임의 자취가 아니라 점을 연결하는 선과 같이 점대점 연결장치이다. 이 선은 운송의 선이다. 연결장치가 몸짓의 자취와 다른 것처럼 정확하게 같은 방식으로 행로의 선과 운송의 선은 다르다. 그것은 흔적이 아니라 노선이다.

 나는 다른 도구 없이 손으로만 그림을 그릴 때 선을 산책시킨다. 마찬가지로 행려는 답사 중에 발자국, 오솔길, 궤적의 모양으로 땅에 흔적을 남긴다. 로이 와그너(Roy Wagner)는 중앙 오스트레일리아 사막의 원주민인 왈비리족(Walbiri)에 대한 글을 쓰면서 "한 사람의 삶은 그가 남긴 궤적들의 합이며, 그가 새긴 모든 움직임이자, 땅을 따라 추적할 수 있는 무언가이다"라고 말했다(Wagner, 1986: 21). 다이애나 영이 왈비리와 이웃하는 피찬차차라 사람들 사이에서 발견한 것처럼, 이것은 차로 여행할 때도 차이가 없다. 사냥꾼들은 그들의 길을 통해 알려지고 인식되며, 길의 역사는 사람들이 "따라갔을" 때만 이야기된다(Young, 2001: 46, 원문 강조). 하지만 따라가기는 그의 표면을 가로질러 한 점에서 다른 점으로 전송하는 것이 아니라 차라리 세계 사이로 누군가의 길을 엮는 것이다. 사실 행려에게 세계는 보통 말하는 그러한 표면이 없다. 물론 그는 딱딱한 땅, 물, 식생 등 다양한 종류의 표면들과 마주친다. 실은 상당 부분 이 표면들이 빛과 소리, 촉각적 압력에 반응하는 방식 덕분에 그는 자신의 방식으로 세계를 지각할 수 있다. 하지만 이것들은 세계의 표면이 아니라 세계 속 표면이다(Ingold, 2000: 241). 그리고 지역 거주자들이 성장하고 움직여 만든 선들이 표면의 바로 그 질감으로 직조되고, 그 질감으로부터 지역 그 자체가 직조된다. 그러한 모든 선은 삶의 방식에 버금간다.

    브루스 채트윈(Bruce Chatwin)은 오스트레일리아 원주민이 지역을 구역으로 나눌 수 있는 표면적이 아니라 선의 "맞물린 연결망(network)"으로, 혹은 "사이로 나아가는 길"로 상상한다고 기록했다. 채트윈의 원주민 대담자는 채트윈에게 "'지역'을 의미하는 우리의 모든 단어들은 '선'을 의미하는 단어들과 같다"고 말했다(Chatwin, 1987: 62). 이것들은 꿈의 시대에 선조들이 세상을 창조하며 따라 불러온 가사(line)다. 그리고 이 선은 선조들의 현시대 환생에 대한 노래와 이야기뿐만 아니라 오고 가면서 다시 그려진다. 미루어보건대 그것들은 직조되고 복잡하게 매듭져 얽힌 끈을 형성한다. 하지만 이 엉킴이 진짜로 채트윈의 주장처럼 연결망일까? 사실 이것은 뒤엉킨 실들이나 노끈의 노출 세공 직물이라는 본래적 의미에서 그물(net)과 같은 무언가다. 예를 들어 지난 장에 언급했던 고트프리트 젬퍼는 1860년 에세이에서 낚시와 사냥을 위해 그물을 만들고 사용한 원시인들의 "연결망 발명"에 대해 썼는데, 이것은 바로 위의 의미에 서였다(Semper, 1989: 218). 하지만 그것이 근대 운송과 의사소통, 특히 정보 기술의 영역으로 은유적으로 확장되면서 '그물'의 의미는 바뀌었다. 우리는 이제 짜인 선보다는 상호연결된 점들의 복합체로서 연결망을 생각하는 경향이 있다. 이러한 이유 때문에 나는 채트윈식으로 원주민 지역을 특징화하는 것이 다소 간 오해의 소지가 있다고 여긴다. 그것은 연결망보다는 그물망(meshwork)에 가깝다.

나는 '그물망'이라는 용어를 철학자 앙리 르페브르(Henri Lefebvre)에게서 빌려왔다. 그는 "야생동물과 가축화된 동물, 그리고 사람이 (촌이나 작은 읍내의 집 주변에 혹은 그 읍내 인근에) 남긴 그물모양 패턴"에 대해 이야기한다. 이들의 움직임은 건축술(architectural)적이라기보다는 "건축-조직(architextural)"적인 환경을 직조한다(Lefebvre, 1991: 117-118).[30] 벤저민 올러브(Benjamin Orlove)는 페루 안데스 지역 티티카카 호수 주변의 삶과 땅에 대한 연구에서 이러한 건축-조직적인 그물망에 대한 생생한 묘사를 제공한다. 이는 알티플라노 고원을 뒤덮는 "땅 위에 있는 선들의 망"이다. 올러브는 대부분의 선들이 다음과 같다고 보고한다.

1미터 정도의 폭으로, 아이들을 포함한 남성과 여성, 그리고 동물이 발로 밟아 다졌다. 서너 살 때부터 아이들은 어른들과

---

30 [역자주] 한국어 역서에서는 르페브르(양영란 역, 2011) 196쪽 부분에 해당한다.

엇비슷하게 불평 없이 빨리 걷는다. 친적집이나 밭으로 가는 짧은 거리의 보행이든, 원거리의 초원이나 시장을 가기 위한 반나절 산행이든 말이다. 이 선들의 일부는 말 그대로 마을 사람들이 곡괭이와 삽으로 땅에 그린 것들이다. 소수의 선들은 5미터에 달할 정도로 폭이 더 넓은데, 가끔 지나가는 자동차나 트럭의 길들과 연결된다. (Orlove, 2002: 210)

현대적인 의미에서 연결망의 선들은 점들에 합류한다. 그들은 연결장치다. 하지만 이 구절에서 올러브가 묘사하는 선은 교차하는 경로들의 연결망이 아니라 함께 엮인 발자취들의 그물망을 형성한다. 그물망의 선은 그것을 따라 삶이 살아지는 흔적들이다. 내가 그림 3.1에서 도식적으로 보인 바와 같이 점의 연결 속에서가 아니라, 선의 얽힘 속에서 그물이 구성된다.

나는 행로가 인간과 비인간들을 모두 포함하여 살아 있는 존재들이 땅에 거주하는 가장 기본적인 양상이라고 생각한다. 나는 한 세계가 마치 일군의 존재들이 자신의 자리에 가서 살기 위해 미리 준비돼 있고, 그래서 거주라는 것은 단지 그 세계 속에서 자신의 자리에 찾아가는 것이라고 생각하지 않는다. 차라리 거주민은 세계가 지속적으로 탄생하는 바로 그 과정 속에서, 그 안으로부터 탄생에 참여하는 사람이자, 삶의 흔적을 남기며 세계의 무늬와 질감에 기여하는 사람이다. 이 선들은 보통 구불구불하고 불규칙하지만, 충분히 조밀하게 뜨개질된 조직으로 얽혀 있다. 인류학자 레나토 로살도(Renato Rosaldo)는 필리핀 일롱고트 사람들에 대해 다음과 같이 쓴다. "일롱고트인들은 과거

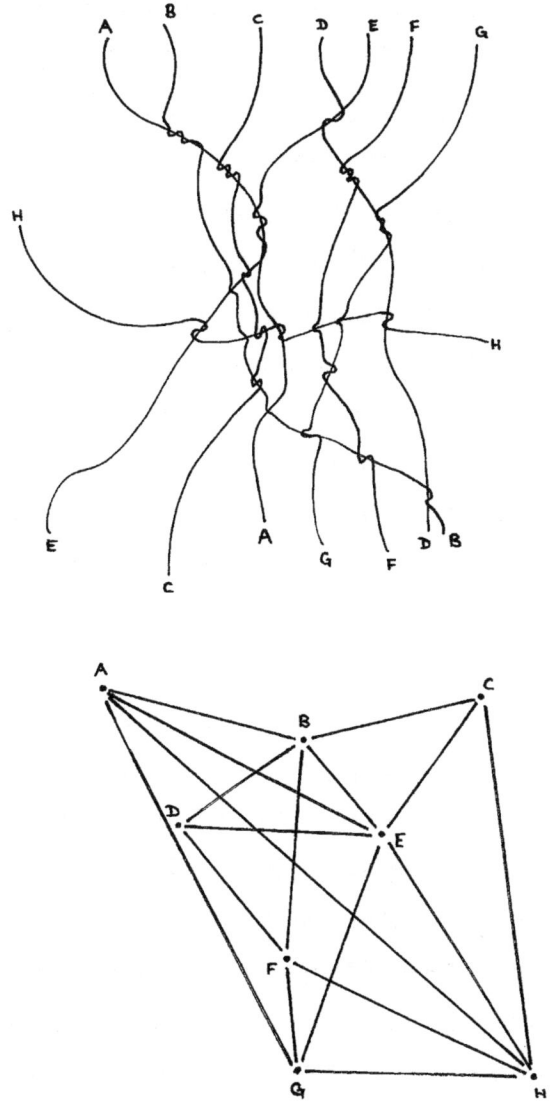

그림 3.1 얽힌 선들의 그물망(위)과 이어진 점들의 연결망(아래).

의 삶을 묘사할 때 그들이 따라가는 냇물의 흐름처럼 예측할 수 없는 방식으로 굽이진 길을 걷는다고 말한다"(Rosaldo, 1993: 257). 그들에게는 연결하고자 하는 궁극적인 목적지나 최종 지점이 없다. 물론 오로촌의 순록 사냥꾼의 예시에서 보여준 바와 같이 이것이 거주자가 운송의 실천에 관여하지 않는다는 것을 의미하는 것은 아니다. 하지만 이 사례에서, 그리고 그와 비슷한 사례에서 운송의 선은 행로의 움직임에 의해 구성된 세계 안에서 점들을 연결한다. 오로촌의 썰맷길은 그물 안에서 이루어지며 안장에 의해 그려진 삶의 길을 가로지르는 법이 없다.

하지만 역사의 흐름에서 이따금 제국의 힘은 자신들의 눈에 (흔적들의 조직이 아니라) 단지 빈 표면으로 보이는 것들을 향해 연결망을 던져 거주의 세계를 점령하고자 했다. 이 연결은 점령의 선이다. 이 선들은 인력과 장비를 정착지와 추출지로 내보내고 그곳에서 뽑아낸 부를 회수하는 것을 용이하게 만든다. 행로의 실천을 통해 형성된 길과 다르게 이러한 선들은 길을 오르내리는 실제 운행 이전에 조사되고 건설된다. 그들은 일반적으로 곧고 규칙적이며, 힘의 절점(nodal point)에서만 교차한다. 지역을 가로질러 그려지는 그 선들은 지역 안에 짜여 있는 거주의 선들을 자르며 유린하곤 한다. 예를 들어 간선 도로, 기찻길, 파이프라인이 인간과 동물이 다니는 그 주변 샛길을 자르는 것처럼 말이다(그림 3.2를 보라). 하지만 점령의 선은 연결만 하는 것이 아니다. 그 선들은 또한 점령한 표면을 영토의 구획으로 잘라 분할한다. 이동을 용이하게 만드는 것이 아니라 제한하기 위해 만들어지는 이 경계선들은 우연히 길을 건너는 거주자들

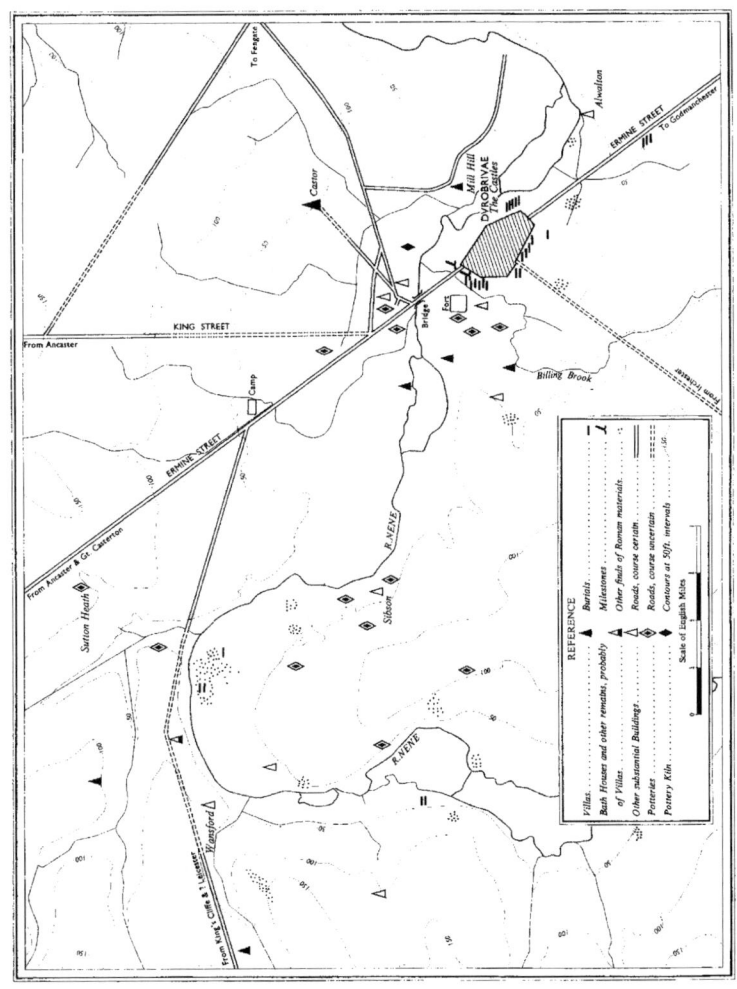

그림 3.2 점령의 선. 로마가 영국을 점령했을 때 주요 산업 중심지 중 하나였던 듀로브리바이(Durobrivae) 시내로 수렴되는 길. 영국 육지측량부의 1956년 『로마제국 시대의 영국 지도』(3차 개정판)에서 복사. 영국관립인쇄국을 대표하여 육지측량부의 허가를 받음. ⓒ 영연방 저작권(Crown Copyright), 2006. 영국 육지측량부 허가 번호 100014649.

의 삶을 심각하게 파괴할 수도 있다. 그들은 소설가 조르주 페렉(Georges Perec)이 관찰한 것처럼 "수백만 명이 그것을 위해 죽어온" 선이다(Paasi, 2004: 176에서 인용).

요컨대 지금까지 나는 여행의 두 양식, 다시 말해서 행로와 운송 사이의 차이를 규명했다. 산책하러 나가는 선과 같이 행려의 길은 이리저리 천천히 이동하고, 심지어 다음 곳으로 가기 전에 여기저기에서 쉴 수도 있다. 하지만 그것은 시작도 끝도 없다. 길 위에 있는 행려는 언제나 어디엔가 있지만, 그 모든 '어딘가'는 다른 어딘가로 가는 도중에 있다. 거주하는 세계는 이러한 길들로 이루어진 얽힌 모양의 그물망이며, 삶이 그것들을 따라 나아가면서 지속적으로 직조된다. 대조적으로 운송은 특정한 위치에 묶여 있다. 모든 이동은 사람과 그들의 소지품들을 다시 위치시키는 목적에 따라 특정한 목적지를 지향한다. 한 위치에서 출발하여 다른 위치로 도착하는 여행자는 그 사이에 어디에도 없다. 종합하자면 운송의 선은 점대점 연결의 연결망을 형성한다. 이 연결망은 한때 삶의 방식에 의하여 제한받았던 숨겨진 흐름이었지만, 점령의 식민지적 기획 속에서 이제는 영토 전체에 퍼지고 거주자의 뒤얽힌 흔적들을 무시하며 우세해지고 있다. 이제 나는 산책과 연결장치의 구별이 어떻게 움직임의 역학뿐만 아니라 지식의 통합에서도 근본적인 차이의 바탕이 되는지 보이고자 한다. 이를 위해 먼저 지도 위에 선을 그리는 방식에 대해 논하고자 한다.

지도 그리기와 앎

인간이 지금까지 그려온 지도는 대부분 만들어진 직후 사라졌다. 이 지도들은 대개 사람들, 혹은 전설이나 신화의 인물들이 행한 여정을 묘사하는 스토리텔링의 맥락 속에서 만들어졌다. 그리고 이것들은 종종 다른 이들이 이와 같은 길을 따라갈 수 있도록 방향을 제공하는 것을 목적으로 했다. 이야기꾼은 서술 중에 앞선 사람들의 발걸음을 되짚기 위해 그들의 손과 손가락을 움직일 것이고, 결국 이 몸짓은 선을 만들어낼 것이다. 대부분 이러한 선들은 수명이 엄청나게 짧은데, 그 선들이 손가락이나 간단한 도구를 사용하여 모래나 진흙, 눈 속에 자국으로 남겨지거나, 나무껍질이나 종이, 심지어 손바닥과 같이 손쉽게 사용할 수 있는 표면 위에 그림으로 남겨진 자취들로 구성되기 때문이다. 그것들은 보통 만들어짐과 동시에 문질러지거나, 씻기거나, 구겨 버려진다(Wood, 1993: 83). 만약 당신이 나의 집에 온다고 했을 때 당신은 당연히 내가 그려준 약도를 간직할 것이지만 그건 오직 그곳에 도착했을 때까지만 일 것이다. 일단 여정이 행해졌다면 잊을 수 없는 특별한 여행이 아닌 경우에는 쓸모가 거의 없어지기 때문이다. 그 지도는 사물들이 어디에 있는지 말해주지 않으며, 당신이 선택한 공간적 위치에서 다른 위치로 운항하도록 돕지도 않는다. 대신 약도 위에 있는 선들은 이전에 오간 여정의 역사로 이미 알려진 장소에서 장소로의 여정, 실제로 행해진 여정을 몸짓으로 재연하면서 형성된다. 이 선들의 합류와 분열, 교차는 당신이 가고자 하는 길에 따라 어떤 길을 따라가야 하는지, 그리고 어떤 길로 가면 안 되는지 알려준다. 그것들은 움직임의 선이다. 실제로 선의 '걸음'은 지형 사이에 있는 당신의 '걸음'을 되짚어간다.

이 이유 때문에 약도는 보통 틀이나 경계로 둘러싸여 있지 않다(Belyea, 1996: 6). 그 지도는 특정한 영토를 재현한다거나 영토의 경계 안쪽에 포함된 공간적 위치의 특징을 표시한다고 주장하지 않는다. 중요한 것은 그것을 둘러싼 공간이 아니라 선이다. 행려가 지나는 지역이 여행길의 그물망으로 구성되는 것처럼, 약도 역시 더도 말고 덜도 말고 그것을 만드는 선으로 구성된다. 선은 자신들이 그려지는 표면을 가로질러 그려지는 것이 아니라, 몸짓의 진화 속에서 표면을 따라 그려지는 것이다. 사실 원칙상 약도는 표면 위에 그려질 필요가 없다. 움직이는 손이 직조하는 것처럼 그 손은 또한 그림을 그릴 수 있으며, 도식보다는 실뜨기 놀이에 더 가까운 무언가를 만들어낸다. 과거에 오스트레일리아 원주민은 선조들의 몽환로(夢幻路) 혹은 몽환의 '끈'을 묘사하기 위해 실뜨기 놀이를 이용했고(Rose, 2000: 52), 미크로네시아 항해자는 바다의 너울을 가로지르는 과정을 지도로 그리기 위해 코코넛 잎맥을 이용했다(Turnbull, 1991: 24; Ingold, 2000: 241을 보라). 하지만 근대 작도법적 지도는 완전히 다르다. 그러한 지도는 언제나 지도에 속하는 내부공간과 속하지 않는 외부공간을 나누는 경계를 지닌다. 물론 그 지도 위에도 많은 선들이 있으며, 이들은 행정 경계뿐만 아니라 도로나 철도와 같은 존재를 재현한다. 하지만 그 작도법적 지도의 표면을 가로질러 그린 이 선들은 거주가 아니라 점령을 의미한다. 선들은 점들을 연결하거나, 그 선이 경계선인 경우에는 점들을 감싸며 그것들을 에워싼 공간의 전유를 나타낸다.

약도 위에 선을 그을 때와 작도법적 지도 위에 선을 그을 때 나타나는 우리의 습관만큼 그 두 지도에 있는 선들의 차이를 잘 보여주는 것이 없다(Orlove, 1993: 29-30). 약도 위에 선을 긋는 것은 단순히 이전에 있던 몸짓의 자취에 추가적인 몸짓의 자취를 더하는 것이다. 이러한 지도는 많은 손들의 대화적 산물일 것이며, 지도 속 참여자들은 그들의 다양한 여정을 묘사하면서 선을 더하는 것을 반복한다. 대화가 진행되면서 지도는 한 선 한 선 늘어날 뿐, 진정으로 완성됐다고 말할 수 있는 지점은 없다. 바버라 벨리아(Barbara Belyea)가 언급한 것처럼 모든 개입 속에서 "몸짓은 지도의 부분이 되"기 때문이다(1996: 11). 그러나 작도법적 지도에서 선을 긋는 것은 상당히 다른 문제이다. 바다의 항법사는 자와 연필을 이용해 해도(海圖) 위에 그의 과정을 표시할 것이다. 그러나 자로 그은 그 선은 해도의 일부가 되는 것이 아니라 항해가 완료될 때 지워져야 한다. 또한 내가 여행 이야기를 들려줄 때 펜을 쥐고 지도의 표면을 가로질러 나의 경로를 되짚어간다면, 인쇄된 책 본문의 사방에 글을 써놓는 것과 같이 무례한 짓을 저질렀다고 여겨질 것이다! 나는 이후에 지도와 책의 유사점으로 돌아갈 것이다. 내가 앞으로 보여줄 것처럼 쓰기의 선도 지도 위에 그려진 선과 매우 유사한 역사적 변형을 겪었기 때문이다. 그러나 지금 나의 요점은 몸짓의 자취나 산책하러 나가는 선이 작도법의 규율과 아무런 관계가 없다는 점이다. 그 선은 지도의 일부가 되지 않고, 제거돼야 할 이상한 돌출

물처럼 생각된다(Ingold, 2000: 234). 작도법의 선은 몸짓의 자취가 아니기 때문에 그것을 읽을 때는 눈이 몸짓을 따라가는 것처럼 선을 따라가지 않는다. 그 선은 자취가 아니라, 다만 연결장치다.

미셸 드 세르토는 지도가 중세 때는 실제로 여행길을 따라 나타난 잊지 못할 마주침과 여정에 대해 말하는 삽화 형식의 이야기였지만, 근대 초기 역사 동안 점차 땅 표면의 공간적인 재현으로 바뀌었다고 설명한다(Certeau, 1984: 120-121). 이 과정에서 본래의 이야기들은 상징적인 파편들로 조각나고, 결국 지명과 함께 특정한 장소의 내용물에 포함된 단순한 장식물로 축소됐다. 서술이 파편화되고 각 조각이 표시된 위치 범위 내로 압착되는 것은 앞서 행로 실천에 미친 목적지 지향 운송의 효과와 기막히게 유사하다. 여행의 경우와 같이 지도 그리기에서 몸짓의 자취로 남겨진 흔적은 점선의 대응물로 전환된다. 작도법적 지도에서 선을 그리는 것은 점을 연결하는 것과 같다. 그러한 선은 항해도나 항공운항지도에서와 같이 점대점 연결장치의 연결망을 형성한다. 이 선들은 장래의 여행자가 연결 사슬의 형태로 노선계획표를 조립하고, 출발하기도 전에 *가상적으로* 목적지에 가닿을 수 있도록 해준다. 그 계획은 머릿속에만 있는 인공물이나 조립체로서 '땅 위에서' 상연되기 전에 이미 존재한다.

이와 같은 원리가 지도 제작 그 자체에 적용된다. 예를 들어 강의 흐름을 도식화하려면 우리는 측량 자료를 이용해 둑 위에 있는 위치를 일련의 지점에 표시할 것이다. 그다음 각 지점을 점이나 십자로 표시한 다음 그것들을 연결할 것이다. 그림 3.3은

1920년 국경 측량 지도책 안에 수록된 것으로 독일과 덴마크 사이 국경 일부를 형성하는 스켈베켄(Skælbækken) 개울의 지도에서 발췌했다. 이 지도 위에서 개울의 흐름은 연결된 점들의 두 사슬로 재현되는데, 둑에 상응하는 이 사슬들은 거의 나란하다. 바다 쪽을 따라 흐르는 스켈베켄 수역이 그려낸 흐름은 지도의 평면을 가로질러 가는 두 개의 분할선이 되어 엄격한 국제적 경계를 나타낸다. 지도 위에 있는 둑 사이의 공간은 각각의 측면에 있는 영토들의 관계를 지시하는 반면, [현실]세계 속에 있는 이 가운데 공간은 질 들뢰즈(Gilles Deleuze)와 펠릭스 과타리(Félix Guattari)가 말한 것처럼 정확하게 "사물들이 속력을 받아들이는 곳"이다. 실제 개울은 영토들이 관계 맺는 경계선과 직교하는 방향으로 진행하며, "두 개의 둑을 잠식하여, 그 가운데에서 속력을 올린다"(Deleuze와 Guattari, 1983: 58).

또 다른 예시는 고고학자의 지도 제작 실천에 대한 찰스 굿윈(Charles Goodwin, 1994)의 설명에서 나타난다. 이 사례에서 지도는 측면 지도, 즉 발굴 현장의 땅 사이를 자른 수직단면의 지도이다. 다음의 발췌문에서 굿윈은 관련 절차를 기술한다.

고고학자가 흙의 서로 다른 두 층이라고 믿는 것을 구분하기 위해 모종삽으로 그 사이에 선을 긋는다. 그런 다음 선과 그 선 위의 지표면은 한 장의 모눈종이에 옮겨진다. 이것은 두 사람이 참여하는 작업이다. 한 명은 자와 줄자를 이용하여 지도화하기 위한 지점들의 길이와 깊이의 좌표를 측정한다. 그 혹은 그녀는 가령 '40에 11.5'와 같이 짝을 이룬 숫자들로 이 치

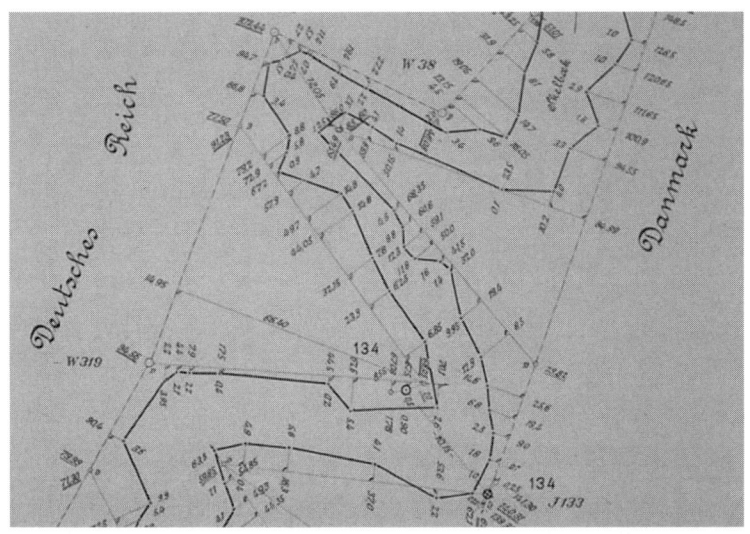

그림 3.3 덴마크-독일 국경 위에 있는 스켈베켄 개울의 지도. 쇤데르윌란스(Sønderjyllands) 주정부의 허가를 받아 1920년 『국경지도책』(Grænseatlas)에서 복사.

수들을 보고한다 (…) 두 번째 고고학자는 측량하는 사람이 제공한 숫자를 모눈종이에 옮긴다. 그 혹은 그녀는 일련의 점들을 표시한 뒤에 점들 사이의 선을 그려 지도를 만든다. (Goodwin, 1994: 612)

땅에 모종삽으로 그은 선은 경관 속에 개울이 새긴 선처럼 당연히 움직임의 자취이다. 하지만 모눈종이 위의 선은 점대점 연결의 사슬이다(그림 3.4). 이 선들은 이 장 서두에서 보여준 하사의 휘두름에 대한 로런스 스턴의 모사와 그것을 재현하는 나의 '점 잇기'가 구분되는 것처럼, 정확하게 구분된다. 두 선의 종류 모두 형성 과정 속에서 앎의 특정한 방식을 체현한다. 하지만 이 방식들은 내가 지금 보여주는 것처럼 근본적으로 다르다.

만약 친구를 위해 약도를 그린다면 나는 선을 데리고 산책 나가면서 몸짓으로 산책로를 되짚어간다. 그것은 내가 그 지역에 만들어둔 산책로로, 본래는 땅을 따라 난 길로 스케치돼 있었다. 그림을 그리면서 여정을 이야기할 때 나는 산책로에서 곳곳을 방랑한 것처럼 이야깃거리에서 이야깃거리로 방랑하며 서사의 실들을 직조한다. 이 이야기는 끝나지 않는 여정, 즉 삶 그 자체인 여정 중에 한 시기만을 들려준다. 그리고 이 우여곡절 가득한 여정을 통해 우리 스스로가 우리에 대한 세계의 지식이 된다. 제임스 깁슨이 생태심리학에서 제시하고 주장한 것처럼, 우리는 "관찰의 경로"를 따라 세계를 인식한다(1979: 197). 우리가 길로 나아감에 따라 새로운 전망이 열리고 다른 전망이 닫히며, 사물은 시야 안으로 들어왔다가 밖으로 나간다. 반사되어 눈에 도달하는 빛의 무리 속에서 이러한 변조(modulation)들의 형태로 우리 환경의 구조가 계속해서 드러난다. 원칙적으로 촉각과 청각 역시 시각과 함께 몸의 지향에 대한 전체 체계의 한 측면들이라는 점에서 차이가 없다. 그러므로 우리가 우리 주변에 대해 지닌 지식은 주변 사이로 나아가는 움직임의 그 과정 속에서, 이곳저곳을 통과하며 그 길을 따라 변화하는 지평선 속에서 만들어진다(Ingold, 2000: 227). 행려로서 우리는 로빈 자비스(Robin Jarvis, 1997: 69)가 "실재의 지속적인 배치(ordering)", 즉 여행길을 따라 이루어지는 지식의 통합이라고 말한 것을 경험한다.

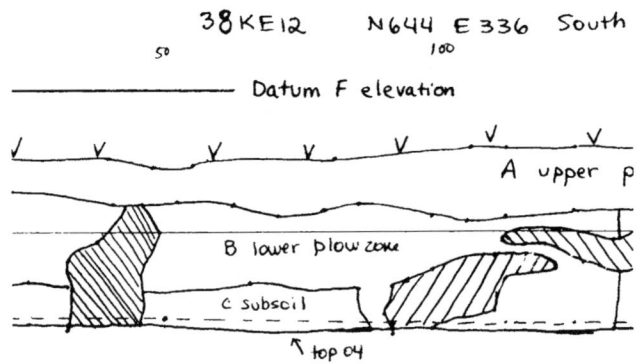

그림 3.4 고고학적 발굴 현장에서 파여 있는 사각형 구덩이의 측면에 노출된 흙층의 수직단면 지도. 굿윈의 저작(1994: 611)에서 복사. 찰스 굿윈, 「전문적 시각」, 『미국 인류학자 학회지』(*American Anthropologist*), Vol.96, No.3: 606-633. ⓒ1994, 미국 인류학회. 허가를 받아 사용. 모든 권리는 저작권자에게 있음.

하지만 이것은 근대의 주된 사고틀 속에서는 이해되지 않는다. 그 사고틀 속에서 지식은 얼마간의 고정된 점에서 이루어진 관찰을 완전한 그림 속에 합류시킴으로써 조립된다고 여겨진다. 우리가 보았듯이 이것은 측량사가 작도법적 지도를 구성하면서 나아가는 문제다. 많은 지리학자와 심리학자들은 우리가 모두 일상생활에서의 측량사이며, 측량사가 여러 관측 지점에서 데이터를 얻기 위해 도구를 사용하는 것처럼 우리 역시 우리의 몸을 사용하고 데이터를 정신으로 넘겨 이른바 인지지도라고 불리는 세계에 대한 종합적 재현을 조립한다고 주장한다. 심리학자 키스 오틀리(Keith Oatley)가 쓰길, "인식의 문제는 파편적이고 변화하는 일련의 이차원 수용체 자극이 주어졌을 때 외부에 있는 것이 무엇과 같을지에 대한 (…) 재현을 우리가 정신 속에 창조하도록 만드는" 과정을 이해하는 것이다(Oatley, 1978: 167). 이러한 관점에서 지식은 이 장소특이적인 파편들을 점차 더 큰 포괄성의 구조 속에 맞춤으로써, 따·라·가·며 통합되는 것이 아니라 위·로 세워지며 통합된다. 그 결과 측량사의 걷기(그가 차량을 타지 않고 실제로 걷·는·다·면)는 쪼개지고, 점선의 지리학적 대응물로 환원된다. 점선을 그릴 때 연필 촉이 한 점에서 다른 점을 가로질러 옮겨져야 하는 것처럼 측량사는 데이터를 얻기 위해 한 자리에서 다른 자리로 운송돼야 한다. 전자의 경우에 손의 횡단적 움직임이 기입 과정에서 부수적인 것이라면, 후자의 경우 측량사의 움직임은 관찰 과정에서 부수적인 것이다. 그 움직임은 단순히 관찰의 한 정지 지점에서 다른 지점으로 행위자와 그의 장비(정신과 몸)를 재배치하도록 돕는 것으로, 획득된 정보의 통합 과정에 어떠한 역할도 하지 않는다.

　나는 기본적으로 존재들이 행로 실천을 통해 세계에 거주한다고 주장해왔다. 마찬가지로 거주민의 앎의 방식은 따라가는 것이지 올라가는 것이 아니다. 내가 말하고자 하는 거주민의 지·식·은· 한· 마·디로 따라가면서 통합된다. 예를 들어 지명에 대한 지식을 생각해보자. 스티븐 펠드(Steven Feld)는 파푸아뉴기니의 칼룰리족(Kaluli)에게 모든 장소는 길(톡(tok)) 위에 있기에, 지명을 붙이는 것은 언제나 연설이나 노래 속에서 장소가 놓인 톡을 여행하는 기억의 한 부분이라고 묘사한다(Feld, 1996: 103). 클라라 켈리와 해리스 프랜시스(Klara Kelley와 Harris Francis, 2005)에 따르면 미국 남서부 나바호족 사이에서 특정한 지형지

물을 지시하는 지명은 사람들이 따라가는 여행의 선을 설명하는 이야기 즉 "언어 지도"를 만들기 위해 차례차례 전해지는 것이다. 그런데 이것들은 땅 위에 있는 실제 길이라기보다는 안내선이다. 실제 길의 경우 자연 자원과 다른 우연적 요소들의 분포가 달라지는 것에 반응하여, "언어 지도 속 안내선을 따라 이리저리 흔들리곤 하기" 때문이다(같은 책: 99). 핀란드 북동부의 이나리(Inari) 지역에 사는 사미족의 연구에서 누치오 마출로(Nuccio Mazzullo, 2005: 173)는 특별한 여정이 시작되는 과정에서나 서사에서 이름들이 말해질 때, 이름이 부여되고 기억되고 불려지는 방식을 보여준다. 각각의 이름의 의미는 이 서사적 맥락에서 도출된다. 그러므로 특정한 강을 따라가는 굽이굽이마다, 웅덩이와 여울마다 이름이 있다. 하지만 그 이름은 강 위의 특정한 장소에 붙은 것이 아니라 상류로 가는 여정의 순간을 의미하며, 이 여정은 둑을 따라 살아가는 이들에 의해 습관적으로 행해진다. 이 이름들을 열거하는 것은 전체 여정의 이야기를 말하는 것이다.

그러나 이러한 이름은 이름 그 자체로는 아무런 의미가 없으며, 작도법적 지도에서는 거의 나타나지도 않는다. 측량은 점령의 양상이지 거주의 양상이 아니기 때문이다. 측량사가 추구하는 이름은 위치의 특성에 관해 다루지만 거기에 도달하는 방법과는 상관없이 위치를 지시한다. 이렇게 지명된 위치들은 더 큰 총체로 조립되는 요소들이다. 요컨대 점령의 지식은 위쪽을 향해 통합된다. 그리고 이것은 최종적으로 거주와 점령 각각의 지식 체계 사이에 있는 차이에 대한 문제의 핵심으로 우리를 이끈다. 거주의 지식 체계에서 앎의 방식은 그 자체로 세계 사이로 움직이는 길이며, 행려는 말 그대로 여행의 선을 따라 "가면서 알게 된다"(Ingold, 2000: 229-230). 반면에 점령의 지식 체계는 움직임의 역학과 지식의 형성 사이, 혹은 이동과 인지 사이의 범주적 구별 위에서 설립된다. 이동이 점에서 점으로 세계를 가로질러 잘라낸다면 인지는 점들의 배열과 그것으로 모아진 재료를 이용하여 통합된 조립체로 쌓아 올려진다.

줄거리와 플롯

나는 약도 위에 선을 그리는 것이 마치 이야기하는 것과 같다고 말해왔다. 사실 약도와 이야기는 일반적으로 같은 퍼포먼스의 보충적인 실들로서 발맞춰 나아간다. 그러므로 약도의 선이 그러하듯, 줄거리(storyline)도 나아간다. 이야기로 말해지는 것들은 말하자면 존재한다기보다는 발생한다. 즉 각각은 계속 진행해가는 활동의 순간이다. 한마디로 이것들은 객체가 아니라 이야깃거리이다.[31] 모든 이야깃거리는 작용과 반응의 합류 지점에 놓여 있고, 이야깃거리를 위해 길을 닦았던 것, 현재 이야깃거리와 일치하는 것, 또 이야깃거리를 따라 세계 안으로 들어가는 것들과의 관계를 통해 식별된다. 여기에서 그 '관계'의 의미는 그

---

31 [역자주] 이야깃거리(topic)는 고대그리스어로 장소 혹은 이야기와 관계된 장소를 뜻하는 *topos*에서 유래했다.

야말로 미리 위치한 개체들 사이의 연결이 아니라 살아온 경험의 영역 사이로 그려지는 길로 이해돼야 한다. 그 모든 관계는 연결망 속에 있는 점들을 잇는 것이 아니라, 뒤얽힌 흔적들의 그물망 속에 있는 한 선이다. 그때, 이야기를 말하는 것은 다른 이들이 과거의 삶들의 실을 반복적으로 끄집어내어 그들 자신의 실을 잣는 과정에서 세계를 따라갈 때 그 세계 사이의 경로를 되짚어가며 서사 속에서 과거에 발생한 것들과 관계한다는 것이다. 하지만 고리 만들기와 매듭짓기의 경우처럼 지금 뽑아진 실과 과거로부터 끄집어낸 실은 둘 다 동일하게 방적실이다. 이야기의 끝점과 생의 시작점은 없다. 이렇게 말이다.

최근 한 학회에서 러시아 인류학자 나탈리아 노비코바(Natalia Novikova)는 시베리아 서부 한티(Khanty) 사람들이 지닌 자기결정권의 의미에 대한 논문을 소개했다. 그는 한티의 이야기꾼 노인들이 저녁이 되면 다른 모든 이들이 잠들 때까지 이야기를 계속해서 누구도 그들의 이야기가 진실로 어떻게 끝나는지 몰랐다고 설명한다(Novikova, 2002: 83). 일반적으로 '이야기'로 번역되는 한티어의 단어는 말 그대로 길을 의미한다. 하지만 그 길은 전통적인 의미에서 미리 정해진 행동 규칙을 뜻하는 것이 아니다. 그것은 누군가가 막다른 길에 이르거나 영원히 순환되는 고리 속에 갇혀버리는 길이 아니라, 계속해서 따라

갈 수 있고 따라가지는 길을 의미한다(Kuttila와 Ingold, 2001: 192). 마찬가지로 오로촌의 사냥꾼이 매일 저녁 야영지로 돌아가 들려주는 이야기도 사냥감의 죽음으로 끝맺는 경우가 거의 없고, 발자취를 따라 목격되고 마주치는 온갖 흥미로운 것들을 자세히 설명한다. 오로촌족에게 이야기는 삶이 끝나지 않아야 하는 이유와 마찬가지 이유로 끝나지 않아야 한다. 한 사람과 그가 타는 순록의 합일을 구현하는 안장이 숲 사이로 길을 엮어가는 한 이야기는 계속된다. 그리고 안장이 대물려지기 때문에 각 세대는 선조의 이야기를 받아들이고 이어간다(Kwon, 1998: 118-121). 산책하러 나가는 선과 함께할 때처럼 이야기 속에서는 삶 속에서 그러하듯 갈 수 있는 더 먼 어딘가가 언제나 있다. 그리고 행로의 경우와 같이 스토리텔링에서 지식의 통합은 장소에서 장소로의, 혹은 이야깃거리에서 이야깃거리로의 움직임 속에 있다.

하지만 이제 이야기가 목소리로 전해지는 것이 아니라 글을 통해 전해진다고 가정해보자. 우리에게는 음성의 흐름 대신 손으로 쓴 텍스트의 선이 있다. 이 선 역시 이야기가 진행되는 것처럼 펜촉에서부터 지속적으로 전진하면서 산책하러 나갈까? 리베카 솔닛(Rebecca Solnit)은 걷기와 서사적 쓰기 사이의 유사점을 논하며 그와 같은 유비를 사용한다.

> 쓰기는 상상의 지형 사이로 새로운 길을 새기는 것이거나 친숙한 경로 위에 새로운 특징을 짚어내는 것이다. 읽기는 저자를 안내자 삼아 그 지형 사이로 여행하는 것이다. (…) 나는 종

종 나의 문장들이 저 멀리 달려가는 단 하나의 선으로 쓰이길, 그래서 한 문장이 길과 같고 독해는 여행이라는 점이 명백해지길 소망해왔다. (Solnit, 2001: 72).

내가 아래에서 보여줄 것처럼, 솔닛의 소망은 다소간 좌절된다. 왜냐하면 그녀는 글이 문장으로 구성된다고 지각했고, 타자로 친 원고의 종이면 위에 있는 글에서 글자들은 분리되어 있으며 낱말은 균일한 간격으로 떨어진 형태로 나타나기 때문이다. 하지만 중세 유럽의 독자들에게 독해와 여행 사이의 유비는 자명했을 것이다. 비록 육필 필사본의 선은 하나의 연속적인 길을 따라 나아가기보다는 한 줄 한 줄 나아갔겠지만 말이다.

1장에서 보았던 것처럼 중세의 논객들은 몇 번이고 행로와 독해를, 그리고 종이의 표면과 거주하는 경관을 비유했을 것이다. 여행하기가 곧 경로를 기억하는 것이며 이야기하기가 곧 가는 법을 기억하는 것인 것처럼, 마찬가지로 보기는 텍스트를 통해 흔적을 되짚어가는 것이었다. 누군가는 이야기나 여정을 기억하는 것과 꼭 같은 방식으로 텍스트를 기억했다. 요컨대 독자는 이야기꾼이 이야깃거리에서 이야깃거리로 나아가고, 여행가가 장소에서 장소로 나아가는 것처럼 낱말에서 낱말로 나아가며 종이면의 세계에 거주하곤 했다. 우리는 거주자에게 걸음의 선은 앎의 길이라는 점을 보았다. 마찬가지로 그에게 쓰기의 선은 기억의 길이다. 두 사례 모두에서 앎은 움직임의 경로에 따라 통합된다. 그리고 이러한 측면에서 육필 필사본과 연설, 혹은 노래로 불러지는 이야기 사이에는 원칙적으로 차이가 없다. 하지만 내가 지금 보이는 바와 같이 타자로 치거나 인쇄된 근대 작문의 선과 글로 쓰이거나 목소리로 표현된 선 사이에는 근본적인 차이가 있다. 쓰기 그 자체가 차이를 만들어내는 것은 아니다. 대신 이 일은 필사본의 흘러가는 글자선이 미리 구성된 플롯(plot)의 연결선으로 대체됐을 때 발생했다.

근대의 프로젝트 속에서 이해되는 쓰기는 기입이나 선 만들기의 실천이 아니다. 필경사의 기술과도 거의 관련이 없다. 1장에서 보았듯 세르토에 따르면 근대의 작가는 유일한 저자인 자신이 구성해주길 기다리고 있는 비어 있는 공간으로서 종이의 빈 표면을 마주한다(Certeau, 1984: 134). 그가 설계하는 이러한 공간 위에서 언어의 조각들(글자, 낱말, 문장)은 위계 안에 끼워 넣어지며, 완전한 작품을 형성하기 위해 통합될 수 있다. 사실 그의 실천은 세계에 있는 물체들의 위치를 표시하기 위해 종이 표면 위에 상징적인 조각들을 배치하는 지도 제작자의 실천과 다를 바가 없다. 책의 종이면에서도 지도의 표면에서도 저자의 몸짓은 그들의 개별적이고 압축된 표시 이상의 어떠한 자취도 남기지 않는다. 그 표시들이 각각 필사본과 약도가 지니고 있던 본래의 선들이 남긴 전부이다. 종이면의 요소들은 과학자의 도표나 관광객의 노선 계획표의 문학적 등가물인 플롯을 형성하도록 상상 속에서 결합될 수도 있다. 하지만 플롯의 선은 독자가 텍스트 사이로 움직일 때 그에 따라 그려지지 않는다. 오히려 그 선들은 여정이 시작되기도 전에 펼쳐져 있어야 한다. 이 선들은 연결장치이다. 앙드레 르루아구랑(Leroi-Gourhan, 1993: 261)이 깨달은 것처럼, 플롯 읽기는 발자취를 따라가는 것이 아니라 계획을 검토하는 것이다. 중세시대 선조가 잉크칠된 자취들과 얽힌 종이면의 근시안적 거주자였던 것과 달리 근대 독자는 마치 아주 높은 곳에 있는 것처럼 종이면을 조사한다. 점에서 점으로 종이면을 가로질러 가는 그는 마치 공해상의 영국 해군처럼 면적의 관점에서 움직인다. 그렇게 근대 독자는 종이면을 점령하고 그것에 대한 지배를 주장한다. 하지만 그는 거기에 거주하지는 않는다.

내가 비록 근대성의 출발과 함께 쓰기가 변형됐다고 설명한 세르토의 이야기에 영감을 받았음에도 불구하고, 한 가지에 대해서는 그가 틀렸다. 세르토는 근대 작가가 종이면의 공간을 가로질러 언어 조각들을 점들에 놓아두면서 "떠돌아다니고, 전진하며, 통제된 실천, 즉 '산책'을 수행한다"고 말한다(1984: 134). 하지만 걷기가 하지 않는 한 가지가 바로 지나간 자리에 조각들을 남기는 것이다. 그러므로 조각을 놓아두는 쓰기의 실천이 걷기와 같다고 할 수 없다. 물론 걷는 자는 발바닥을 땅에 붙이는 걸음을 통해 나아가며, 하나의 끊임없는 흔적이 아니라 일련의 개별 발자국들을 땅 위에 새긴다. 존 버거(John Berger)가 강조했던 것처럼 이야기꾼도 바로 그와 같다.

> 어떤 이야기도 길과 끊임없이 접촉하는 바퀴 달린 차량 같지 않다. 이야기는 동물이나 사람처럼 걷는다. 그리고 그들의 발걸음은 이야기된 사건들 사이에만 있는 것이 아니라 각 문장 사이에도 있으며, 때때로 각 단어 사이에도 있다. 모든 발걸음은 말해지지 않은 무언가를 성큼 넘어간다. (Berger, 1982:

284-285)

 사실 필사본을 손으로 쓰는 경우에도 똑같이 말할 수 있다. 필기체를 쓸 때조차 작가는 때때로 낱말 사이나, 이따금 글자 사이에서도 펜을 종이 표면에서 떼어내야만 한다.
 하지만 육필 작가의 자취가 불연속적이고 심지어 점과 관련이 있다고 하더라도, 그 자취들을 생성하는 움직임은 연속적인 것으로, 끊어짐을 용인하지 않는다. 우리는 1장에서 이 움직임을 중세 학자들이 행로로 비유했고, 둑투스라는 개념으로 나타냈다는 점을 상기해볼 수도 있다. 고문서학자들은 쓰기에서 나타나는 손의 움직임을 일컬을 때 이 개념을 여전히 사용하고 있다. 로즈메리 사순(Rosemary Sassoon)은 손글씨의 둑투스가 "펜이 종이 위에 있을 때 나타나는 손 움직임의 가시적인 자취와 펜이 종이에 닿아 있지 않을 때의 비가시적인 자취"를 결합한다고 설명한다(Sassoon, 2000: 39). 그러므로 육필 작가는 러닝 스티치(running stitch)를 하는 자수공예가와 같은데, 러닝 스티치에서 표면의 외양은 균일한 간격으로 떨어져 있는 줄표[-] 형태지만 실은 계속 연결된다. 노를 물에서부터 들어올릴 때도 끊임없이 노를 젓는 뱃사공이나, 정말이지 각 발을 땅에서 들어올릴 때도 걷기를 멈추지 않는 걷는 사람과도 같다. 그러므로 발자국은 조각들이 아니며 필사본의 문자나 낱말도 조각들이 아니다. 그것들은 움직임의 선에서 쪼개진 것이 아니라 선을 따라 심긴 것이다.
 나는 작가가 걷기와 상응하는 것을 수행하길 그만두었을 때 낱말이 조각으로 환원되고 결과적으로 파편화된다고 주장한다. 웬디 건(Wendy Gunn, 1996)은 걷기, 움직임, 인식에 대한 논문에서 다음 질문을 제기한다. "모래 위 발자국의 자취는 보행 분석 기기로 측정한 걸음의 기록과 어떻게 다른가?" 보행에 대한 과학적 연구는 걷기를 이동의 역학적 과정으로 대한다. 그리고 도표를 만들기 위해 일정한 간격으로 선택된 연결 지점의 위치를 표시하고, 플롯의 점들을 결합하는 방식으로 피실험자의 신체 운동을 기록한다. 결과로 나타나는 선은 연속적이지만 이 선은 연결장치이며 보통 이야기하는 움직임은 없다. 이것들은 이동의 선이지 움직임의 선이 아니며, 걷는 자 스스로의 삶의 방식이 남긴 흔적을 따라 가기보다는 점에서 점으로 가로질러 간다. 웬디 건은 점들의 자국 그 자체가 불연속적인 선의 연쇄 중 하나임에도 불구하고, 이 모든 선들을 모은 것보다 하나의 발자국 안에 더 많은 움직임이 있다고 관찰한다(같은 책: 37-38). 마찬가지로 인쇄된 텍스트의 종이면 전체보다 손글씨의 자취 하나에 더 많은 움직임이 있다. 손글씨가 걷기와 같다면 일정한 간격의 글자들을 결합하는 인쇄의 선은 등거리의 플롯을 결합하는 보행 분석 기록과 같다.

 오늘날 우리는 인쇄된 종이면을 볼 때 줄지어 있는 조밀하고 독립된 시각 표시들을 본다. 우리가 관료적인 서류 양식을 채워 넣을 때 요구받는 것처럼 활자를 모방하는 손글씨 같은 경우에 선은 어디에도 가지 않는다. 그때의 손글씨는 한 점 위에서 피루엣 동작의 축소 형태를 행하고, 펜을 뺀 뒤에 오른쪽으로 살짝 이동하여 다시 같은 것을 반복한다.[32] 이 횡단적인 움직임은 쓰기 행위의 부분이 아니라, 단지 펜을 점에서 점으로 운송하게끔 돕는다. 타자기는 정확하게 같은 원리로 작동한다. 손가락으로 눌러지는 키는 이미 만들어진 활자 형태를 종이면에 옮기지만 그 기계는 수평 이동에만 신경을 쓴다. 여기에서 손짓과 그것의 시각적 자취 사이에 있는 본래의 연결은 마침내 완전히 쪼개진다. 왜냐하면 키 위에 있는 손가락의 점과 같은 움직임은 키 위에 각인되어 있는 표시와 일절 관계없이 종이면 위에 그 표시를 새기기 때문이다. 타자로 치거나 인쇄된 텍스트 속에서 모든 글자나 문장부호는 자신 속에 싸여 왼쪽과 오른쪽의 이웃들과 완전히 떨어져 있다. 그러므로 인쇄물이나 타자로 친 원고에서 글자 선은 산책하러 나가지 않는다. 사실 그것은 전혀 나아가지 않는다. 다만 본래 그것의 지점에 머물 뿐이다.

    그러한 근대 관료주의의 전형으로서 점선은 동일한 원리가 그 논리의 극단까지 간다. 이 선이 아닌 선 위에서 삶의 움직임은 순간들의 연쇄로 붕괴된다. 활기도 기력도 없이 그것은 움직이지 않고, 말하지도 않는다. 그게 무엇이든 그것은 인격이 없다. 말하자면 직선은 인격 위에 서게 되는 서명에 대한 완벽한 부정이다. 언제나 늘어나는 흔적의 총합 내에서 땅 위에 자신의 존재를 서명하는 행려나, 언제나 확장되는 글자 선 내에서 종이면 위에 자신의 존재를 서명하는 필경사와 달리, 근대의 저자는

---

32 [역자주] 피루엣(pirouette)은 발레에서 한쪽 발로 서서 빠르게 도는 동작을 일컫는다.

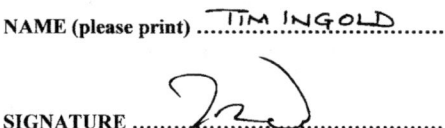

그림 3.5 점선 위에 있는 저자의 인쇄된 이름과 서명.

너무나 생략되고 압축되며 운동 기억(motor memory) 속에 매우 깊게 침전된 몸짓의 자취를 이용해 그의 작품에 서명을 한다. 어디를 가든 그는 그 서명을 그의 독창적이고 바뀌지 않는 정체성의 표시로서 가지고 다닌다. 필적학자 자코비(H. J. Jacoby)는 이것을 "심리적 명함"이라고 말한다(Sasson, 2000: 76에서 인용). 점선 위에 서명하는 것은 흔적을 남기는 것이 아니라 잇따른 점령지에서 찾아지고 전유되는 사물들 위에 표시를 남기는 것이다(그림 3.5). 근대 헌법의 핵심에 있는 개인의 특이성과 사회 질서의 결집들 간의 대립을 이보다 더 잘 보여줄 수는 없다.

이제 근대의 작가가 흔적을 남기지 않는다면, 근대의 독자 역시 흔적을 따르지 않는다. 그가 종이면을 훑어보며 행하는 인지적인 작업은 거기에서 찾은 부분들을 더 큰 전체 안으로, 즉 문자를 낱말 안으로, 낱말을 문장 안으로, 문장을 완성된 작문 안으로 재조립하는 것이다. 그는 종이의 선을 따라 읽기보다는 종이면을 가로질러 읽으며, 통합 수준의 위계를 관통하여 종이 표면 위에 배치된 요소들을 더 높은 수준으로 결합한다(그림 3.6을 보라). 그 과정은 컨베이어 벨트의 횡단적 동작이 고정된 간격마다 추가된 요소들을 짜깁기하여 완성품을 만드는 산업

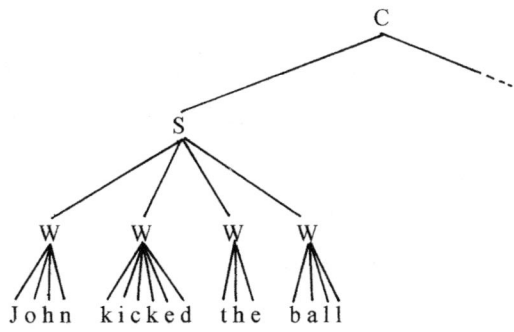

그림 3.6 근대의 인쇄된 텍스트 내 통합 수준의 위계. 글자를 낱말(W)로 조립하며, 낱말을 문장(S)으로 조립하고, 결과적으로 문장(S)을 전체 작문(C)으로 조립한다.

공장 속 조립 라인의 과정과 형식적으로 동일하다(Ong, 1982: 118). 두 경우 모두, 통합은 따라가며 이루어지는 것이 아니라 위로 향하며 이루어진다. 단일하고 연속적인 선을 따라 글을 쓰고자 하는 솔닛의 꿈으로 돌아가 보자면, 이것이야말로 텍스트가 문장(sentence)들로 이루어진다는 전제로 인하여 그 꿈이 필연적으로 좌절되는 이유이다. 문장은 우리가 '문법'이라고 부르는 조립 규칙에 따라 구성된 언어의 인공물이기 때문이다. 모든 문장은 낱말로 이루어진다. 하지만 낱말이 문장의 구성요소로서 여겨지면, 즉 조립의 부품으로 여겨지면, 낱말은 더 이상 (이야기꾼이나 필경사에게 길을 따라가며 장소들 속에서 낱말이 발생하는 것처럼) 발생한다고 여겨지지 않고, 종이면의 공간 위에 위치한 개별적인 독립체로서 존재한다고 여겨진다. 또한 낱말은 요소들, 다시 말해 개별적인 글자들로 이루어진다. 그래서 솔닛의 선 역시 띄어쓰기와 구두점으로 드문드문 끊어지는 문자의 끈으로 보이며, 결코 길을 떠날 수가 없다. 이것은 길을 따르는 움직임이 아니라 연결장치의 움직이지 않는 사슬이다.

 이 절의 논의를 마무리 짓기 위해 우리가 1장에서 처음 만났던 아리스토텔레스의 제자이자, 불같은 성격을 지닌 타렌툼 지방의 아리스토크세누스에게로 돌아가보자. 그리고 아리스토크세누스가 연설과 노래에서 나타나는 목소리의 운율 체계를 한 장소(토포스(topos))에서 다른 장소로 가는 움직임으로 묘사했다는 점을 상기해보자. 물론 그는 말할 때의 목소리는 잠시라도 어느 곳에 정착하지 않고 끊임없이 배회하는 데 반해, 성악가의 목소리는 마치 한 곳에서 가능한 한 오랫동안 균형을 잡고 있다가 미끄러지고 또 다른 곳에서 다시 평형을 맞추기라도 하듯 리듬을 타며 움직인다고 생각했다. 걷는 자의 방황하는 걸음걸이와 무용수의 리듬 역시 같은 용어로 비교될 수 있다. 그 후에 그리스어로 된 텍스트가 웅변조의 퍼포먼스나 억양을 위해 '교정될' 때, 선율의 선 속에 있는 이러한 움직임과 쉼의 역학은 강세나 구두점을 통해 표시됐다. 특히 구두점의 목적은 웅변자가 숨을 쉬기 위해 잠시 멈출 수 있는 곳을 알려주기 위함이었다. 하지만 결정적으로 구두점들은 계속 진행되는 흐름 속에 있는 일시적인 멈춤이었다. 한 장소에서 다른 장소로 길을 따라가는 도중에 짧은 휴식을 위해 잠시 멈추는 것처럼 말이다. 우리는 초기 중세 작가들이 이 흐름을 둑투스라는 개념, 즉 작품을 통과하는 길로서 이해했다는 점을 살펴보았다. 메리 캐루더스는 다음과 같이 설명한다. "둑투스의 수사학적 개념은 어떤 작품의 구조를 연결된 연속적인 무대(stage)들을 통과하는 여정으로 조직화함으로써 길찾기를 강조한다. 이때 각각의 무대들은 고유하고도 특징적인 흐름을 지닌다"(Carruthers, 1998: 80).

여기에서 이 흐름은 대지의 윤곽이 지닌 흐름과도 같아서 다양한 질감을 지닌 표면이 시야에 들어오고 나가는 길을 따라 나아간다. 그러므로 작품의 '무대'는 진보의 행진 속에 있는 발걸음이 아니라 목표를 향한 길을 따라 열린 연속된 광경과 비견된다. 한 무대에서 다음 무대로 가는 것은 앞서 있는 새로운 지평을 밝히기 위해 모퉁이를 도는 것과 같다(Ingold, 2000: 238). 하지만 손글씨가 인쇄에게 자리를 내주듯, 종이면이 목소리를 잃었듯, 독자의 과업이 행로에서 운항(플롯의 요소들을 결합하기)으로 전환됐듯, 둑투스의 흐름은 그 자리에 무수하고도 아주 작은 파편들을 남긴 채 잠잠해졌다. 그래서 구두점의 역할은 더 이상 독자가 흐름을 조절하도록 도와주지 않고, 텍스트 요소들을 재조립하도록 돕는다. 한때 산책의 방향을 전환하는 지점이나 산책 과정에서 잠시 멈추는 지점을 알려주었던 구두점은 수직적으로 통합되어 있는 구문 구조의 파편들을 표시하는 조립체의 이음새를 지시하게 됐다. 그것은 퍼포먼스와는 상관이 없고 오로지 인지와 관련된다.

장소에 대하여

우리가 앞서 설명했던 것처럼 움직임과 지식, 서술의 선들이 파편화되고 제한된 점으로 압축됨에 따라, 두드러지게 된 피해 중 하나는 장소라는 개념에 있다. 한때 움직임의 길을 따라 잠시 쉬어가는 순간이었던 장소는 근대성 속에서 모든 삶과 성장, 활동이 갇힌 결합점으로 재배열됐다. 그래서 장소 사이에는 오직 연결장치들만 있다고 여겨진다. 작도법적 지도에서 이러한 장소 각각은 관행적으로 점으로 표시된다. 하지만 그 장소가 점령된다는 점을 보여주기 위해 개방된 원으로 그려질 수도 있는데, 그 안에는 거기에 갇힌 더 작은 점으로 표시된 다양한 점령자(거기에서 찾아질 수 있는 사람과 사물)들이 있다. 이렇게 말이다.

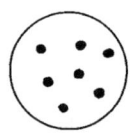

이 묘사에서 점령자들이 누구인지 혹은 무엇인지는 그들이 어디에 있으며 거기에 어떻게 왔는지와 그 어떤 관련도 없다. 이 그림은 게임 참가자가 보드판을 가로질러 한 위치에서 한 위치로 패를 움직여 경쟁할 때의 그림과 닮았다(그림 3.7). 각 패의 정체성은 게임이 시작되기 전에 고정되며, 게임에서 이루어낸 움직임의 수와 상관없이 내내 바뀌지 않고 유지된다. 마찬가지로 우리가 보았던 사람과 재화의 실질적인 정체성, 즉 고유한 성질을 결정하는 특징 역시 원칙적으로는 한 자리에서 다른 자리로 운송된다고 해도 영향을 받지 않는다. 역으로 각 장소의 위치적 정체성도 보드판 위의 자리가 놀이 이전에 설계된 것처럼 다소간 단기적으로 머무르는 점령자의 정체성과 관계없이 규정된

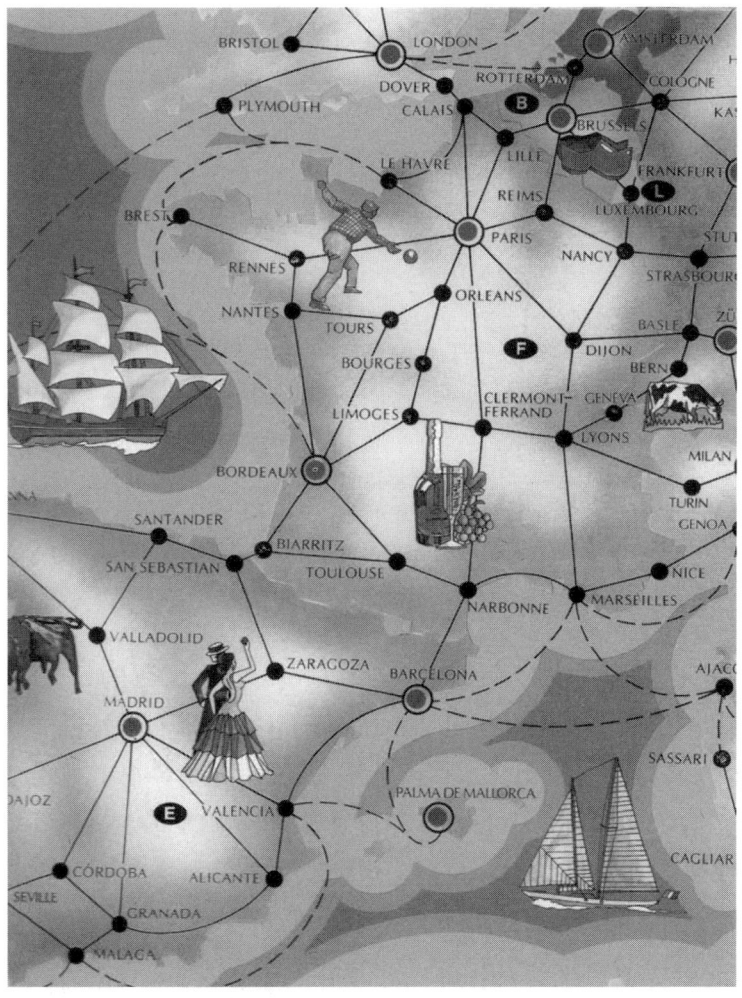

그림 3.7 '유럽을 통과하는 여정(Journey through Europe)'이라는 게임의 보드판 일부. 참여자들은 그들의 말을 지시된 카드에 의지해 주사위를 던져 결정된 이동 숫자만큼 한 도시에서 다른 도시로 오직 표시된 선을 따라 운송해야 한다.

3장 위로·가로질러·따라서　　199

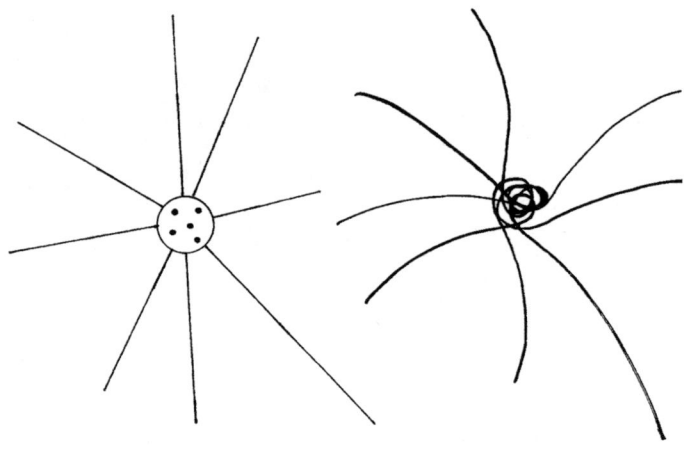

그림 3.8 얽힌 생명선의 매듭으로 여겨지는 장소(오른쪽)와 비교되는 장소의 대도시 거점 노선 운항 방식 모델(왼쪽). 왼쪽 도식에서 원은 장소를 재현하며, 점은 살아 있는 점령자이고, 직선은 운송 연결망의 연결장치를 지시한다. 오른쪽 도식에서 선은 살아 있는 거주자들이며 가운데 매듭은 장소이다.

다. 게임판 위에서처럼 지도 위에서도 위치 혹은 지위는 가능한 이동을 지시하는 선으로 이어질 수 있다. 이 선들은 당연히 정적인 점대점 연결장치다. 그들은 다함께 연결망을 형성하며, 연결망 속에서 모든 장소는 허브로 역할하고, 허브로부터 연결이 방사형처럼 펼쳐진다(그림 3.8 왼쪽을 보라).

언뜻 보기에 이러한 종류의 그림은 중앙 오스트레일리아의 왈비리 사람들이 그리는 패턴과 현저한 유사성이 있어 보인다. 왈비리 사람들은 꿈의 시대에 땅을 형성하는 선조들의 여정을 이야기하면서 종종 모래에 손가락으로 패턴을 그린다. 선조들이 출현한 장소나 그들이 여행했던 장소는 원으로 묘사되고, 그

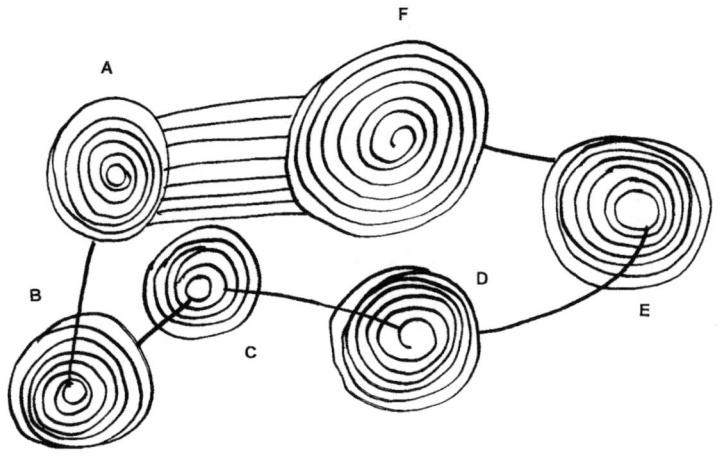

그림 3.9 왈비리의 종이 그림에서 나타난 장소-길의 형상. 먼의 저작(Munn, 1973a: 194)을 바탕으로 다시 그림. 옥스퍼드 대학교 출판사의 허가를 받음.

들 사이의 길은 연결선으로 묘사된다. 그림 3.9는 종이 위에 그린 그림을 복사한 예시로, 이 그림에서 선조는 A에 있는 땅에서 나타나 근처 B로 여행하고 그런 다음 다시 A에 있는 땅으로 돌아가기 전에 C, D, E, F를 통과한다고 표시돼 있다. 왈비리의 민족지학자 낸시 먼(Nancy Munn)이 진실로 그렇게 보았던 것처럼 각 장소는 우리에게 연결망 속에 있는 교점과 같이 다른 장소와 연결된 삶의 컨테이너 용기처럼 보인다(Munn, 1973a: 213-215). 하지만 이러한 겉모습은 기만적이다. 왈비리 그림에서 장소는 컨테이너 용기가 아니라는 핵심적인 단서는 그 장소가 우리의 그림에서처럼 단 하나의 원으로 묘사되는 것이 아니라 보통 일련의 동심원적 고리나 중심을 향해 감기는 나선으로 묘사된다는 사실이다. 게다가 먼은 [왈비리 그림에서] 동심원의 고리와 나선이 동등한 형태로 여겨진다고 말한다(1973a: 202). 이 형태들은 정적이지 않고 엄밀히 말해서 닫혀있지도 않다. 그들은 그들 자신만을 에워싼다. 그들이 묘사하는 것은 삶을 가두는 외부의 경계가 아니라, 중심 주위를 돌아가는 그 자신의 삶의 흐름이다. 왈비리의 사고 속에서 그 장소는 소용돌이와 같다. 고리나 나선, 그리고 그들 사이에 분리된 획으로 이루어진 선을 그리는 것이 관습적으로 이루어지고, 그래서 그들이 교차되는 것처럼 보이지만, 그들이 전달하고자 하는 움직임은 연속적이다. 중심점에 있는 땅에서 출현한 선조는 마침내 그가 진로를 바꾸어 떠날 때까지 계속해서 넓어지는 나선형을 그리며 야영지를 만들고 '돌아다닌다'. 되돌아올 때 그는 같은 움직임을 반대로 행하곤 했다. 이렇게 말이다.

왈비리 그림에서 원형의 선이 무언가를 가두지 않는 것과 같은 이유로 직선은 무언가를 잇지 않는다. 원형과 직선형 종류의 선 모두 선조들이 기원적 길을 따라가던 움직임을 재연하는 것으로, 기입하는 손이 움직인 몸동작의 자취다. 먼에 따르면 이러한 각 길은 교대로 "나오고 들어가는" 진행을 그리는 "생명 선의 한 종류"다(1973a: 214). 밖으로 나갈 때, 주변을 도는 움직임은 구부려져 멀어지는 움직임이 된다. 반대로 안으로 들어올 때, 한쪽으로 향해가는 움직임은 구부려져 돌아가는 움직임이 된다. 하지만 그 장소의 심장부에서는 소용돌이의 눈에서처럼 그 무엇도 움직이지 않는다. 이곳은 절대적인 안식의 지점으로 왈비리의 이해 속에서 선조가 본래 그가 태어난 땅으로 돌아가 눕는 곳이다. 하지만 귀환은 결코 끝나지 않는다. 왜냐하면 장소에 생기를 불어넣는 선조들의 잠재력은 그 힘이 낳은 살아 있는 사람들의 세대에 주기적으로 다시 체현되어, 그들이 태어날 때 그 땅에 나타나고 그들이 죽을 때 다시 돌아가기 때문이다. 선조들이 생겨난 장소의 거주자로서 이 살아 있는 세대들은 일상생활 속에서(비록 더 미세한 규모이지만) 선조가 동맥 도로를 남긴 곳에 무수한 모세혈관 오솔길을 남기며 선조들의 답사를 되짚어간다. 그들에게도 역시 삶은 장소들을 둘러 가는 것이며, 마찬가지로 다른 장소들을 향해 또 떠나 간다. 당신은 그것 주변을 걸으며 야영한다. 당신은 한 야영지에서 다른 야영지로 이끄는 길을 따라서, 사냥하고 채집하며 당신 자신과 동반자들을 먹여 살린다. 오직 당신이 죽을 때만 한 장소 안에 들어간다.

    내가 행로를 논의하면서 이전에 이미 언급한 것처럼 왈비리 사람의 삶은 그가 남긴 흔적의 합으로서 땅 위에 펼쳐진다. 이제 한 사람의 흔적, 그가 한 장소에 와 잠시 동안 서성거리다가 마침내 떠나가는 것을 보여주는 흔적에 대한 단 하나의 스케치를 그린다고 생각해보자. 그것은 아마 이것처럼 보일 것이다.

　그는 물론 그 장소에서 시간을 보내는 유일한 사람이 아니다. 거기에 그는 다른 흔적들을 따라 도착했고 결국 다른 길로 갈 타자들과 마주치기 때문이다. 우리가 그 그림에 그들의 흔적을 더한다면 훨씬 더 난해해질 것이다. 그 장소는 이제 복잡한 매듭으로 보일 것이다. 나의 관심사는 그 매듭을 푸는 것이 아니라 내가 이 절을 시작하며 다루었던 중심지-방사형 모델과 그것을 비교하는 것이다(그림 3.8을 보라). 대도시 거점 노선 운항 방식(hub-and-spoke) 모델에서 거점은 삶의 컨테이너 용기로서 연결망 내에서 그것이 가두는 (각각 움직이는 점으로 표현되는) 개체들과 명백하게 구분되며, 마찬가지로 연결망 내에서 그 거점과 다른 거점을 잇는 선과도 명백하게 구분된다. 그와 대조적으로 매듭은 삶을 가두고 있지 않으며, 삶이 선을 따라 살아갈 때 바로 그 선으로 형성된다. 이 선은 매듭 속에 함께 묶여 있지만 매듭에 의해 묶여있지는 않다. 반대로 그 선들이 매듭을 넘어 갈 때는 오직 다른 매듭 안에 있는 다른 선을 따라가게 될 때뿐이다. 그들은 다 함께 내가 그물망이라고 부르는 것을 만든다. 그때 모든 장소는 그물망 속에 있는 매듭이고, 그물망을 그리는 실은 행로의 선이다.

　이 이유야말로 내가 행려를 지역민(local)이라기보다는 거주자로 지칭하며, 그들이 알고 있는 것을 지역 지식이라기보다는 거주 지식이라고 지칭하는 까닭이다. 이러한 사람들을 특정한 장소 안에 가두거나, 그들의 경험을 오직 거기에 사는 삶의 제한된 지평 속에 국한하는 것은 꽤나 잘못된 가정일 것이기 때문이다. 하지만 행려가 거처도 없이 땅의 표면을 목적 없이 방랑한다고 가정하는 것도 똑같이 잘못된 가정일 것이다. 거주의 경험은 정주민과 유목민 사이의 전통적인 대립의 관점 속에서는 이해할 수 없는데, 이 대립은 그 자체로 점령의 대조적인 원리에 근거를 두고 있기 때문이다. 정주민은 장소를 점령한다. 반면 유목민은 점령에 실패한다. 하지만 행려는 실패한 점령자나 주저하는 점령자가 아니라 성공한 거주자이다. 그들은 사실 이곳저곳을 옮겨 다니며 때때로 상당히 먼 거리를 폭넓게 여행하고, 이 움직임을 통해 그들이 지나간 각 장소의 계속되는 형성에 기여한다. 요컨대 행로는 장소가 없는 것도 장소에 묶인 것도 아니라 장소를 만드는 것이다. 이것은 장소의 연쇄를 통해 나아가는 흐르는 선으로 묘사될 수 있다. 이렇게 말이다.

하지만 이제 다른 종류의 선, 클레가 일련의 업무 약속을 지켜야 하는 것으로 묘사한 선으로 돌아가 보자. 물론 엄밀하게 말해서 이것은 업무 약속을 지키는 선이 아니라 점이다. 연결의 사슬을 따라 그것은 미리 정해진 위치에서 또 다른 위치로 뛰어간다. 이와 같이 말이다.

    이 점이 바쁜 일정을 지닌 개체를 재현한다고 가정해보자. 각 업무 약속에서 다음 약속으로 갈 때 그는 언제나 서두른다. 왜 그래야만 할까?

    행려의 경우 그의 선은 산책하러 나가기에 속력은 큰 문제가 아니다. 행로의 속력에 대해 묻는 것은 삶의 속력에 대해 묻는 것만큼 의미가 없다. 문제는 경과 시간 대비 거리의 비율이라는 측면에서 얼마나 빨리 움직이는가가 아니라 이 움직임이 거주 세계의 다른 현상의 움직임과 같은 국면에 있어야만 하는지 혹은 조정돼야만 하는지 여부다. '얼마나 걸리는가?'라는 질문은 오직 미리 정해진 목적지를 향하는 여정 시간을 측정할 때만 관련이 있다. 하지만 일단 움직임의 역학이 목적지 지향 운송에서처럼 이동의 역학으로 환원되면, 여행의 속력은 중요한 고려 사항으로 부상한다. 잠시 들르는 연속된 지점에서 삶의 업무를 처리하는 여행자는 장소 사이가 아니라 장소 안에서 시간을 보내길 원한다. 반면에 그는 수송 중에 아무것도 하지 않는다. 운송에 대한 대부분의 역사는 계속해서 더욱 빠른 기계적인 수단을 고안하여 이 과도기, 즉 사이 안의 기간을 줄이는 시도로 채워졌다. 원칙적으로 운송 속력은 무한히 증가할 수 있다. 사실 완벽한 체계에서 여행자는 전혀 지체하지 않고 목적지에 도착할 수 있다. 하지만 같은 시간에 여러 장소에 있는 것이 불가능한 것처럼 실제 운송은 결코 완벽하지 않다. 그 체계는 언제나 어느 정도의 마찰이 있다. 그러므로 시간과 더불어(with) 움직이는 행려와 다르게 운송되는 여행자는 시간에 저항하면서(against) 경주하고, 그 시간의 통로에서 성장의 유기적 잠재성을 보는 것이 아니라 장비의 기계적인 한계를 본다. 만약 그가 뜻대로 할 수 있다면, 현재의 평면에 펼쳐진 그의 전체 연결망 속 모든 점은 동시에 접근될 수 있을 것이다. 그래서 우리 개개인은 도달할 수 없는 이상에 이끌려 모든 곳에 한 번에 있고자 시도하지만 필연적으로 실패하면서 한 점에서 다른 점으로 서둘러 간다. 그것이 걸리는 시간은 그가 지닌 갈급함의 척도이다.

요약하자면, 순수한 운송에 대한 가능성은 환상이다. 우리는 세계를 개구리처럼 도약하여 한 위치에서 다른 위치로 갈 수 없고, 여행자도 출발하자마자 한 장소에 도착할 수는 없다. 완벽한 운송은 불가능하기 때문에, 또한 모든 여행은 실시간의 여행이기 때문에, 장소들은 위치뿐만 아니라 역사를 지니고 있다. 게다가 누구도 모든 곳에 동시에 있을 수 없기 때문에, 움직임의 역학을 수평과 수직으로 뻗은 직교하는 축에 가로세로로 올려둔다고 해도 지식 형성 과정에서 완전히 분리할 수는 없다. 실제로는 정신이 세계의 표면을 가로지르는 노선에 몸을 맡긴 채 단지 객관적인 지식의 구조를 조립하기 위해 데이터를 모으며 그 표면 위로 올라갈 수 있는 방법은 없다. 똑같은 이유로 순수한 객관성은 순수한 운송만큼이나 환상에 불과하다. 그 환상은 오직 삶과 성장, 지식에 내재한 장소에서 장소로의 움직임에 대한 체현된 경험을 은폐할 때만 유지된다. 심지어 측량사 역시 직업을 수행하기 위해 이리저리 돌아다녀야 하고, 근대의 독자가 종이를 넘길 때 눈이 인쇄된 텍스트를 배회하도록 놔두는 것처럼, 부득이하게 측량사도 눈이 경관 위를 배회하는 것을 받아들여야 한다. 두 경우에서 모두 움직임의 경험은 관찰의 실천을 침범해야만 한다. 실제로는 우리 모두에게 지식이란 가로질러서 세워지는 것이 아니라, 따라가면서 성장하는 것이다.

    아마도 근대 대도시 사회 내 사람들이 지닌 곤경을 진실로 식별하는 것은 점령의 목적으로 특별히 계획되고 건설돼온 환경에 그들이 하는 수 없이 거주하게 되는 정도에 있을 것이다. 건조 환경(built environment)의 건축물과 공공장소는 그들을 울타리로 둘러싸고 가두며, 그것의 도로와 고속도로는 그들을 연결한다. 오늘날 교통 체계는 '목적지 대 목적지 연결'의 광범위한 연결망 속에서 지구를 가로지른다. 좌석에 묶인 승객에게 여행은 더 이상 행동과 지각이 밀접하게 결합된 움직임의 경험이 아니라, 강제적인 비이동성과 감각 박탈의 경험이 됐다. 도착하자마자 여행자는 그의 굴레에서 벗어나지만 이내 그가 지닌 움직임의 자유는 그 위치의 한계에 제한되어 있음을 발견하게 된다. 하지만 가두고 나르고 억제하는 구조는 불변하는 것이 아니다. 그것들은 끊임없이 거주자의 전술 공작에 의해 부식된다. 세르토(1984: xviii)의 언어로 말하자면, 그들의 "방랑하는 선들(lignes d'erre)" 혹은 "효력이 있는 거닐기"는 사회의 수석 건설가의 전략적인 계획을 약화시켜 그것들을 점차 닳게 만들고, 또 산산조각 나게 만든다. 이 거주자들 안에는 놀이의 규칙을 따를 수도 있고 따르지 않을 수도 있는 인간뿐만 아니라 규칙에 대해 전혀 관심이 없는 수많은 비인간들도 포함된다. 점령된 세계의 규칙적이고 선형화된 기반 구조의 위와 아래 모두를 날아다니고, 기어다니며, 꿈틀거리고, 파고드는 모든 종류의 생명체들은 바스러진 파편들을 그들 자신의 삶의 방식 안으로 끊임없이 재통합하고 재배열한다.

　실로 그 무엇도 거주의 그물망이 지닌 촉수를 빠져나갈 수 없다. 왜냐하면 언제나 확장하는 거주의 선이 잠재적으로 성장과 움직임을 제공할 수 있는 모든 금과 틈을 탐사하기 때문이다. 삶은 가두어지지 않고, 오히려 관계들의 무수한 선을 따라 세계 사이로 길을 누비듯이 나아간다. 하지만 삶이 경계에 갇혀 있지 않다면 둘러싸일 수도 없을 것이다. 그렇다면 우리의 환경이란 개념은 어떻게 되는 것일까? 말 그대로 환경은 둘러싸는 것이다. 하지만 거주자에게 환경은 경계 지어진 장소의 주변부로 구성되지 않고 그들의 몇몇 길들이 완전히 얽혀 있는 구역(zone)으로 구성된다. 이 얽힘의 구역, 즉 뒤섞인 선들의 그물망 안에는 내부도 외부도 없으며 오직 구멍과 통로만 있다. 요컨대 생명의 생태학은 실과 자취의 생태학이지 교점과 연결장치의 생태학이 아니다. 그리고 그것의 탐구 주제는 유기체와 그들의 외부 환경 사이의 관계들이 아니라 그들 각자가 걸려든 삶의 방식을 따라가는 관계들로 이루어져야만 한다. 간추리자면 생태학은 선으로서의 삶에 대한 학문이다.

4장
계보의 선

앞서 논한 바와 같이, 생명은 점에 갇혀지지 않는다. 생명은 선을 따라 나아간다. 그렇지만 그것은 자라나는가? 아니면 흐르는가? 우리는 바다로 가는 중에 경관을 가로지르는 개울이나 강의 선으로 그 움직임을 비유해야만 하는가? 아니면 빛을 향해 밀어 올라가는 식물 줄기와 비교하는 것이 더 나은가? 아마 이 선택지들은 상호 배타적이지 않을 것이다. 강이 둑을 따라 영양분과 비옥함을 땅으로 가지고 오는 것처럼 결국 나무의 성장도 나무껍질을 통해 나무를 유지시키는 수액의 흐름에 의지하기 때문이다. 그럼에도 고대에서부터 오늘날까지, 서구 세계의 역사를 통틀어 수력과 수목재배의 은유는 주도권을 두고 서로 다투거나 가장 기이하고 희한한 해결책으로 타협점을 모색해왔다. 이것은 선조의 원천이나 뿌리에서 현대적인 모습에 이르는 인생의 경로를 좇는 계보학적 실천 안에서 가장 명백하게 드러난다. 이 짧은 막간에서 나는 그 계보의 선에 집중하고자 한다.

사회인류학자에게 선이란 단어를 말하면 아마 그들은 첫 번째로 친족이나 계보학적 연결을 떠올릴 것이다. 다른 종류의 선은 그 분과학문적 상상에 그만 한 영향력을 행사하지 못한다. 그리고 인류학자의 공책과 텍스트 안에서 선은 친족과 가계의 도표에서 가장 빈번하게 그려진다. 하지만 내가 보여주고자 하는 바는 계보의 선이 과학적 방법의 도구로 선택됨에 따라 심각한 변형을 겪었다는 점이다. 그 선이 변형된 까닭은 그것이 자라지도, 흐르지도 않으며 단지 연결할 뿐이기 때문이다. 같은 이유로 그것이 연결한 생명 역시 점에 압축된다. 우선 크리스티안느 클라피슈쥐베르(Christiane Klapisch-Zuber, 1991)의 주목할 만한 작업에 힘입어, 나는 이 장을 하나의 짧은 역사로 시작하려 한다.

위에서 아래로 뻗는 나무

문헌자료에 따르면 로마인들은 곧잘 선대의 초상화를 물결무늬 끈이나 리본을 이용해 연결한 스템마타(*stemmata*)라는 장식으로 집의 복도를 꾸몄다고 한다.[33] 이 계보들은 시조가 놓인 위에서부터 후대들이 차례로 있는 아래로 읽어야 한다. 라틴어에서 계통이란 용어는 "높은 곳에 위치한 같은 원천에서부터 훨씬 더 낮은 곳에 위치한 개인들의 모임으로 흘러내려가는 (피, 부,

---

33 [역자주] 스템마타는 라틴어 스템마(*stemma*)의 복수형으로 머리에 쓰는 화관과 족보를 의미하며, 영어로 stemma는 계통을 의미한다.

가치의) 흐름을 암시하는 은유"를 담고 있다(Klapisch-Zuber, 1991: 112). 후예란 내려온 자들이며, 가계는 내리막길이다. 이러한 이유로 로마의 작가들은 계보의 내력을 묘사하는 수단으로 나무의 이미지를 사용하는 것에 매력을 느끼지 않았다. 고귀한 혈통을 명백하게 입증하고자 한다면, 수목적인 묘사는 두 가지 이유로 부적절하다. 그것은 후손이 있어야 할 아래에 선조를 둘 뿐만 아니라, 세습의 선형적인 연속성을 강조하기보다는 분기하는 가지들의 확산을 보여주기 때문이다. 때때로 로마의 계보 텍스트 안에서 '가지'(라미(*rami*))가 언급되기는 하지만 그 용어는 계보 그 자체의 선을 나타낸다기보다는 초상화나 이름을 스템마타와 연결하는 옆선을 나타내기 위해 사용된다.

하지만 초기 중세의 성직자들이 상속과 혼인 금지를 관리하기 위해 촌수를 정의하고자 로마법 선례를 찾아보았을 때, 가지의 이미지가 또 다른 형태로 보이기 시작했다. 그들의 추상적인 친족 도식은 일반적으로 기둥이 중앙에 있고 그 위에 고정된 돌출형 삼각형의 형태를 취했다. 삼각형 밑변의 정중앙에 위치한 자는 명목상 개인인 자아(ego)로, 이론적으로 그와 친족 관계를 지닐 수 있는 인물들이 그 도식에 묘사되었다. 그의 직계 선조는 꼭대기에 위치하고, 방계 친척들은 각 측면에 떨어져 있으며, 직계 후손은 중심 기둥의 아래에 위치했다. 확실히 이 도식은 나무같아 보이지 않았고, 그래서 몸이나 집처럼 다른 모습으로 꾸며질 수도 있었다(때때로 정말로 그랬다). 하지만 9세기부터 혈연관계표의 중앙부 기둥이 나무 몸통으로, 돌출된 삼각형이 지붕 모양으로 우거진 나뭇가지로, 꼭대기가 우듬지(treetop)로 이루어진 나무의 모습으로 상상되면서 혈연관계표가 아르보레스 유리스(*arbores juris*)³⁴로 불리기 시작했다. 이 상상 속에서 가지들은 직계 선조와 조상을 묘사하는 나무 몸통에서 시작되어, 각 측면에 있는 방계 친척으로 나아간다. 하지만 관습적으로 아르보르 유리스가 나무의 형상을 취한다고 할지라도(다시 말해서 그 도식의 형상과 나무의 형상 사이에 상징적인 유사성이 있다고 주장하더라도), 그 시대의 삽화가들은 그 도식이 재현한다고 주장하는, 말하자면 혈연관계 그 자체와 살아 있는 나무 사이에 어떠한 유사성이 있다고 주장하지는 않았다. 이는 매우 간단한 이유 때문이다. 아르보르 유리스를 닮은 나무는 반드시 위아래가 뒤집혀, 위에 있는 선조로부터 아래에 있는 후손이 자라야 하기 때문이다! 훨씬 더 최근인 18세기 자료에서 가지고 온 그림 4.1은 이 역설이 포함된 적절한 예시를 보여준다.

후기 중세의 봉건 귀족은 무엇보다도 땅과 특권에 대한 상속권을 보장받기 위해 몰두했다. 그렇기 때문에 위에서부터 아래로 계보의 선을 읽는 오래된 관행을 반복하는 것을 선호했다. 그 선들은 왕조의 피가 흐르는 수로로 묘사가 됐고, 그 수로를 따라 작은 초상화, 흉상, 메달로 재현된 인물들이 위치했다. 긴 양피지 두루마리에 왕조의 역사를 연대순으로 기록하는 관행으로 인해 나무 이미지에 대한 저항은 더욱 심해졌다. 두루마리를 한 줄 한 줄 읽는 것은 아래 방향으로 읽는 것이다. 하지만 나

---

34 [역자주] 아르보레스 유리스는 법의 나무를 뜻한다. 단수형은 아르보르 유리스(*arbor juris*)이다.

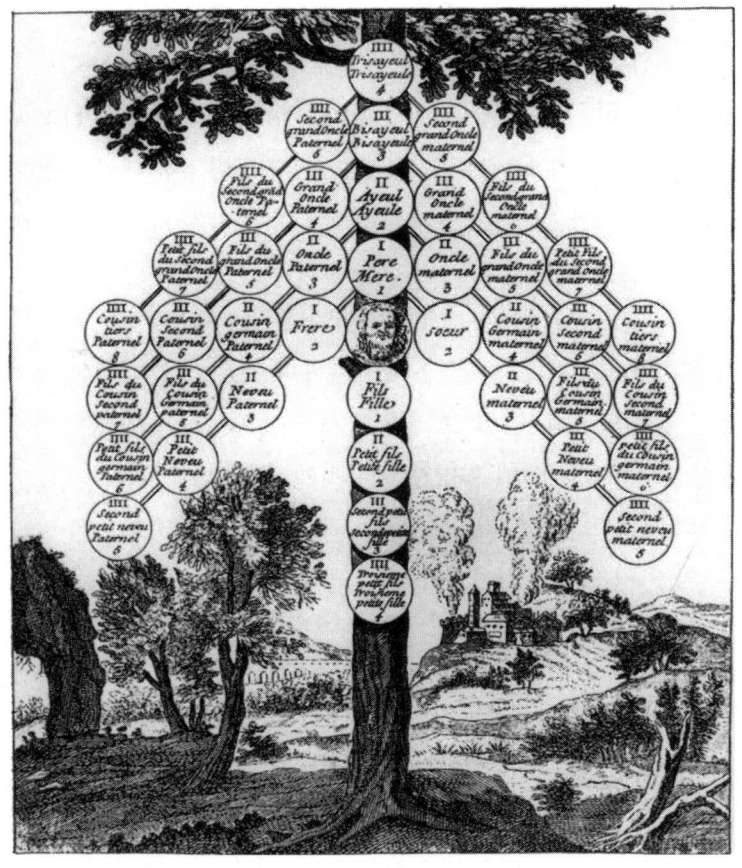

그림 4.1 18세기 프랑스의 아르보르 콘상구이니타티스(*arbor consanguinitatis*; 혈연관계의 나무). 나무 몸통의 중간에 있는 얼굴은 자아를 재현한다. 그의 아래, 나무 몸통 밑으로 4대 후손이 있으며, 위로는 4대 선조가 있다. 부계 친척은 왼쪽에, 모계 친척은 오른 쪽에 배치되어 있다. 아라비아식과 로마식 숫자는 각각 로마 시민법과 기독교 교회법의 혈연 정도를 나타낸다. 도마의 저작(Domat, 1777, I: 405)에서 복사.

무는 위로 자라난다. 그러므로 계보 계승에 대한 문자적 묘사와 수목적 묘사의 결합은 위에서 아래로 자라는 나무를 갖는 것 외에는 다른 방도가 없었다. 사실 몇몇의 삽화가는 이러한 나무를 그리길 시도했다. 이때 나무 몸통은 두께가 일정한 대나무 줄기와 더 비슷하게 보였고, 담쟁이덩굴처럼 보이는 나뭇잎은 위아래 중 어느 방향으로 자라나기를 원하는지 불분명하게 보였다(Klapisch-Zuber, 1991: 그림 15). 하지만 계보 나무에 대한 이미지가 확립되기 위해서는 그 이미지가 텍스트와 분리되어 부가적인 설명의 도움 없이 그 자체로 납득될 수 있어야 했다. 성서 속 '이새의 나무' 이미지가 중세 후기에 대중화되면서 이러한 방향의 발전으로 나아가는 주된 자극제가 됐다.[35]

이 이미지의 원천은 "이새의 뿌리에서 한 가지가 나고 그의 줄기에서 한 싹이 나 결실을 맺을 것이다"라는 이사야서(11장)의 예언에 대한 특정한 해석에 근거한다. 이러한 해석에서 줄기(혹은 뿌리)는 이새의 아들인 다윗 왕이었으며, 가지(혹은 싹)는 동정녀 마리아로 이어졌고, 그녀의 자궁에서 그리스도라는 꽃봉우리가 폈다(Bouquet, 1996: 48-50). 그 나무는 종종 앞으로 일어날 것을 꿈꾸며 누워 있는 이새의 형상에서 뻗어 나온 나무줄기가 있고, 그 나무줄기가 일련의 선조들을 지나 꼭대기에 있는 구세주의 형상으로 나아가는 것으로 묘사됐다. 하늘을 향해 뻗어나가는 나무의 위를 향한 추진력은 도덕적이고 정신적인

---

35 [역자주] 이새(Jesse)의 나무는 기독교에서 예수의 족보를 나타내는 그림이다. 예수는 다윗 왕가의 자손으로 언급되는데, 다윗의 아버지가 이새다.

완성의 이상을 표현했다. 바로 이러한 이유 때문에 (계보 관계나 그들이 지닌 상속 관련 세습에 대한 어떠한 정확한 서술 때문이 아니라) 처음으로 나무가 중요해졌다. 그 이미지의 힘은 계보 속에서 신성한 출신을 주장할 기회를 보았던 지배 가문에게도 필요한 것이었다. 이때 그들은 위로 자라나는 이새의 나무 이미지와 아래로 흐르는 귀족 혈통의 이미지를 어떻게 결합할 것인가에 대한 문제에 직면했다. 이 문제를 해결하기 위해 그들은 선조가 불가능하다고 여겼던 수법을 통해, 즉, 정점에 있는 조상으로부터 수직과 사선 방향 아래로 움직이는 가계의 선을 이용해, 아르보르 유리스를 진짜 살아 있는 나무처럼 재현함으로써 이루어졌다. 하지만 그 뿌리는 땅에 박힌 평범한 나무의 뿌리와 다르게 실제로는 천국에 있다.

그러므로 최초의 계보 나무는 말 그대로 위아래가 뒤집혀 있었다. 그 아르보르 유리스는 아르보르 인베르사(*arbor inversa*), 다시 말해서 '뒤집힌 나무'가 됐으며, 땅의 힘이 아니라 천국의 빛으로 키워졌다. 몇몇의 묘사 속에서는 심지어 "불쌍한 이새도 온통 뒤죽박죽인 경관 속에 자신이 똑같이 뒤집혀 불편하게 누워 있다는 것을 알게 됐다"(Klapisch-Zuber, 1991: 124). 나무가 다시 제대로 돌아가기 위해서는 몇몇의 신조를 받아들이는 것이 필요했다. 그 신조는 미래 세대가 단순히 선조가 지닌 본질을 흘려 넘겨주는 존재가 아니라, 더 높은 성취를 향해 성장하는 경우 선조가 도달한 범위를 넘어설 수 있고, 심지어 미래가 과거보다 우월할 수 있다는 것이다. 계보 나무는 여전히 이새의 나무를 상기하지만 수직으로 세워진 형태 속에서 야심을 담은 진술과 선조의 맹세를 결합했다(그림 4.2). 그러므로 근대의 여명기에 계보 나무는 진보의 도상이 됐다. 하지만 상승하는 성장과 하강하는 흐름 사이의 모순은 오늘날 가족 간의 연결을 찾아내고 싶어 하는 대중의 채워지지 않는 욕구를 충족시키기 위해 상업화된 [계보]나무 그림 속에서 볼 수 있듯이 결코 완전히 해소되지 않았다. 그 그림에는 세대가 올라갈 때마다 두 배로 증가하는 고객의 무수한 선조들이 우거진 가지와 나뭇잎 위에 위치한다. 이 나무들은 거꾸로 뒤집혀 있다기보다는 거꾸로 자라나며, 새싹이 나올 때마다 과거로 더 뻗어간다. 그것들은 현재가 지속적으로 과거를 능가하고, 뒤덮어버리는 근대성의 시간적 경험과 정확히 반대되는 것을 보여준다.

두루미 발에서 회로판으로

20세기 첫 10년 동안 계보의 선을 과학적 표기법의 요소로 바꾸는 데 결정적인 기여를 한 사람은 리버스(W.H.R. Rivers)다. 리버스의 [학문적] 배경에는 자연 과학이 있는데, 그는 의학과에서 훈련 받았지만 감각 지각에 대한 생리학과 심리학에 끌리게 됐다. 그의 인류학적 관심은 1898년에서 1899년까지 있었던 케임브리지 대학교 토레스 해협 탐사에 참여하면서 불이 붙었다. 그는 의사 겸 심리학자로 그 탐사에 참여했음에도 민족학 자료 수집을 위한 철저하고 과학적인 프로토콜을 만들기로 결심하고, 그것을 계기로 1910년에 발표한 유명한 논문에서 스스로 "인류

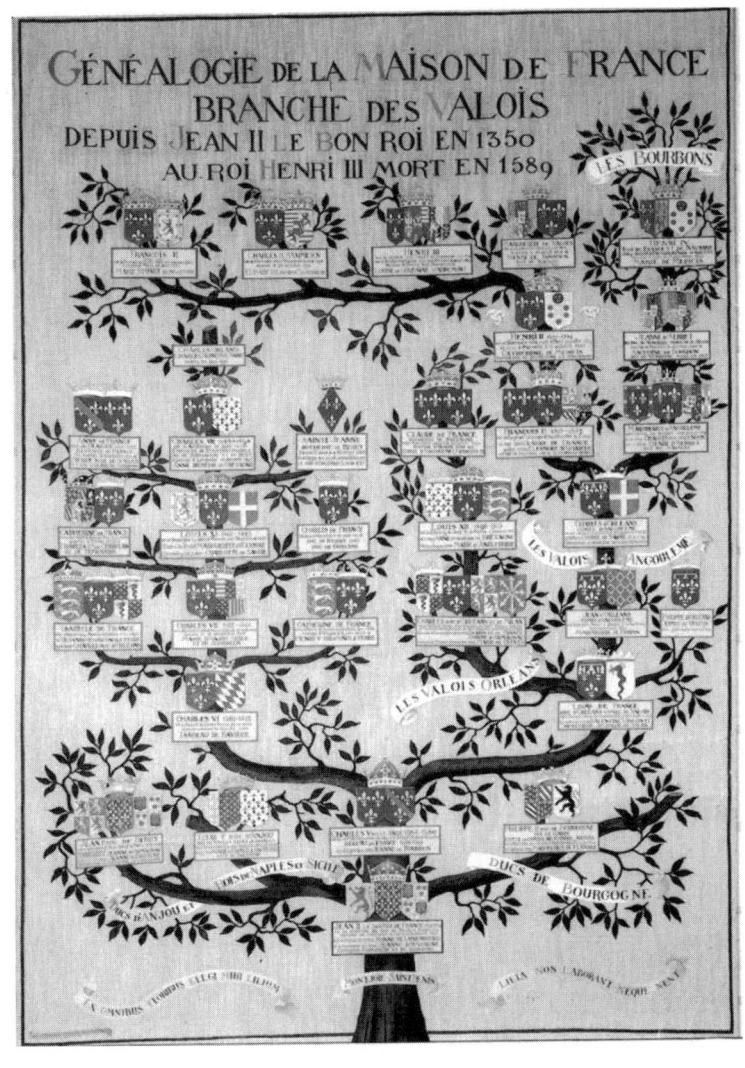

그림 4.2 1350-1589년, 장 2세부터 앙리 3세까지 프랑스 왕가의 계보. 샹보르 성. 사진: 고드(Gaud) 출판사. 고드 출판사의 허가를 받음.

4장 계보의 선

학적 질문에 대한 계보학적 방법"이라고 말한 것을 만들게 됐다. 기본적으로 이 방법은 토착 정보제공자에게서 그들과 친족 관계를 지니고 있을지도 모르는 전체 개인들의 정보를 그들이 지닌 지식과 기억의 한계점까지 수집하기 위한 지침들로 이루어졌다. 민족학자들은 정보제공자 자신의 가까운 친족부터 시작하여 그 친족 각각의 위아래 세대의 연관성을 이끌어내면서 체계적인 방식으로 나아가도록 조언받았다. 리버스는 이 정보를 모두 종합하면 어떠한 개인 두 명이라도 그들 사이의 정확한 관계를 그릴 수 있는 완전한 연결망을 구성할 수 있으리라고 생각했다.

의미심장하게도 리버스는 "많은 사람들이 선조의 오랜 족보(pedigree)를 보존하고 있다는 친숙한 사실"을 언급하며 자신의 1910년 논문을 소개했다(Rivers, 1968: 97). 족보라는 개념은 영국 중산층의 주된 독자들에게 완전히 익숙했고, 그들의 뿌리 깊은 속물근성을 자극했을 것이 틀림없었을 테지만(Bouquet, 1993: 38-39, 188-189), 이것은 나무의 이미지와 어떠한 내재적 연관성도 없었다. 이 낱말 자체는 라틴어 페스(*pes*(발))와 그루스(*grus*(두루미))에서 나왔는데, 본래 두루미 발자국을 닮은 화살표 형태로 배열된 세 선의 도식을 일컬었다. 초기 유럽 계보에서는 혈통의 선을 지칭하기 위해 이 도식을 사용했기 때문에 이 말을 쓰게 됐다. 이 낱말이 주요하게 함축한 의미는 족보가 공통적인 뿌리에서 분기하는 선들의 통일체라기보다는 단일한 선을 따르는 희석되지 않는 승계라는 것이다. 그러한 측면에서 족보는 고대 로마의 스템마 혹은 리본과 훨씬 더 가깝다. 1532년 『옥스퍼드 영어 사전』에 기록된 용법에서 족보는 "사람들의 끈"으로 기술되었다. 자연 세계와 비교하자면, 족보는 동물계와 비교됐지 식물계와 비교되지는 않았을 것이다. 왜냐하면 무엇보다 족보는 마치 말이나 소와 같은 동물 번식의 영역에서처럼 인간 번식의 영역 속에서 혈통의 흐름을 통제하거나, 존속하는 혈통의 순수성을 보장하는 것과 관련이 있기 때문이다. 그리고 족보는 성장보다는 흐름으로, 올라가기보다는 내려간다.

리버스가 그의 방법에 따라 구성한 표와 그 이후 수많은 인류학자들이 구성한 표들은 선조를 위에 두고 후손을 아래에 둔다. 하지만 가계 나무의 이미지를 뒤집기는커녕, 리버스는 다시 리본처럼 생긴 스템마의 오래된 전통에 호소했을 확률이 훨씬 더 높다.[36] 1910년 논문에서 '족보'와 '계보'를 다소간 교환 가능한 것처럼 사용했음에도 불구하고, 리버스는 마음 한편에 사람들이 자신들에 대해 말하는 이야기와 체계적인 법의학적 조사를 통해 사람들에게서 얻은 정보 사이에 있는 구분선에 근거하여 족보와 계보를 구분 짓는 것에 관심을 두었다(Bouquet, 1993: 140). 그럼에도 그 구별을 정교하고 명료하게 설명하기까지는 50년 이상이 걸렸던 것 같다. 사회인류학자 존 반스(John Barnes)는 1967년에 출간한 논문에서 비록 리버스가 처음에 설정한 방법이 "거의 개선될 수 없다"는 것을 인지하고 있음에도

---

36 [저자주] 이 점에서 나의 해석은 메리 부케(Mary Bouquet, 1996)의 해석과 다른데, 다른 훌륭한 논문에서 그녀는 리버스가 족보를 계보학으로 변형시키며 가계 나무의 이미지에 호소했다고 주장한다.

다시 한 번 계보학적 자료의 체계적인 수집을 위한 상세한 지침들을 찾고자 했다(Barnes, 1967: 106). 그는 족보와 계보의 구분을 주장했다. "족보"는 "행위자 혹은 정보제공자의 구술이나 도식, 글로 된 계보 진술"을 위해 사용됐고, 반면에 "계보"는 "현장 기록의 일부이거나 그 분석의 일부로서 민족지학자에 의해 작성된 계보 진술"을 의미하는 것으로 받아들여졌다. 그리고 둘 사이에는 문화와 과학 사이에 있는 엄청난 차이가 있었다. "행위자의 문화적 환경은 족보의 구성 방법을 표시하고, 반면에 과학의 요구는 계보가 기록되는 방식을 결정한다"(같은 책: 103).

인류학자들은 기원에 대한 사람들의 '홈메이드 모델'과 객관적인 과학의 기록에 의한 혈통을 구별하는 것이 정말로 가능한지 끝없이 토론해왔다. 심지어 반스조차도 족보에서 기억되는 계보 연결들과 민족지학자가 밝혀낼 수 있지만 조만간 사람들에게 잊힐 계보 연결들 사이에 "명확한 분리선"은 그려질 수 "없다"는 점을 인정해야만 했다. 그럼에도 불구하고, 그는 "그 이행은 실재한다"고 장담한다(같은 책: 119). 비판가들은 계보학적 방법 그 자체가 유럽 문화의 역사 속에서 그토록 깊게 자리 잡은 자신들의 선례를 활용하기 때문에, 계보를 족보에 함축된 의미로 명확하게 분리했다는 그 어떠한 과학적 주장도 최소한 의심할 여지가 있다고 지적해왔다(Bouquet, 1996: 62). 비슷한 방식으로 끝없는 토론을 낳는 문제도 이와 다소 관련이 있는데, 계보 연결이 잠재적으로 생물유전학적 실재를 지니는지 혹은 이 연결이 단지 그들의 물리적 기반을 효과적으로 '끊어내는'

사회적 혹은 문화적 구성으로서만 존재하는지에 관한 것이다. 이러한 논쟁은 결론에 이르지 못할 뿐만 아니라 지루하기 짝이 없다. 그래서 나는 여기에서 그 논쟁들을 반복할 생각이 없다. 나의 관심사는 다른 것이다. 족보와 계보 사이의 대조가 그것의 선에 묶인 사람들의 범위와도 관련이 없고, 이 사람들에 대한 정보가 입수된 방식과도 관련이 없으며, 단지 선 그 자체의 성질과 관련이 있는 것은 아닐까?

반스의 논문이 출판됐을 당시 나는 케임브리지 대학교에서 사회인류학 학부생으로 공부를 시작하고 있었고, 친족 이론에 대한 주입식 교육을 처음 받았다.[37] 맨 먼저 내 삶 전체에 스며든 것 중 하나는 무슨 일이 있어도 친척이 '피의 관계'로 묘사되어서는 안 된다는 점이었다. 그 관계는 '혈연(consanguine)'으로 알려져야만 했다. 혈연과 친족이 각각 라틴어와 게르만어의 기원을 갖는 완전히 같은 것을 말하는 두 가지 방식이라는 반대 의견은 가볍게 무시됐다. 나의 선생들에게 이것은 매우 근본적인 무언가가 걸린 문제였지만, 나 같은 신참들은 그것이 정확하게 무엇을 의미하는지 알아차리지 못했다. 그러나 이전 장의 논의를 상기해보면 다소 명확해질 수 있을 것이다. 피는 실재하는 물질로서 사람들의 정맥 속에 펌프질되고 있으며 부모로부터 그들의 자손에게 흐른다고 여겨지곤 했다. 반면에 혈연은 최소한 친족 이론의 맥락 속에서는 추상 개념이다. 2장에서 본 기하학적

---

[37] [저자주] 나의 박사 학위 지도 교수였던 존 반스(John Barnes)에게 각별한 은혜를 입었다.

선이 실재하는 자취와 실의 '유령'인 것처럼, 혈연 관계의 선은 실재한다고 추정되는 혈통의 유령이다. 그리고 이 선은 점선이 몸짓의 자취로부터 진화한 과정과 정확하게 유사한 과정을 통해 생산된다. 개괄하자면 이렇다. 움직임을 통해 묘사되는 선을 가지고 와라. 그것을 조각들로 잘라라. 각 조각을 돌돌 말아서 한 점으로 만들어라. 그리고 마지막으로 그 점들을 이어라. 정확히 이 과정이야말로 '과학적' 계보학의 선이 족보의 실로부터 파생되는 방식이다. 혈연의 선은 실이나 자취가 아니라 연결장치다.

여기에서 3장에 이미 제시한 논의로부터 우리가 기대할 수 있는 차이의 묶음을 따라가보자. 계보학적 도식은 선이 점과 연결된 도표의 형태를 취한다. 누군가는 지도 위에서 여행을 시작하기도 전에 어떤 한 목적지에서 다른 목적지로(혹은 그 반대로)의 경로를 그릴 수 있는 것처럼, 도표 역시 (피에르 부르디외가 처음 관찰했다) "반(反)직관적으로 한눈에 들어올 수 있으며, 어떤 점에서든, 어떤 방향으로든 무심히 살펴볼 수 있다." 그리하여 도표는 "몇 세대를 걸친 친족관계의 완전한 연결망을 (…) 동시적으로 존재하는 총체로서" 보여준다(Bourdieu, 1977: 38). 족보의 우아한 장식들을 제거하면 이 도표는 멸균된 전자 회로판의 내핍을 지니고 있다. 사실 많은 도표들은 배선도와 아주 많이 닮았다(그림 4.3을 보라). 종종 일어나는 사례에서처럼 이어지지 않은 선들이 서로를 횡단해야 한다면, 전자공학자들이 회로를 표기할 때 하는 것처럼 살짝 튀어나온 혹을 그려야 한다고 말한 반스의 권고(Barnes, 1967: 122)에서 도표에 있는 선이 자

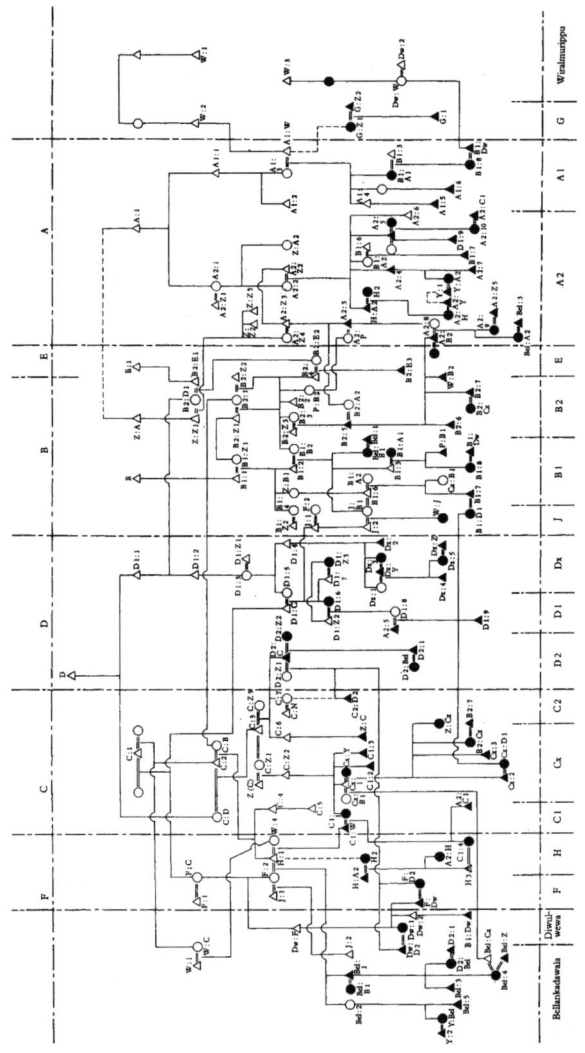

그림 4.3 전자 회로판과 같은 친족 도식: 에드먼드 리치(Edmund Leach)가 1950년대 후반에 작성한 실론 지역(Ceylon; 현재 스리랑카) 풀 엘리야(Pul Eliya) 마을의 계보학적 연결을 나타낸 도표. 리치의 저작(Leach, 1961)에서 복사. 케임브리지 대학교 출판사의 허가를 받음.

취의 유령이 아니라 실의 유령이라는 점은 명확하게 나타난다. 또한 수직축 위에는 여러 세대의 사람들을 연속적으로 배열하고 수평축에는 같은 세대의 사람들을 배열하는 것이 전통적이었음에도 불구하고, 반스는 명확성을 위해 세대 간 축을 수평적으로 놓아두길 권했다(같은 책: 114). 도표 그 자체가 연결된 선들의 조립체로 구성되기 때문에, 도표의 실제 방향은 실체가 없었다. 두 권고 모두 널리 채택됐다.

전통적인 족보의 선이 산책하러 나가는 것과 달리 계보학적 도표의 선은 그렇게 하지 않는다. 족보를 읽을 때는 후손으로 향하는 '하류행'이든 조상으로 향하는 '상류행'이든 우리는 약도나 여행 일정의 선을 따라가는 것처럼 족보의 자취를 따라간다. 우리가 그 길을 따라 마주치는 인물들은 강에 있는 장소와 같다. 순서대로 말해지는 장소의 이름이 장소가 놓인 흐름을 따라 여정을 이야기해주는 것처럼, 사람의 이름도 비슷하게 순서대로 낭송되며 그 선의 이야기를 말해준다. 각각의 사람들은 차례차례 그 이야기의 이야깃거리가 된다. 대조적으로 계보학적 도표의 선은 따라 읽히는 것이 아니라 위로, 그리고 가로질러 읽힌다. 도표 읽기는 줄거리를 따라가는 문제가 아니라 플롯을 재구성하는 문제다. 우리가 이미 인쇄된 텍스트의 사례에서 보았듯이 독자의 인지적인 작업은 기억의 경관을 따라 길을 찾는 것이 아니라 빈 종이의 표면 위에 분포된 파편들을 일관성 있는 구조로 조립하는 것에 있다. 이 파편들은 전통적으로 각각 남성과 여성을 상징하는 작은 삼각형이나 원형으로 표시됐다. 하지만 그 표시들로 기표화된 각각의 인격들은 선조로부터 한 이야기를 이어받아 후손으로 그 이야기를 전달하는 것과는 거리가 멀다. 그 인격들은 한 점 위에서 움직일 수 없게 됐다. 그리고 그들의 전체 삶은 탈출할 수 없는 계보학적 격자판 사이에 있는 단일한 위치로 압축됐다.

계보학적 모델

족보의 끈이나 실로서의 선이 계보학적 점대점 연결장치로 변형되는 논리, 다시 말해서 점선의 논리는 리버스가 1910년 에세이를 쓰기 훨씬 전에 과학적 사고의 일부로 정립됐다. 그럼에도 불구하고 19세기 후반과 20세기 초반 내내 격렬하게 지속된 삶의 진화를 둘러싼 논쟁이 보여주듯, 두 종류의 선은 불안한 공존을 계속 누려왔다. 생물학의 창시자인 장바티스트 라마르크(Jean-Baptiste Lamarck)는 19세기 전환기에 이미 각 세대가 전(前)세대에서 축적한 성취를 받아들이고, 그 자신이 증진시킨 성취를 넘겨주면서 모든 종류의 생명체들이 자연의 사다리(scale of nature) 위로 올라간다는 가장 명백한 증거를 유기적 형태의 진화 속에서 (혹은 그가 "생물변이설(transformism)"이라고 칭한 것 속에서) 보았다(Ingold, 1986: 130). 그러므로 모든 존재의 삶은 전해 내려오는 과정에서 선조를 넘어 점진적으로 성장하거나 선조를 대체한다. 단일한 사다리의 이미지가 뻗어나가는 나무의 이미지로 바뀌게 된 데는 찰스 다윈의 기여가 크다. 우리가 이미 보았던 것처럼 뻗어나가는 나무의 이미지에 대한 풍부한 선례들은 성서의 주제에 대한 삽화들에서 찾을 수 있다. 다윈 그 자신은 『종의 기원』에서 생명의 진화를 나뭇가지와 줄기, 새싹이 무성한 나무의 성장과 비교하면서, 수목의 성장에 대한 은유를 사용하는 것에 거리낌이 없었다(Darwin, 1950: 112-113). 그는 유기체가 살아 있는 동안 발달시킨 특징이 자손에게 유전될 가능성도 배제하지 않았다.

하지만 혈통의 선을 따라 유기체의 변형을 설명하기 위해 주장했던 자연 선택 속 변이 이론에 의하면, 다윈은 또한 한 선 안에 있는 각각의 유기체가 자신의 존재 경계와 거의 일치하는 기획을 완성하기 위해 홀로 존재해야 한다는 점을 인정했다. 그 유기체는 선조가 겪은 삶의 과정을 넘겨주지 않으며, 후손이 겪을 삶의 과정도 예측하지 않는다. 만약 유기체가 재생산을 한다고 할지라도, 그 재생산을 통해 미래로 물려주는 것은 유기체의 삶이 아니라 다른 삶을 위한 다른 기획을 만들 때 재조합되거나 재조립될 수 있는 일련의 유전 특성이기 때문이다. 이 다윈의 개념 속에서 진화는 삶의 과정이 결코 아니다. 진화는 세대를 가로질러 발생하는 반면에, 삶은 각 세대 내에서 소비된다. 다만 삶은 다음 세대가 다시 삶을 시작하는 데 필요하며 유전될 수 있는 요소, 즉 오늘날 유전자라고 알려진 요소를 넘겨주는 일을 하는 중이다. 과학사학자 찰스 길레스피(Charles Gillespie)가 올바르게 관찰한 것처럼 이 주장의 논리는 진화 과정에 대한 라마르크식 이해와 다윈식 이해를 가르는 쐐기를 박았다. 왜냐하면 다윈이 한 것은 "자연의 전체 범위를 다루려는 것으로, 그 자연은 존재의 문제로서, 시간을 거슬러 올라가며 객관적인 상황들의 무한한 집합이 되는 것으로 격하되"었기 때문이다(Gillespie 1959: 291). 진화의 연속체는 실재하는 되기의 연속체가 아니라 계보학적 배열 속에서 별개의 개체들로 재구성된 연속체라는 점이 도출된다. 각각의 개체는 선조와도, 후손과도 미세하게 다르다. 내가 전작에서 말했듯 "모든 개별체의 삶은 하나의 단일한 점으로 압축된다. 개별체들 사이를 연결하는 선을 그려 그들 각각을 연속적인 과정의 순간으로 보는 것은 바로 우리들이다"(Ingold, 1986: 8).

그림 4.4는 『종의 기원』에서 나온 것이자 사실 그 책에 나온 도식 중 유일하게 다윈이 창안한 도식을 복사한 것이다. 그 도식에서 각각의 수평적 띠는 천 세대의 간격을 표현하는 것으로, 이 사이에 걸쳐 이어지는 혈통의 선은 모두 이전의 세대와는 아주 약간씩만 다른 천 개의 유기체를 통해 추적될 수 있다. 하지만 다윈의 도식에서 선들이 점들로 구성된다는 점을 주목해보자! 그가 이들을 그렇게 그린 것은 전적으로 옳았다. 실제로 그의 이론이 이 도식을 필요로 하기도 했다. 하지만 다윈이 그의 텍스트에서 그토록 유창하게 광을 낸 삶의 나무에 대한 묘사와는 다르게 이 도식은 그것의 으스스한 유령만을 보여준다. 한때 줄기와 가지가 자라나며 "싹이 트는 푸른 잔가지"(다윈의 구절, 1950: 112)가 돋아나던 곳에 이제는 생명력이 없고, 인공적으로 개조된 점과 연결장치의 뼈대가 세워진다. 그 나무가 지닌 본래의 성장선은 각각이 하나의 점으로 압축된 수천 세대의 조각들로 부서진 것처럼 보인다. 그때 진화의 계통 도식을 그리는 것은 점을 결합하는 문제가 된다.

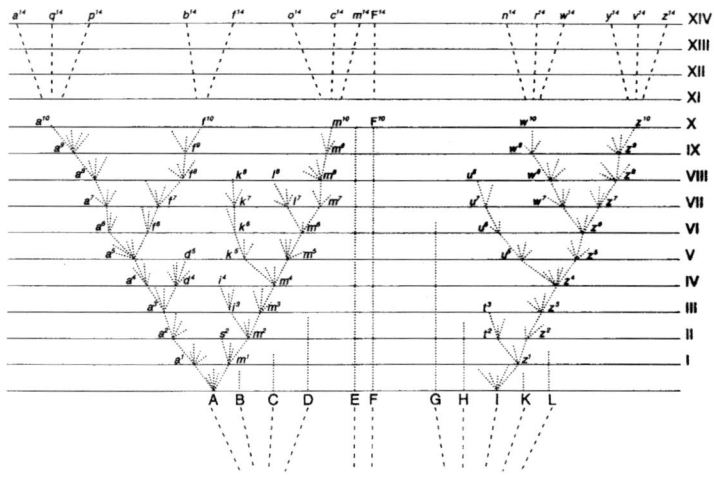

그림 4.4 혈통의 선을 따라 자연 선택에 따른 변이를 통해 이루어진 종의 변형과 다양화를 묘사한 도식. 소문자들은 서로 다른 변종을 묘사하며, "발산하는 점선의 작은 부채"(Darwin, 1950: 102) 각각은 다양한 후손을 나타낸다. 다윈의 저작(1950: 90-91)에서 복사.

다윈식의 계통적 선은 계보학적 혈통에 대한 인류학적인 도표에서 발견될 수 있는 것보다 훨씬 더 많은 세대가 있음에도 불구하고 그것의 구성과 관련된 근본적인 원리는 정확하게 동일하다. 이것이 내가 계보학적 모델이라고 부르는 것의 핵심 원리다(Ingold, 2000: 134-139). 그리고 이 원리는 유기체와 사람이 환경 내에서 성장하고 발달하는 것과는 독립적으로, 그 이전에 선조로부터 특성(기질이든 성격이든 혹은 정체성이든)을 증여받음으로써 삶의 특정한 형태를 수행하기 위한 필수적인 상세설명서를 부여받았다는 가정 하에 있다. 비인간 유기체의 경우 이러한 상세설명서는 일반적으로 유전적인 것으로 간주되며, 기술적으로 유전자형(genotype)이라고 부르는 것으로 구성된다. 반면에 인간의 경우 종종 이 상세설명서가 문화 요소로 보완되어 그와 유사한 '문화유형(culture-type)'으로 구성된다고 가정된다(Richerson과 Boyd, 1978: 128). 어느 쪽이든 계보학적 모델에 따르면 조상과 후손을 연결하는 선은 삶의 충동을 대물림하는 것이 아니라 삶을 살아가기 위한 유전이나 문화의 정보를 대물림하는 전송선(lines of transmission)이다. 그 모델은 유전자형이나 문화유형의 특성이 유전되는 것과 그 이후의 표현형이 발현되는 것은 독립적이라고 가정한다. 따라서 이 전송선은 개별의 생애주기에서 세세하게 배치된 행위선(lines of action)과 엄격하게 구별돼야 한다. 생애주기가 각 세대 안에 제한된다면 유전은 한 세대에서 다른 세대로 차근차근 순서대로 건너간다.

자, 행위선이 점을 잇는 한 그것들은 3장에서 기술한 운송 연결망의 선과 유사하다. 그러한 선들은 내가 앞서 보인 바와 같이 이상적으로는 지속 시간이 결여돼 있다. 그러므로 그들은 현재의 평면에 개체의 이동 전체를 배치한다. 대조적으로 전송선은 정보의 원천과 수신자를 통시적 순서로 연결한다. 여기에서 운송과 전송은 동시성과 통시성의 개별 축에 배열된다는 점이 도출된다. 이는 그림 4.5에 개략적으로 나타낸 것과 같다. 동시성의 평면에서 한 개체는 마치 표면을 가로지르는 전략적 점대점 이동의 연쇄를 만드는 것처럼 게임판 위의 한 조각으로 묘사될 수 있다. 반면에, 통시적으로 보면 그 개체의 전체 궤적(그 이동의 합)은 하나의 점으로 압축되어 보인다. 하지만 우리가 지난

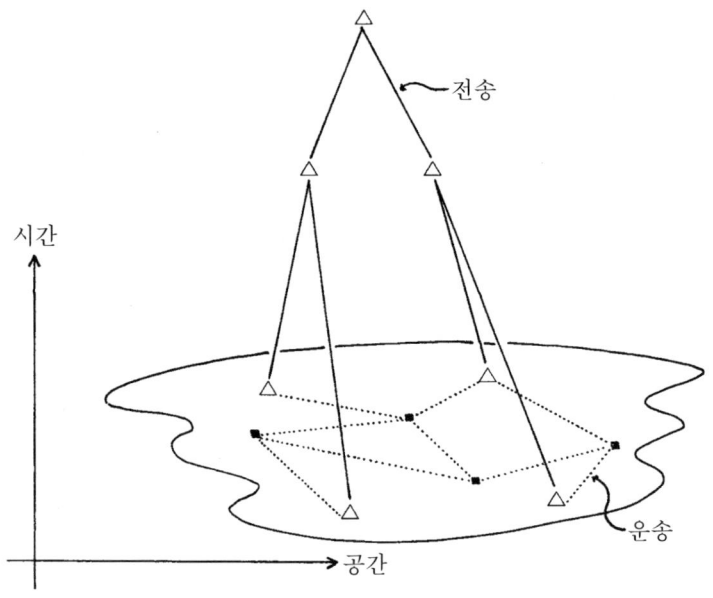

그림 4.5 전송과 운송의 선. 운송선은 임의로 구분된 어떤 영토 위에 있는 공간 속에 표시된 지점을 연결한다. 전송선은 공간적인 위치와 관계없이 통시적으로 선대와 후대의 순서대로 개체들을 연결한다.

장에서 본 것과 같이 순수한 운송이 실제로는 불가능한 것이 맞다면, 순수한 전송 역시 그러해야만 한다. 개체는 삶을 살아가기 이전에 삶에 대한 상세설명서를 받을 수 없는 것처럼 한 번에 모든 곳에 있을 수도 없다. 나는 모든 종류의 인간과 비인간 생명체들이 세상의 거주자로서 행려라고 주장해왔으며, 행로란 이미 구성된 존재가 한 위치에서 다른 위치로 운송하는 것이라기보다는 자기갱신이나 되기의 움직임이라고 주장해왔다. 행려들은 얽힌 세계 사이로 그들의 길을 만들면서 세계의 직물이 되며,

그들의 움직임을 통해 끊임없이 진화하는 세계의 무늬에 기여한다. 그러나 이것은 생물학적이고 문화적인 전송에 대한 전통적인 모델이 암시하는 계보학적 개념과 근본적으로 다른 방식으로 진화를 생각해야 한다. 그리고 다시금 이것은 삶이 점에서 사는 것이 아니라 선을 따라 사는 것이라는 근본적인 발상으로 우리를 이끈다.

삶으로 땋아 만든 줄

이러한 발상에 대한 결정적인 진술을 위해 다윈에게서 시선을 돌려 진화에 대한 완전히 다른 관점으로 가보자. 이 견해는 20세기 전환기에 영국 해협 너머에 있던 철학자인 앙리 베르그송에 의해 제기됐다. 그는 1911년 작인 『창조적 진화』(*Creative Evolution*)에서 모든 유기체는 흐름 속에 던져진 소용돌이와 같다고 주장했다. 그러나 이 유기체가 부동성을 가장하기 때문에 우리는 "형태의 항구성조차도 움직임의 윤곽에 지나지 않는다는 것을 잊고" 손쉽게 각각의 유기체를 "과정이라기보다는 사물로" 착각한다. 실제로 베르그송은 "살아 있는 존재는 무엇보다도 경과의 장소(Bergson, 1911: 135)"라고 선언했다.[38] 이 경과의 장소를 따라 생명의 기류가 흐르고, "성체를 매개로 하여

---

38 [역자주] 황수영 역. 2005. 아카넷. pp. 199-200.

배아에서 배아로 이동한다"(같은 책: 28).³⁹ 그래서 베르그송은 유기체를 객체와 비교하는 것이 잘못됐다고 생각했다. 개울 속 소용돌이와 마찬가지로, 그리고 우리가 이미 언급한 이야기의 이야깃거리와 족보에서 명명된 인물처럼 유기체는 존재한다기보다는 발생한다.

베르그송은 진화를 각각의 유기체가 삶의 길을 갈 때 따르는 경과의 장소들로 이루어진 뒤엉킨 그물망으로 여기는데, 20세기 중반에 이르러 진화에 대한 이러한 시각은 완전히 신뢰를 잃어갔다. 다시 유행하게 된 다윈주의는 베르그송이 주장했던 새로운 형태의 창조인 엘랑 비탈(élan vital; 생의 약동), 다시 말해서 생명력에 대한 핵심적인 발상을 형이상학적 망상, 전혀 설명할 수 없는 망상으로 일축했다. 다윈주의는 똑같이 형이상학적인 유전자라는 발상으로 그 자리를 대체했다. 이 유전자는 정보의 입자로 유기체의 삶이 세계 안에 존재하기도 전에 그 유기체에 자신을 마법처럼 삽입할 수 있다고 여겨졌다. 그것으로 과학은 계보학적 모델의 승리를 정당화했다. 성장하며 흐르는 족보의 선은 마침내 점대점 연결장치에 의해 축출됐다. 그러나 완전히 소실된 것은 아니다. 아마 다윈이 아니라 베르그송을 본보기로 삼는다면 그것은 다시 한 번 불붙을 수 있을 것이다.

베르그송을 따라 모든 존재는 세계 안에서 경계가 있는 실체가 아니라, 자체적인 움직임과 활동의 선을 따라가는 경과의 장소로서 예시된다고 가정해보자. 이 경과는 운송에서처럼 '점대

---

39 [역자주] 황수영 역. 2005. 아카넷. p. 59.

점'의 측면 이동이 아니라 행로에서처럼 지속적으로 '돌아다니기' 혹은 오가기다. 그렇다면 세대의 통로를 묘사할 때 각 세대가 공시적인 '단면'이 연결된 배열 속에서 이전 세대를 따르는 방식이 아니라, 베르그송(Bergson, 1911: 135)이 말한 것처럼 다음 세대로 몸을 기울여 그것과 접촉하는 것으로 어떻게 묘사할 수 있을까? 그림 4.6은 다섯 세대의 혈통 선을 묘사하는데, 왼쪽은 계보학적 모델의 관습에 따라 그렸으며, 오른쪽은 우리의 대안적인 관점에 따라 얽힌 흔적들의 연속으로 혈통을 그렸다. B세대가 성숙함에 따라 이 세대는 부모 세대 A와 점차 다른 경로를 따라간다. 마찬가지로 C도 B에서 분기된다. 하지만 C는 무엇보다도 인생에서 자손 D를 통해 넘길 이야기를 조부모 세대 A로부터 배운다. 실제로 자손 D는 조부모의 이름을 취하고, 선조의 동명인의 연속으로서 여겨질 수도 있다. 비슷하게 D의 자손 E는 B세대의 발자국을 따라간다. 그 결과, 삶이 진행됨에 따라 지속적으로 길어지는 선들을 땋아 만든 줄(braid)이 만들어진다.

 물론, 이 묘사는 매우 도식적이며, 어떤 역사든 실제 역사는 훨씬 더 복잡하기 마련이다. 하지만 삶의 역사는 사람들과 그들의 지식이 영구적으로 형성되는 세대 초월의 흐름이라는 열린 사고방식이 가능하다는 점을 설명하는 것으로 충분하다. 또한 이 묘사는 선대와 혈통을 기술하는 방식을 제공하는데, 나는 이 방식이 고유하고 자기 제한적인 개체들을 플롯으로 연결하는 것이 아니라 현재와 과거의 삶을 서로 서사적으로 엮는다는 측면에서 사람들이 일반적으로 이러한 문제를 이야기하는 방식을

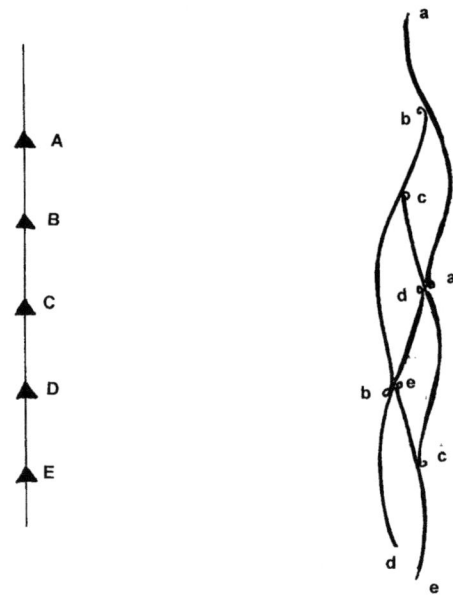

그림 4.6 다섯 세대의 배열. 왼쪽은 계보학적 모델의 관습에 따라, 오른쪽은 얽히고 겹치는 흔적들의 연속으로 묘사했다.

더 충실하게 반영한다고 생각한다. 그리고 마지막으로, 이 묘사는 과거와 현재의 관계, 그리고 필연적으로 귀결되는 시간의 형식에 관한 우리의 사고방식을 재구성한다. 삶의 시간은 선형적이지만, 그것의 선형성은 특별한 종류의 선형성이기 때문이다. 그 선은 공간적 위치가 공시적으로 배열될 수 있는 것처럼 통시적으로도 배열되는 현재 순간들을 연속적으로 연결하며 점에서 점으로 가는 선의 종류가 아니다. 오히려 그것은 뿌리나 덩굴 식물이 대지를 탐사하는 것처럼 앞으로 나아가는 끝단에서부터

238

뻗어나가며 자라나는 선이다. 베르그송은 다음과 같이 썼다.

> 우리의 지속은 단순히 한 순간이 다른 순간을 대체하는 것이 아니다. 이런 경우에는 오로지 현재 밖에 없을 것이고, 과거는 현재로 연장될 수 없다. (…) 지속은 과거가 미래를 잠식하고, 전진하면서 부풀어가는 부단한 과정이다(1911: 4-5).[40]

요컨대 과거는 점점 더 뒤에 남겨지게 되는 일련의 점들과 같이 차츰 꼬리를 감추는 것이 아니다. 그러한 꼬리는 일련의 고유한 사건으로 소급해서 재구성된 역사의 유령일 뿐이다. 실제로 과거는 우리가 미래에 과거를 밀어 넣음에 따라 우리와 함께 있다. 이 밀어 넣음 속에 기억이 작동한다. 다시 말해서 그 속에는 길을 따라가며 또 길을 기억하는 의식의 안내자가 있다. 지난 삶의 선을 되짚어가는 것은 우리가 우리 자신의 선을 따라가는 방식이다.

---

40 [역자주] 황수영 역. 2005. 아카넷. p. 24.

5장
그리기·쓰기·캘리그래피

이 장에서 나는 그림과 글에 관심을 둔다. 우리는 선을 쓰는 것만큼이나 선을 그리는데, 두 경우에서 모두 선은 손짓의 자취이다. 그러나 이 몸짓들 사이의 차이는 무엇인가? 그리기가 끝나고 쓰기가 시작되는 곳은 어디인가? 만약 선의 역사에서 쓰기가 점진적으로 그리기와 분화됐다면, 인간 손의 변화하는 능력과 퍼포먼스에서 이러한 분화는 어떻게 반영되는가? 이러한 질문에 답하기 위해 먼저 나는 글과 그림을 구별할 수 있는 네 가지 방식을 검토해보고자 한다. 대담하게 말하자면 이러하다. 1. 쓰기는 표기법 내에 있지만 그리기는 그렇지 않다. 2. 그리기는 예술이지만 쓰기는 그렇지 않다. 3. 쓰기는 기술이지만 그리기는 그렇지 않다. 4. 쓰기는 선형적이지만 그리기는 그렇지 않다. 알려진 바와 같이 이러한 구분법 중 어떤 것도 전적으로 신뢰할 만하지는 않다. 하지만 이 구분들을 뒤쫓아보는 것은 가치가 있을 것이다. 그 과정에서 몇 가지 중요한 문제들이 명확해질 수 있기 때문이다.

글자를 그리기

나는 1장에서 손을 대기는 했지만 일부러 제쳐두었던 질문으로 이 절을 시작하고자 한다. 넬슨 굿맨이 『예술의 언어』에서 어떻게 원고와 악보를 구별하고자 했는지 떠올려보자. 그는 원고가 하나의 작품인 반면에 악보의 경우 작품은 악보에 부합하는 일련의 퍼포먼스로 이루어진다고 주장했다. 마찬가지로 드로잉은 작품이지만 동판화의 경우 작품은 판에 부합하는 일련의 각인으로 이루어진다. 하지만 굿맨에 따르면 원고나 악보는 표기법을 따라 만들어지지만 드로잉이나 동판화는 그렇지 않다는 점에서 드로잉과 동판화는 모두 원고나 악보와 다르다(Goodman, 1969: 210; 그림 1.2도 보라). 나는 원고와 악보 사이에 있는 구별은 더 이상 숙고하지 않을 것이다. 또한 이 연구의 범위를 넘어서는 여러 기술적인 문제를 제기하는 동판화의 경우도 고려하지 않을 것이다. 다만 나는 그려진 선이 표기법의 부분이 되려면 무엇이 필요한지에 관한 물음에 관심이 있다. 굿맨의 전략에서 드로잉과 글 사이의 차이는 전적으로 이 기준에 달려 있기 때문이다.

    A. A. 밀른의 『푸의 골목에 있는 집』을 위해 어니스트 H. 셰퍼드가 그린 명화를 생각해보자. 이 그림은 늙은 회색 당나귀 이요르가 땅에 막대기 세 개를 배열해놓은 그림으로, 그림 5.1에 복사돼 있다. 막대기 두 개는 한쪽 끝이 거의 닿았고 다른 쪽은 벌어졌으며, 나머지 막대기는 그것들을 가로질러 놓여 있다. 피글렛이 다가온다. "이게 뭔지 아니?" 이요르가 피글렛에게 묻

그림 5.1 이요르의 A. 밀른의 저작(Milne, 1928: 84)에서 복사. ⓒE. H. 셰퍼드 (Shepard). 런던 커티스 브라운사의 허락을 받아 복사.

는다. 피글렛은 짐작도 못한다. "이건 A야." 이요르가 자랑스럽게 말한다. 하지만 그 형상을 A로 인식한다고 해서 이요르가 글이라는 인공물을 생산했다고 여기는 것이 정당화될 수 있을까? 그럴 리가 없다. 그는 다른 곳에서 본 형상을 베꼈을 뿐이다. 그는 그것이 A인줄 알았다. 크리스토퍼 로빈이 그렇게 불렀기 때문이다. 그리고 이요르는 A를 볼 때 그것을 인식하는 것이 학습과 교육의 본질이라고 확신한다. 하지만 학교에 다니기 시작한 크리스토퍼 로빈은 [이요르보다는] 더 잘 알고 있었다. 그는 A가 글자라는 점, A가 알파벳이라고 불리는 글자 집합 중 하나의 글자에 불과하며 각각의 글자는 이름을 지닌다는 점을 안다. 그리고 그는 주어진 순서에 맞게 알파벳을 암송하는 법도 배웠다. 게다가 그는 이 글자들을 그리는 법도 배우고 있다. 하지만 과연 어떤 단계에서 그는 글자 그리기를 멈추고, 대신 글자 쓰기를 시작하는 것일까?

위대한 러시아 심리학자 레프 비고츠키(Lev Vygotsky)는 유아 발달 연구에서 이 문제에 대해 상당히 고심했다. 그는 아이의 최초 그림이 기입할 수 있는 도구를 우연히 쥐었기에 만들어진 지시적인 몸짓의 흔적일 뿐이라는 점을 깨달았다. 비고츠키는 "아이들은 그리는 것이 아니라 가리키며, 연필은 단순히 그 가리키는 몸짓을 고정시킬 뿐"임을 관찰한다(Vygotsky, 1978: 108). 하지만 그 아이가 자신이 종이에 그린 표시가 어떤 것의 묘사라는 점, 더 나아가 이 사물에 이름이 있다는 점을 발견하는 결정적인 순간이 있다. 그때부터 대상을 명명하는 것은 그리는 행위를 뒤따르는 것이 아니라 앞설 수 있는데, 가령 그 아이는 'A 그리기'를 하려고 준비할 수 있다. 하지만 그 아이는 여전히 A를 쓰고 있는 것이 아니다. 쓰기 위해서는 또 다른 변화가 필요한데, 이 변화는 글자가 낱말을 형성하는 의미 있는 조합으로 배열될 수 있다는 발견에 의해 촉발된다. 이러한 발견은 아이의 독해 능력이 탄생됐음을 표시한다. 아직 읽을 수 없는 아이는 글자를 형성하는 연습을 해야 한다. 오직 그가 읽을 수 있을 때만 진정으로 그는 글을 쓴다고 말할 수 있다(같은 책: 110-115).

이 모든 것들은 언어학자 로이 해리스(Roy Harris)가 강력하게 주장한 바와 같이 표기법과 서법(script; 書法)[41]을 명확하게 구분 지어야 한다는 점을 암시한다. 알파벳 글자를 그리며 그 생김새를 인식하고 구별하는 법을 배우는 것은 표기법 연습이다. 그러나 철자 쓰기는 서법 연습이다. 철자 쓰기는 특정한 체계의 측면에서 의미가 통하는 방식으로 표기법의 요소들을 결

---

41 [옮긴이] script는 원고를 뜻하기도 하고 글씨, 서법, 글씨체를 뜻하기도 한다.

합시킬 수 있는가에 대한 문제다(그리고 분명히 똑같은 요소가 여러 다른 체계 내에서 사용될 수도 있다). 그 특정한 체계의 텍스트 내에서만 글자와 같은 요소들은 글로 쓰인 기호로서 가치를 지니게 된다(Harris, 2000: 91). 그렇게 이것들은 서법에 속한다. 그러므로 글자 A가 소머리를 묘사하는 이집트 상형문자에서 유래됐다는 점을 보여주는 그림 5.2는 표기 형식의 역사에 대해서는 무언가를 알려주지만 쓰기에 대해서는 구체적으로 아무것도 알려주지 않는다. 또 다른 예시를 생각해보자. 우리는 종종 천 마디 낱말보다 그림 한 번 보는 것이 더 낫다고 말한다. 그림과 교환되는 것은 낱말이지 낱말을 쓸 때 사용한 글자가 아니다. 두 가지를 혼동하는 것은 또다시 서법과 표기법을 혼동하는 것이다. 그것은 우리가 동전이 아니라 동전에 새겨진 여왕의 두상, 브리타니아[42], 숫자 등의 형상으로 물건 값을 지불한다고 가정하는 것과 유사하다. 이 형상들은 주화를 위한 표기법을 형성하며, 영국 통화 체계에 익숙한 사람들이 작은 금속 원판을 특정한 가치를 지닌 동전으로 인식하도록 만든다. 마찬가지로 글자 모양은 철자를 상당히 능숙하게 쓸 수 있는 사람이라면 누구나 종이면 위에 새겨진 것을 특정한 의미를 지닌 단어로서 인식하도록 만드는 표기법을 형성한다고 주장할 수도 있다. 하지만 만약 당신이 그 통화에 완전히 익숙하지 않다거나 전혀 철자를 쓸 수 없다면 표기법의 요소들은 아무 의미가 없을 것이다. 심지어

---

42 [옮긴이] 브리타니아(Britannia)는 영국을 의인화한 형상으로 주로 투구를 쓴 여성으로 등장한다.

그림 5.2 글자 A에 대한 변형. 카프르의 저작(Kapr, 1983: 273, 그림 427)에서 복사.

당신이 그것들이 무엇인지(글자, 형상 등) 인식한다고 하더라도 말이다. 그것들은 당신이 알고 있는 서법의 일부가 아닐 것이다.

 이러한 방식으로 표기법과 서법을 구분하는 것이 논리적으로 보이기는 하지만, 그렇게 되면 이상한 결론이 나온다. 알파벳 서법으로 쓰였지만 당신이 이해하지 못하는 텍스트 문단을 옮겨 적으라는 요청을 받았다고 생각해보자. 당신은 그것이 무슨 의미인지 전혀 알지 못한 채 당신 앞에 있는 견본을 가능한 충실하게 재생산하면서 한 글자 한 글자 나아가야 할 것이다. 그렇다면 당신은 글을 쓰는 것일까? 아니면 글자를 그리는 것으로 되돌아가는 것일까? 이것은 보이는 것만큼 그렇게 비현실적인 시나리오는 아니다. 역사학자 마이클 클랜치(Michael Clanchy)는 비록 중세의 필경사가 필경 기술에 대한 전문가로 존경받았음에도 종종 "그들 앞에 놓인 견본을 전혀 이해하지 못했다(Clanchy, 1979: 126)"는 점을 일깨워준다. 하지만 필경사는 글자를 인식할 수 있었고, 그들이 옮겨 적은 것은 바로 이 글자들이었다. 우리는 그들이 실제로는 글을 쓴 것이 아니라, 그림을 그렸다고 결론 내려야만 하는 것일까? 그러한 결론은 내가 이 책에서 발전시키고자 시도한 접근법, 즉 애초에 쓰기를 일종의 언어구성으로 간주하지 않고 선 만들기로 간주하고자 하는 접근법에 반할 수 있다. 게다가 그것은 우리에게 필경사의 경험 속에서는 없었던 작업의 구분을 도입하라고 강요하는 듯하다. 그들에 한해서 쓰기 행위는 실제로 글로 쓰인 것을 판독할 수 있는지 여부와는 상당히 무관했다.

그렇기 때문에 나는 쓰기를 그리기를 대신하는 행위로 보고 싶지 않다. 쓰기는 여전히 그리기다. 하지만 그것은 그려진 것이 표기법의 요소를 구성한다는 점에서 그리기의 특수한 경우다. 그러므로 그림 5.3에 복사된 「상상된 H 안에」라는 제목의 드로잉은 어떤 인식된 서법이나 서체 내에서 이 이름으로 불리는 글자와 이 드로잉이 어떠한 관계를 지닌다는 점을 인정할 준비가 되어 있는지에 따라 글로 기술될 수도 있고, 그렇지 않을 수도 있다(이 예시에서 그 드로잉은 이 단어가 에이치(aitch)라는

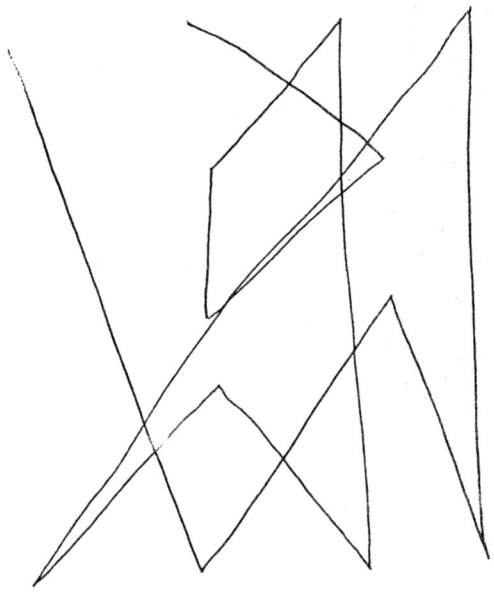

그림 5.3 캐나다의 작가이자 시인인 bp 니콜(bpNichol)의 그림「점대점: 상상된 H 안에」. 글자 H를 발음하는 것이 말할 때 H를 발음하는 것과 다르듯이 표기법의 요소로서 H와 낱말의 부분으로서 H를 그릴 때가 다르다면, 우리가 생각해낼 수 있는 것은 이런 것이다. 니콜의 저작(Nichol, 1993: 40)에서 복사.

별도의 표기법 요소로 발음되는 것과 h라고 말해지는 구어의 요소로서 발음되는 것 사이의 기이한 부조화를 반영한다). 문제가 되는 표기법은 꼭 글자로 이루어질 필요가 없다. 표기법은 숫자나 오선악보의 음표로 구성될 수도 있다. 또는 중국 서법에서처럼 문자로 이루어질 수도 있다. 그러나 내 요점은 이것이다. 쓰는 손은 그리기를 멈추지 않는다. 따라서 그 손은 글의 안팎으로 꽤 자유롭게, 끊김 없이 움직일 수 있다. 식사 과정과 관련한 손짓에서도 유사점을 찾을 수 있다. 어느 순간에 손짓은 나이프와 포크의 조작을 통제하다가, 또 다른 순간에는 대화에 동반한 신호를 공기 중에 만들어낸다. 이 예시에서 손짓하는 그 손은 그림 그리는 손이 글로 나아가는 것처럼 이음매 없이 수화로 나아간다.

경우에 따라 표기법의 요소는 분명히 묘사물이기도 하다. 알파벳 글자 A의 전신인 소머리 상형문자가 묘사물이라는 점은 A와 고대 이집트에서 소 그 자체를 그린 방식과 그것을 비교해보면 분명해진다(그림 5.4). 우리는 돌에 새긴 상형문자가 하나의 서법에 통합되었음에도 글씨 그 자체라기보다는 다른 무언가를 그린 것이라고 말하길 주저하지 않을 것이다. 잘 알려진 또 다른 예는 최근의 민족지에서 가져올 수 있다. 나는 낸시 먼(1973b)의 왈비리족에 관한 유명한 연구를 인용하고자 한다. 왈비리족은 이미 3장에서 지나가듯 만났던 중앙 오스트레일리아 사막의 원주민으로, 왈비리족 내의 여성과 남성은 말하거나 이야기를 할 때 일상적으로 손가락으로 모래에 도안을 그린다. 이 그림은 말이나 몸짓만큼이나 대화의 평범하고 또 필수적인 부분이다. 무늬 그 자체는 일종의 시각 요소 어휘가 될 정도로 표준화되었만, 그것의 정확한 의미는 그것이 나타나는 대화나 스토리텔링의 맥락에 크게 의존한다. 따라서 단순한 직선은 (다른 것들 사이에서) 창이나 싸움, 땅파기용 막대, 혹은 누운 사람이나 동물일 수 있고, 동그라미는 둥지, 물웅덩이, 나무, 언덕, 야영용 통, 달걀일 수 있다. 이야기가 진행되면서 표시들은 작은 장면들로 조립되고, 각각의 장면은 다음 장면을 위해 지워진다(Munn,

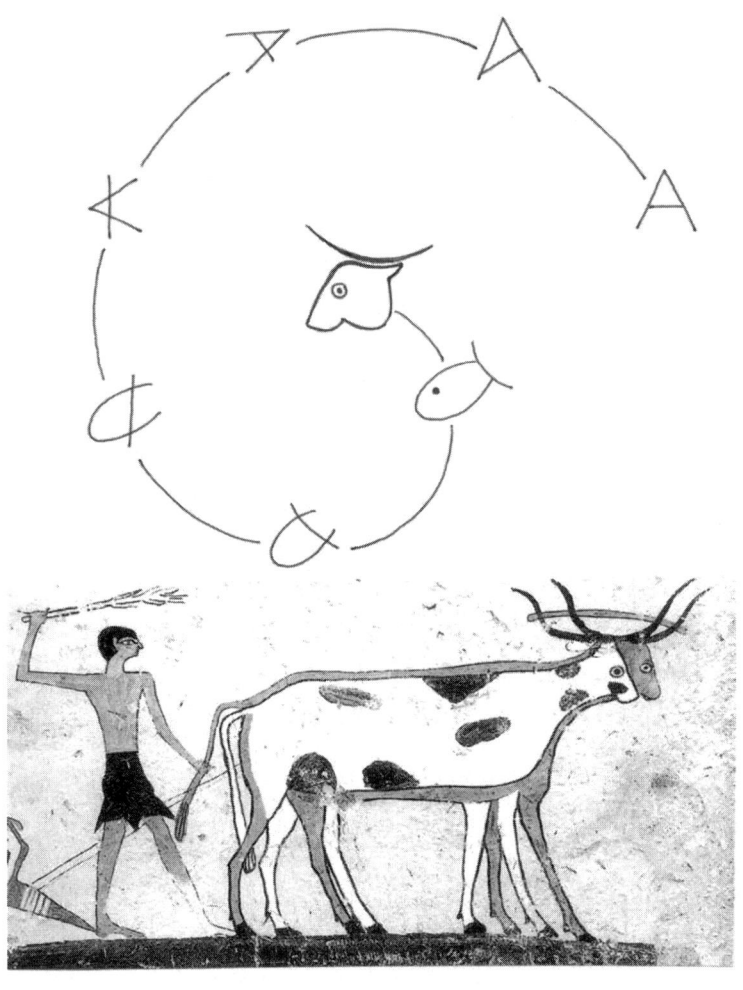

그림 5.4 소머리 상형문자에서 로마자의 대문자까지 글자 A의 진화. 테베의 자르 (Djar) 예배당에 있는 농경 풍경화의 세부 장면(아래)은 고대 이집트의 소에 대한 재현에서 전통적으로 소의 머리가 묘사되는 방식과 상형문자 사이의 명확하고 도상적인 유사성을 보여준다. 로마자 A의 가로선은 소뿔의 선에서 유래했는데, 이 선이 여러 번 회전한 결과이다.

1973b: 64-73).

표시의 레퍼토리가 닫힌 집합을 형성하고, 다양한 장면들을 기술하는 수많은 방식으로 표시가 결합될 수 있기 때문에 그것이 결국 표기법이라고 가정하는 것은 완전히 합리적으로 보인다. 그런데 맥락에 의존적이기는 하지만 그럼에도 각 요소에 할당된 의미가 임의적이지 않다는 점도 확실하다. 예를 들어 창과 직선 사이에는 분명한 도상적인(iconic) 유사성이 있다. 오로지 이러한 이유 때문에 먼은 왈비리의 표기법을 도해법(iconography)이라고 기술했다(같은 책: 87-88). 이러한 경우와 같이 시각적 요소가 글로 쓰인 것인지 아니면 단지 그림으로 그린 것인지에 대해 묻는 것은 아무 의미도 없다. 그것들은 모래에 그어진 선이 표기법의 요소를 묘사하기 위해 취해진 것인지(같은 의미에서 가령 A를 그리고자 할 수도 있다), 혹은 이야기의 특정한 맥락 속에서 이 요소가 재현하고자 하는 대상을 묘사하기 위해 취해진 것인지에 따라 쓰인 것이자 동시에 쓰이지 않은 것이다. 둘 사이에 있는 도상적인 유사성 때문에 그 문제는 어느 쪽으로든 해석될 수 있다. 말하자면, 2펜스짜리 동전 위에 있는 여왕의 두상도 똑같은 경우이다. 한편으로 그 옆모습의 두상은 분명히 군림하는 군주를 본떴고, 초상화에 버금간다. 그러나 다른 한편으로 그것은 그의 반대편에 찍힌 숫자 2와 마찬가지로 주화 표기법의 요소이며, 오직 주화 그 자체만을 묘사한다.

그리기로서의 쓰기

이제 앞서 제시한 그리기와 쓰기의 구별에 대한 네 가지 명제 중 두 번째로 넘어가보자. 종종 그리기는 예술인데 반해 쓰기는 그렇지 않다는 혐의가 제기되곤 한다. 이 명제는 내가 잠시 뒤에 고려할 세 번째 명제(그리기와 달리 쓰기는 기술이라는 명제)와 마찬가지로 근대의 구성 체계에 깊숙이 자리 잡고 있는 기술과 예술 사이의 이분법에 의존한다. 그러나 이 이분법은 300년도 채 되지 않았다. 17세기까지도 예술가는 장인과 다르지 않았고, 그들의 작업 방법은 똑같이 '기술적인' 것으로서 묘사됐다. '기술(technology)'이라는 낱말은 이러한 작업 방법의 체계적인 처리를 가리키기 위해 17세기 초반에 만들어졌다(Williams, 1976: 33-34; Ingold, 2000: 349; Ross, 2005: 342). 이 단어는 고대 그리스어 테크네(*tekhne*)를 어간으로 하여 형성됐는데, 테크네의 본래 의미는 인간의 기량 혹은 솜씨였다. 라틴어 아르템(*artem*) 혹은 아르스(*ars*)에서 파생된 '예술(art)'도 "모든 숙련된 솜씨, 작업, 전문가 기법, 기술, 전문직에 대해 상당히 광범위하게" 쓰여 거의 같은 것을 의미했다(Mitchell, 2005: 6).

그러나 그 이후 노동 분업에 따른 변화와 결합한 산업 자본주의의 성장은 모든 분야에 있어서 기량을 두 편으로 분해했는데, 그리하여 한편에는 창조적인 지능과 상상의 구성요소가 있고, 다른 한 편에는 일상적이고 습관적인 신체적 기법이 있게 됐다. 예술 개념이 점차 전자를 위해 남겨지게 되면서 후자는 이제 '단순히' 기술적인 작동으로 여기는 것으로 더욱 축소됐다. 신체적인 실천이 창조적인 충동에서 '뽑혀 나오게' 되자, 신체가 그 전에 수행해온 것들을 더 빠르고 효율적으로 실행하기 위한 기계를 만드는 길이 열렸다. 그와 함께 바로 그 기술의 개념도 정신에서 기계로, 생산 과정의 체계적인 학습을 위한 원리에서 생산 기계 그 자체에 통합되는 원리로 바뀌었다. 그때부터 대상이나 퍼포먼스는 기술적인 체계의 결정에서 벗어난 정도에 따라, 그리고 창조자의 천재성을 표현하는 정도에 따라 예술 작품으로 간주되곤 했다. 반면에 기술의 작동은 목적에 따른 기계적인 시행과 비인격적인 생산력 체계에 제한된 것을 의미했다. 예술은 창조하지만 기술은 오직 복제할 수만 있다. 그러므로 예술가는 장인(artisan)과 구별되며, 예술 작품 역시 공예품(artefact)과 구별된다.

나는 이미 1장에서 이러한 노동의 구별, 다시 말해서 언어구성에 종사하는 저자와 저자의 작품에 대한 무수한 복사본을 뽑아내는 일을 하는 인쇄업자 사이에 있는 구별의 예시에 주의를 기울였다. 저자가 문학적인 예술가라면 인쇄업자는 활자 장인이다. 레이먼드 윌리엄스에 따르면 장인은 지적이거나 창의적이거나 창조적인 목적이 없는 육체노동자라는 관념이 18세기 후반 영국에서 실제로 뿌리내리게 됐다. 우리가 앞으로 보겠지만 의미심장하게도 이 문제는 판화의 지위를 중심으로 다루어졌다. 17세기 후반 예술은 회화, 드로잉, 판화, 조각을 포함하는 것으로 간주됐다. 그러나 100년 뒤 영국 왕립 아카데미의 신사들은 예술에서 판화가의 자리를 없애야 한다고 결정했다. 그들은 예술가가 아니라 장인으로, 그리고 그들의 자연스러운 소속은 인쇄업인 것으로 여겨졌다(Williams, 1976: 33). 이 무렵에 작가 역시 직업으로서 대사(line; 선) 제작자가 아니라 텍스트 작곡가로, 즉 필경사가 아니라 저자로 여겨지기 시작했다. 그러한 능력으로 그는 그의 대응물인 음악 작품의 작곡가와 함께 '예술'의 전문직 종사자 대열에 합류했다. 그 후 19세기 중반 즈음부터 텍스트 생산에 관련한 일종의 선 만들기 기술의 영역으로 격하됐다. 반면에 드로잉은 '순수예술'로 알려진 종합 분야 내에서 본래 지녔던 회화나 조각과의 제휴를 유지했다. 지금까지도 드로잉은 예술로 남아 있다. 그리하여 우리는 오늘날 너무나도 확고하게 제도화된 독특한 구별인 시각 예술가와 작가 사이에 있는 대비에 이르렀다. 전자는 그의 예술 실천 속에서 선을 그리는 반면에 후자는 그렇지 않다. 작가는 선 제작자가 아니라 낱말대장장이다.

이것이야말로 클리퍼드 기어츠(Clifford Geertz)와 같은 현대 인류학자가 민족지학자에 대해 다음과 같이 말하는 것을 가능하게 한다. 민족지학자는 "사회적 담론을 '기입한다'. 그는 그것을 적어놓는다"(Geertz, 1973: 19).[43] 민족지학자는 종이면 위에 어떤 선도 실제로 그리지 않음에도 불구하고 말이다. 비교적 최근에도 클리퍼드 기어츠는 여전히 노트 작성이라는 일상적인 일에서처럼 민족지적 현장연구의 실질적인 참여 도중에 나타나는 '쓰기로의 전환'을 기입(inscription)으로 특징화했다. 그는 이러한 기입이 기술(記述, description)과 구별돼야 한

---

43 [역자주] 문옥표 역. 1998. 까치. p. 33.

다고 주장했는데, 여기에서 기술은 성찰, 분석, 해석에 근거하는 설명의 생산을 수반하며 일반적으로 현장과 잘 분리된 공간에서 이루어진다(Clifford, 1990: 51-52). 하지만 이러한 측면에서는 기입도 기술도 선 만들기와 상관이 없다. 두 경우에서 모두 관찰한 바를 기록하거나 전달하는 것은 적확한 낱말을 찾는 문제다. 비록 클리퍼드 기어츠는 자신의 분석을 "쓰기 중심적(graphocentric)"(같은 책: 53)이라고 부르지만 그가 말하는 기입이나 기술은 펜만큼이나 타자기로도 잘 적을 수 있는 종류의 것이다. 민족지학자가 그 어느 것을 이용하여 일하든 그의 주장에는 아무런 차이도 생기지 않는다(같은 책: 63-64).[44] 하지만 우리의 관점에서 그 차이는 근본적이다. 펜으로는 쓸 수 있지만, 타자기로는 그릴 수 없다.

　쓰기를 언어적 구성으로 생각하는 우리의 현대적 이해를 과거에 투사하여 이전 시대에 있었던 필기 실천을 보면, 쓰기라는 바로 그 예술이 적어도 활판술에 의해 축출되기 전까지는 선 그리기에 속했다는 점을 인식하지 못할 것이다. 심지어 우리가 현대의 쓰기를 특징화하기 위해 이전 시대의 '기입'과 '필사본'이라는 용어를 선택할 때도 마찬가지다. 과거의 작가들에게 느낌이나 관찰은 몸짓의 움직임 속에 기술되곤 했고, 그 움직임이 산출하는 자취 속에 기입되곤 했다. 중요한 것은 낱말 그 자체의

---

[44] [저자주] 클리퍼드 기어츠는 또한 기입과 기술을 전사(transcription)하고도 구별했는데, 그것은 받아쓰기에서처럼 적어내리는 것을 의미한다. 그의 주장에 따르면 이것은 또한 손으로 행해지든 타자기로 행해지든 중요하지가 않다.

선택이나 의미론적 내용이 아니라 (예배문에서와 같이 이것들은 완전히 관습적일 수 있다) 선 그 자체의 질, 어조, 역동성이었다. 로즈메리 사순(Rosemary Sassoon)은 제2차 세계대전이 끝날 즈음 필경사로 훈련받았고, 자신의 기량을 활용해 그 시대에 수요가 많았던 추모에 대한 책을 쓰는 일자리를 얻었다. 사순은 편지의 엄격한 규칙에도 불구하고, 어떤 필경사라도 그 공예를 보는 것만으로 그것이 어떻게 쓰였는지 느낄 수 있다고 말한다(Sassoon, 2000: 12). 그녀는 다음과 같이 결론 내린다. "편지의 형식과 선은 드로잉에서의 선이 지닌 특성만큼 예민하고 표현력이 있으며, 화가에게 있어서 색, 빛, 그림자의 해석만큼이나 개성 있다"(같은 책: 179).

근대 예술가들 사이에서 파울 클레는 그리기와 쓰기가 지닌 본래의 정체성을 인식한 예술가로 손꼽힌다. 클레는 1921년 가을에 열린 바우하우스 강연을 준비하던 노트에 선에 대해 이렇게 언급했다. "그리기와 쓰기가 같은 것이었던 문명의 여명기에 선은 기본 요소였다"(Klee, 1961: 103; Aichele, 2002: 164도 참조). 그는 계속해서 시각적 선과 노래의 선 사이에 있는 공명에 대해 탐구했다. 선은 가사로 소리가 될 때조차 그 자체로 민감하고 표현력이 있기 때문이다. 그러나 서구의 학자들 중에서 쓰기를 그리기의 일종이라고 보는 경우는 필적학자를 가능한 예외로 두고 나면(Jacoby, 1939) 극히 드물었다. 그 드문 사람 중 한 명이 니콜레트 그레이(Nicollette Gray)이다. 그레이는 자신의 주목할 만한 책『그리기로서의 글자 쓰기』(*Lettering as Drawing*)의 머리말에 두 분야를 연결하는 그녀의 접근이 새롭다고 인정했다. 그러나 그것은 쓰기와 그리기 분야의 학문 연구가 부족했기 때문이 아니라, 다만 연구자들이 쓰기와 그리기가 각각 별도의 연구를 요구하는 상당히 다른 종류의 활동을 다룬다고 믿음으로써 그 믿음이 그 둘을 합성하려는 시도를 억제해 왔기 때문이라고 밝혔다. 그에 반해 그레이는 쓰기와 그리기의 매개체가 선이기 때문에 그 둘 사이에 엄격한 경계가 있을 수 없다고 주장했다. 또한 그녀는 "쓰는 선과 같은 종류의 선이 그리기까지 한다"(Gray, 1971: 1)고 적절하게 관찰했다. 그레이의 관심사는 서구 캘리그래피[45] 전통으로, 이것은 근대에 정당한 예술 형식으로 인정받기 위해 투쟁을 해야 했다. 대체로 시각 예술 학생들은 캘리그래피 대신에 활판술을 교육받았다. 하지만 활판술의 선은 그 선들의 기원인 판에 새기는 선과 마찬가지로, 자유롭게 흘러가며 그려지는 선인 필기체의 선과 상당히 다르다. 그레이의 관점에서 그려진 선은 움직이는 선이다(같은 책: 9).

실제로 움직임에 대한 이해와 움직임의 몸짓적인 재연은 드로잉 연습의 기본이다. 예술가 앤디 골즈워시(Andy Goldsworthy)는 "가장 핵심적인 상태의" 드로잉은 "표면과 공간의 리듬과 느낌의 변화에 기민한 탐사의 선"(Goldsworthy, 1994: 82)을 묘사한다고 쓴다. 나는 2장에서 드로잉이 지닌 두 가지 의미, 즉 실을 푸는 것과 자취를 새기는 것이 어떻게 밀접

---

45 [옮긴이] 캘리그래피(calligraphy)는 손 글씨를 통해 구현하는 시각 예술로서 '아름답다(kallos)'라는 의미와 '쓰기/그리기(graphy)'의 합성어다. 서예와는 의미상 차이가 나며, 이 글에서는 'Chinese calligraphy'를 지칭하는 경우에만 서예라는 번역어를 붙였다.

하게 연관되는지 보였다. 골즈워시가 그린 선은 자취와 실을 모두 포함한다. 모래 위 막대기로 긁거나 돌 위를 돌로 긁은 자취가 전자에 해당하고, 풀줄기를 땅이나 나무 몸통 같은 지지대의 끝에서 끝으로 밀어붙인 다음 가시로 고정해 만드는 실이 후자에 해당한다. 하지만 매개체가 무엇이든 드로잉은 "숨을 들이마시고(draw) 나무가 자신이 성장하는 공간을 그의 가지로 끌어당기기(draw) 위해 뿌리를 통해 양분을 빨아들이는(draw) 것과 같이 삶과 관련된다. 강이 계곡을 만들어내고(draw) 연어가 강을 퍼올린다(draw)"(같은 책).

오래 전에 존 러스킨(John Ruskin)은 1857년 논고『존 러스킨의 드로잉』(The elements of drawing)에서 초보 독자들에게 매우 비슷한 측면의 조언을 했다. 독자들은 러스킨이 선두 선(leading line)이라고 부른 것, 즉 형성되는 과정 중에 사물의 과거 역사, 현재 행위 그리고 미래의 가능성을 체현한 그 선을 장악해야 한다. 산의 선은 어떻게 그것이 쌓이고 닳아버렸는지 보여주며, 나무의 선은 어떻게 그것이 숲 속에서 생의 고난들과 또 그를 괴롭히는 바람들과 싸워왔는지 보여주고, 파도나 구름의 선은 어떻게 그들이 공기와 물의 흐름에 의해 형성되는지 보여준다. 러스킨은 예술 속에서와 마찬가지로 삶 속에서도 지혜란 "사물들이 나아가는 방식을 아는 것"에 있다고 말했다.

머저리들은 그것들이 가만히 서 있다고 생각하며, 그것들을 모두 고정시킨 채 그린다. 현명한 사람들은 그것들의 변화, 혹은 그것들 속에 변화하는 것을 보며 그렇게 그린다. 움직이는 동물, 성장하는 나무, 흘러가는 구름, 닳아지는 산. 형태를 볼 때마다 언제나 그 속에서 이들의 과거의 운명을 지배했던, 또 미래를 지배할 힘을 가진 선을 보려고 노력하라. 그것들은 그 형태의 무시무시한 선들이다. 다른 것들을 모두 놓치더라도 그 선들을 장악하도록 애써보아라. (Ruskin, 1904: 91)[46]

러스킨은 그림 5.5에 복사한 드로잉을 이용해 자신의 요점을 설명한다. 그 드로잉은 소나무 뿌리 주변에 자라나는 잎들과 어린 나무의 잔가지들이 돌의 충격으로 처음에는 뿌리에서부터 바깥쪽으로 밀쳐 졌다가, 하늘을 향해 위로 뻗어나가려는 성향을 회복하는 모습을 묘사한다(같은 책: 88, 91-92). 그런데 러스킨의 조언은 앞으로 살펴볼 중국의 견습 서예가에게도 전달됐던 것이 아닌가 싶다.

움직임의 예술

보통 우리는 캘리그래퍼(calligrapher)에 대해서 말할 때 관습적으로 글을 쓰는 사람이라고 한다. 하지만 유에핑 옌(Yuehping Yen)이 보여준 바대로 서예(Chinese calligraphy)는 본질적으로 "리드미컬한 움직임의 예술"이며, 그 속에서 각 문자의 구성 선은 그 자체의 힘과 역동성을 지니고 있다(그림 5.6을 보라). 옌

---

46 [역자주] 전용희 역. 2011. 오브제. pp. 120-121. 일부 문장은 한국어판에 없음.

그림 5.5 제노바 근처 세스트리(Sestri)의 험준한 바위 꼭대기에 있는 소나무 뿌리 주변의 잎을 그린 존 러스킨의 드로잉. 러스킨의 저작(Ruskin, 1904: 88)에서 복사. 애버딘 대학교 킹스 칼리지 유물 전시관의 허가를 받음.

은 서예가가 "자연의 관찰을 통해서 모든 유형의 움직임과 리듬의 원리를 보고, 서예붓을 통해 그것들을 전달하기 위해 노력한다"고 설명한다(Yen, 2005: 84-85). 당나라의 가장 유명한 서예가 중 한 명인 손과정(孫過庭, 648-703)은 영향력 있는 한 책에서 다음과 같이 썼다.

    '현침(懸針; 매달린 바늘)'과 '수로(垂露; 걸려 있는 이슬)' 사

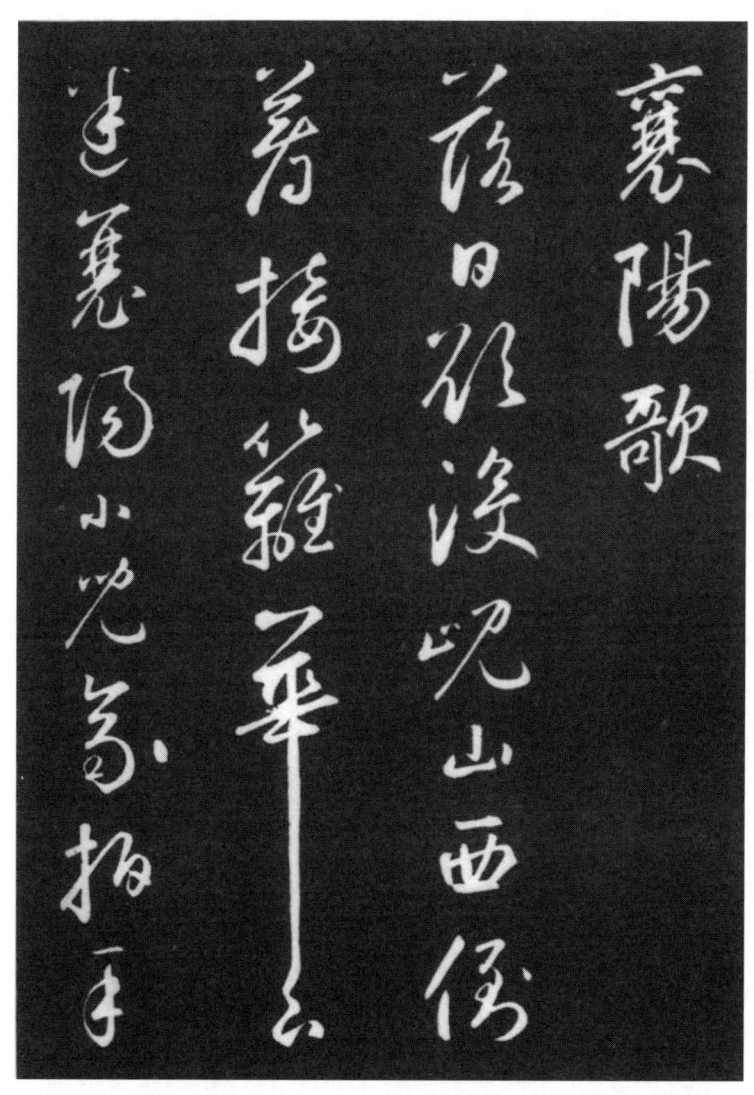

그림 5.6 원나라 시대에 몽골 정부 관리인이었던 선우추(鮮于樞, 1256-1301)의 서예 발췌본. 1300년에 행해진 『상양대첩』 전사본에서 가지고 옴. 첸의 저작(Ch'en, 1966: 167)에서 복사.

이에 있는 차이를 생각하라.[47] 그리고 천둥소리, 무너지는 바위의 경이로움, 날아가는 기러기와 겁에 질린 짐승의 자세, 춤추는 봉황과 놀란 뱀의 태도, 깎아지른 듯한 벼랑과 무너지는 봉우리의 힘, 위험에 직면하여 썩은 나무를 붙들고 있는 형상을 생각하라. 이것들은 때때로 금방이라도 비를 뿌릴 듯한 구름처럼 무겁고, 때로는 매미 날개처럼 가볍다. 붓이 움직일 때 샘에서 물이 흐르고, 붓이 멈출 때 산이 굳건히 서 있다고 생각하라. 하늘의 끝에서 나오는 초승달처럼 아주 옅은 것과 은하수에 배열된 무수한 별처럼 아주 명확한 것을 생각하라. 이것들은 자연의 묘법과 같으니, 힘으로 강제한다고 이루어질 수 없다. (Yen, 2005: 84에서 재인용)[48]

이 미묘한 붓의 굴곡을 한지 위에 보전하는 서예의 선은 러스킨의 의미로 정말 '무시무시'하다. 모든 선은 붓을 잡은 손의 섬세한 몸짓, 서예가가 그의 주변 세계에 있는 움직임을 면밀히 관찰하여 영감을 얻은 몸짓의 자취다.

역사를 통틀어 중국 서예가들은 그러한 관찰에서 영감을 얻었다. 13세기 명인 중 한 명은 획이 시작될 때 붓촉이 종이에 닿는 그 순간의 공격을 "뛰어오르는 토끼와 먹이를 급습하는 매"(Billeter, 1990: 163)로 생생하게 비유한다. 또 다른 이는 문

---

47 [역자주] 현침은 내리긋는 획의 끝을 바늘 끝처럼 뾰족하게 하는 필법이며, 수로는 내리긋는 획의 끝을 삐치지 않고 붓을 눌러 그치는 필법이다.
48 [역자주] 손과정의 서보(書譜)에 나오는 내용으로 번역할 때 한문 원서를 참조했다.

자 자(子)와 부(不)의 구별되는 움직임을 포착하기 위해 날아가는 새의 움직임을 손으로 흉내 내려고 시도했던 것에 대해 이야기한다. 또한 그는 문자 위(爲)와 여(如)를 위해 놀고 있는 쥐의 공중제비 동작을 허공에서 해보려고 시도했다(같은 책: 185-186). 그보다 200년 일찍 송나라 시절 뢰간부(雷簡夫)는 폭포 소리를 듣고는 그 물이 소용돌이치고 돌진하며 심연으로 굴러 떨어지는 것을 상상했다고 묘사한다. 그가 회상하길, "나는 글을 쓰기 위해 일어났다. 그리고 내가 상상했던 모든 것이 나의 붓 아래 나타났다"(같은 책: 183). 같은 시기, 회화에 대한 한 논고는 서기 321년에서 379년에 살았던 왕희지(王羲之)가 거위를 좋아했던 까닭을 설명한다. 저자는 "문자를 형상화할 때 거위의 목이 굽이치는 것과 붓을 돌릴 때 손목이 굽이치는 것 사이의 유사성에서 그가 영감을 얻었기 때문"이라고 말한다(같은 책: 184, 200, 각주 65번). 송나라의 또 다른 서예가 황정견(黃庭堅)은 특정한 몸짓을 통달하지 못하여 수년 동안 좌절했지만, 결국 만년에 나룻배를 타고 양쯔강 협곡을 지나가는 도중에 그 비법을 알아냈다. 뱃사공들이 노를 젓는 작업을 관찰하자마자, 즉 그들이 물에 들어갈 때 어떻게 노를 비스듬히 놓는지, 노 젓는 과정에서 어떻게 노를 당기는지, 그리고 마지막에 어떻게 노를 끌어 올리는지, 또한 그들이 어떻게 온몸으로 작업에 몰입하는지 관찰하자마자 황정견은 붓을 어떻게 부려야 하는지 단박에 이해했다(같은 책: 183).

이러한 예들은 모두 『중국의 쓰기 예술』(*The Chinese Art of Writing*)에 쓰인 장프랑수아 빌레테의 주목할 만한 작업에서 가져온 것으로서, 이 예들의 명필가들이 표면상으로는 글을 쓰면서도 실은 관찰한 것을 그리고 있다는 점에 이견이 없어 보인다. 하지만 그들이 제시하고자 한 것은 사물의 형태나 윤곽이 아니었다. 차라리 그 목적은 그들의 몸짓 속에서 세계의 리듬과 움직임을 재생산하는 것이었다. 유에핑 옌이 설명한 것처럼 싸우는 뱀들의 공격과 반격에서 영감을 받은 서예의 선은 실제로 뱀처럼 보이길 기대받지 않는다. 중요한 것은 그 선이 그들처럼 움직여야 한다는 점이다(Yen, 2005: 85). 그러나 어쨌든 중국의 쓰기가 선으로 구성되는지의 여부는 의문의 여지가 있다. 물론 펜을 이용한 것과 똑같이 세밀한 붓을 이용하기에 기술적으로는 선을 생산한다고 할 수 있다. 공필(工筆)이라고 알려진 중국의 회화 양식에서 예술가는 채색하기 전에 이러한 선들을 그리면서 시작한다. 이 선들은 시엔(綫; *hsien*)이라고 불리며, 말 그대로 '실'이라는 의미이다. 하지만 이 용어는 서예에서 결코 사용되지 않는다. 대신 서예는 사의(寫意)라고 알려져 있는 공필과는 꽤 다른 회화 양식과 어휘를 공유하며 여기에는 필(筆; 피(*pi*))과 획(劃; 후아(*hua*))에 대한 용어가 포함된다. 이 회화는 사전에 드로잉을 전혀 하지 않고 비단이나 종이에 먹물을 칠해 만든다.

이러한 근거로 서예가가 만들지 않는 한 가지 형태가 선일 수도 있다. 명명법의 문제를 해결하기 위해 빌레테는 글로 쓴 문자의 구성 표시 각각을 위해 중립적인 용어인 '기본요소'를 사용했다(Billeter, 1990: 50-51). 그러나 나는 그렇게 신중할 이유는 없다고 생각한다. 지속적인 움직임에 의해 표면에 남겨진 자취로서 서예가의 필획 혹은 피-후아는 2장에서 설명한 분류법의 관점에서 완전히 선의 자격을 갖추었으며, 나는 계속해서 그렇게 말할 것이다. 그럼에도 불구하고 편지 쓰는 서구인의 펜과 중국 서예가의 붓이 다른 종류의 선을 생산한다는 점을 인정하는 것은 중요하다. 붓은 끊임없이 다양한 너비의 자취를 생산할 뿐만 아니라 모든 방향으로 똑같이 쉽게 이동할 수 있다. 그러므로 서예가는 축에 단단하게 고정된 펜의 펜촉으로는 불가능한 방식으로 붓의 유연한 축을 이용해 '연주할' 수 있다(Billeter, 1990: 11-12, 54). 하지만 연필을 이용하면 그러할 가능성이 더 높다. 서구 전통에서 드로잉의 두드러진 도구로 이용되는 연필은 펜보다 유연성의 정도가 훨씬 높으며, 이러한 측면에서 붓과 다르지 않다. 사실 '연필(pencil)'이라는 낱말은 북방족제비나 흑담비의 꼬리와 같이 작은 꼬리를 의미하는 라틴어 페니킬룸(*penicillum*)에서 유래했으며, 본래 세밀한 화가의 붓을 일컬었기에 라틴어 펜나(*penna*), 즉 깃털에서 유래한 '펜(pen)'과는 꽤 구별됐다. 두 단어의 유사성은 우연적인 반면 그들이 의미하는 도구들 간의 차이점은 근본적이다.

    펜을 쓰는 사람은 연속적인 글자 선을 만들기 위해 반복적인 움직임을 통한 비교적 소규모의 레퍼토리를 그린다. 그 글자 선의 진동, 고리, 자국은 질감을 만들고, 그것들의 패턴은 글이 진행됨에 따라 나타난다. 여기에는 2장에서 보았던 것처럼 텍스트의 은유 속에 전형적으로 나타나는 직조와의 유비가 있다. 사람들이 팔을 들어 손을 앞 사람의 어깨에 얹는 일렬종대의 대열(line)에서처럼, 글자 선을 따라가는 각각의 글자도 다음 글자에 기울어져 그것에 닿은 것처럼 보인다. 그러므로 지나가면서 일렬종대의 형상을 보는 자와 같이 독자 역시 측면에서 편지를 보는 듯한 인상을 받는다. 대조적으로 중국의 서예에서 문자는 정면으로 관찰된다. 폴 클로델(Paul Claudel)이 쓴 것처럼 "한자는 당신을 마주보고, 라틴어 글자는 그것의 옆모습을 보여준다"(Billeter, 1990: 28에서 재인용). 보는 사람의 위치에 따라 한자들은 나란히 함께 있는 것처럼 보이는 것이 아니라 순차적으로 뒤에 계속 쌓이는 것처럼 보인다. 따라서 다음 문자를 드러내기 위해서 사람들은 각각의 문자를 '통과해 보아야' 한다. 이러한 이유로 서구 필기체의 글자 선과 서예는 비교 가능하지 않다. 중국의 쓰기는 결코 직조의 예술과 흡사하지 않다. 차라리 그것의 유비는 춤추기다(Billeter, 1990: 163, 178, 220; Yen, 2005: 100).

춤에서와 마찬가지로 서예에서도 수행자는 그의 모든 에너지와 감성을 고도로 통제된 일련의 몸짓으로 집중시킨다. 춤과 서예 둘 다 동일한 준비와 공격을 필요로 하지만 일단 시작되고 나면 쉼 없이 재빠르게 실행된다. 또한 두 경우에서 모두 온몸이 그 행위에 사로잡힌다. 서예가가 손만으로 작업한다고 생각할 수 있지만, 사실 손의 움직임은 어깨와 팔꿈치를 통해 손목으로 이어지는 등과 몸통의 근육, 즉 땅에 앉은 자세로 버티고 있는 근육에서 얻어진다(Billeter, 1990: 64). 아마 춤은 원심력의 경향이 있는 반면에 서예는 구심력의 경향이 있다는 점에서 차이가 있을 것이다. 즉, 춤은 무용수의 몸 안에 있는 활력의 중심에서부터 억눌려 있던 에너지가 폭발하면서 활성화되는 반면, 서예는 모든 에너지가 연속된 '검문소'(어깨, 팔꿈치, 손목, 손가락 관절)를 통과해 끊임없이 움직이는 붓촉으로 모아진다. 그리고 그 붓촉의 수백 가닥의 털은 종이와 만난다(Yen, 2005: 86). 물론 서예가의 몸짓은 보통 (항상 그런 것은 아니지만) 자취를 남기는 반면, 무용수의 몸짓은 일반적으로 (가끔 그럴 때도 있지만) 자취를 남기지 않는다. 하지만 그들의 상연에서 서예의 몸짓은 안무의 몸짓과 상당히 같은 방식으로 펼쳐진다. 그 몸짓들은 일련의 축소된 장면들로서 다음 장면에게 자리를 내주기 위해 형성되자마자 해체된다.

그런데 일상적으로 평범한 말에 동반되는 손짓이나 농인의 수화 또는 심지어 오케스트라 지휘에서와 같이 보다 전문적인 사용에서 나타나는 손짓에서도 똑같은 유사점을 도출할 수 있다. 1장에서 보았듯이 손과 손의 작업에 초점을 맞추는 것은 그 즉시 우리가 보는 것이 필연적으로 정지된 사물이라는 착각을 떨쳐버리게 한다. 예를 들어 수화라는 침묵의 낱말들은 소리 나는 말의 낱말들만큼이나 활기찰 수 있으며, 그것들을 이해하는 것은 듣는 것만큼이나 역동적이고 참여적인 (전문가가 자신의 퍼포먼스 속에 함께 결합하는 문제 못지않게) 시각적 주의를 필요로 한다. 우리가 보았던 것처럼 중세 유럽의 독자들이 글로 쓰인 낱말을 말하거나 노래하는 것과 같이 들을 수 있었다면, 손짓 언어에 익숙한 독자들은 글로 쓰인 낱말을 수화하거나 심지어 일종의 손으로 하는 춤과 같이 볼 수 있는 것은 아닐까? 정말로 그럴 수 있다. 서예의 예시가 다시 한 번 증명하듯 말이다. 글로 서의 한문이 애초에 몸짓의 자취로 이해됐다는 사실을 "허공에 쓰기"라는 별난 (서구 독자들에게 별난) 실천보다 더 잘 묘사하는 것은 없다.

이것은 전통적으로 중국 어린이들이 쓰기를 배우는 방법이다(Yen, 2005: 109). 그들은 우선 팔과 손을 크게 움직여 문자를 동작으로 표현하며, 문자의 각 요소가 만들어질 때마다 그 요소의 이름을 부르고, 그런 뒤에 마지막으로 문자를 발음한다. 몸짓이 익혀졌을 때만 문자는 글로 쓰이며, 연습을 통해서 점차 흔들림이 감소하고 실행 속도가 증가한다(Billeter, 1990: 85). 그러면 낱말들은 이미지가 아니라 몸짓으로 기억된다. 사실 정확하게 그러한 이유로 연습과 훈련을 통해 몸의 작업 방식(modus operandi)에 문자들이 통합되기 때문에 한 사람이 수많은 문자들을 기억할 수 있다(DeFrancis, 1984: 163). 그 손은 심지어 눈이 각 문자의 도안을 잊어버리더라도 그것을 형성하는 법을 알고 있다. 그러나 이것은 또한 한 사람이 종이 위에 남긴 몸짓을 읽는 것만큼이나 허공에 남긴 몸짓을 '읽는' 것이 쉽다는 점을 의미한다. 실로 물리적 자취는 대부분 부수적인 부산물인데, 중요한 것은 그것을 형성하는 움직임이기 때문이다.[49] 하지만 반대로 도안에 대한 지나친 강조는 쓰기 능력을 마비시킬 수 있다. 중국 독자들은 흔히 오랫동안 문자를 응시하면 문자가 무작위로 배치된 요소들로 부서지는 불안감을 느낄 수 있다고 말한다.

---

49 [저자주] 이 점의 또 다른 예화는 옌이 "무상한 서예"라고 부르는 실천에서 나온다. 그녀는 뤄양 지역의 중앙 광장에서 사람들이 "매일 해질녘에 광장의 딱딱한 표면 위에 글을 쓰기 위해 큰 서예붓과 물통을 가지고 온다"고 보고한다. 그 문자들은 몇 분 뒤에 증발하여 사라진다. 확실히 여기에서 중요한 것은 실천이 주는 신체적인 활력과 정신적인 휴식이다.

다시 글을 쓸 수 있으려면 그 전에 움직임을 회복하기 위해서 어느 정도 연습해야만 한다. 그로 인하여 옌이 말한 것처럼 "잠수함이 바다 깊은 곳에서 다시 떠오르는 것처럼 문자가 다시 드러난다"(Yen, 2005: 110).

이 예에서 응시는 객체를 움직이지 못하게 만들어 진실로 그것을 못 박는 특별한 종류의 시력(vision)이다. 그러나 글로 쓰인 문자는 이러한 시각적 감시의 각인에 의해 형성되는 것과는 거리가 멀어서 응시에 의해 수행되지 않는다. 한자 쓰기에서 문자의 일관성은 그것을 그리는 움직임에 있기 때문이다. 움직임을 저지하면 문자는 해체된다. 대조적으로 서구 사회에서 움직임은 문해 형식의 인식을 방해하는 '소음'과도 같다. 사실 동양과 서양의 아이들은 모두 같은 출발점을 공유할지도 모른다. 비고츠키가 인지한 것처럼 쓰기로 향하는 첫발을 내딛는 아이들은 거의 보편적으로 몸짓을 "허공에 쓰기"로 여기며, 또한 글로 쓰인 기호들을 단순히 "고정된 몸짓"으로 인식한다(Vygotsky, 1978: 107). 그러나 서구 사회에서 문해 교육은 근본적으로 다른 과정을 밟아왔다. 서구 어린이는 글자를 그리는 초기 연습에서 글자를 형성하기 위해 필요한 손짓을 반복적으로 훈련받는다. 하지만 이러한 연습의 목적은 몸짓을 재생산하는 것이 아니라 종이면 위에 가능한 깔끔하게 글자의 형태를 복사하는 것에 있다. 아이들은 독해를 배울 때도 마찬가지로 글자 형태를 인지하도록 배우지, 글자 만들기에 수반된 몸짓을 인지하도록 배우지 않는다. 따라서 그들이 종이 위의 글을 읽고 쓰는 데 능숙해지면, 그때 그들은 더 이상 허공에 글을 쓰거나, 허공에 쓰인 것을 읽을 수 없게 된다.

인쇄하기와 새기기

문해 교육 중에 근대 서구 사회의 아이들은 허공에 글을 쓰는 몸짓의 자취를 자유롭게 그리면서 시작하지만 그것들을 전달하는 몸짓과 무관하게 미리 정해진 글자 형태를 재생산하며 끝을 내기에, 이 아이들의 교육 과정은 시각적(graphic) 생산의 훨씬 더 긴 역사의 개요를 말해준다. 그러나 이 역사는 그리기 홀로의 역사가 아니라 그리기와 새기기 사이에 있는 균형 변화의 역사다. 2장에서 '쓰기'라는 낱말의 기원이 딱딱한 표면의 절개에 있다고 한 것을 상기해보자. 마찬가지로 로이 해리스는 그래프(graph)라는 형태소를 포함하여 영어에서 수많은 단어의 기원이 됐으며, 고대 그리스에서 '쓰다'라는 동사를 뜻하는 그라페인(*graphein*)이 본래 "새기다, 할퀴다, 긁어내다"를 의미했다는 점을 일깨워준다(Harris, 1986: 29). 선 만들기의 특정한 명명법과 그 어원학상의 유래가 무엇이든 간에, 돌과 같은 단단한 물질 중에 날카롭고 뾰족한 도구를 이용하는 감소형 자취 만들기와 파피루스나 양피지, 종이에 펜이나 붓을 이용해 잉크를 흘려 만드는 첨가형 자취 만들기 사이에 있는 실천이나 경험 속 차이는 먼 반향을 불러 일으켜 수천 년 후 사물들이 그리기와 구별되는 구성 예술로서 쓰기가 있다는 근대의 발상으로 들어가게 되는 일의 전조였던 것일 수도 있다.

중국에서 이러한 구별은 붓글씨와 돌 도장을 새기는 관습의 공존을 통해 일찍부터 이미 잘 정립됐다(Billeter, 1990: 165, 286-289). 이때 인장공은 단련된 강철 끌을 사용한다. 우리가 표면에서 약 45도 기울기로 연필을 쥐듯이 인장공 역시 오른손에 끌을 쥐고 왼손으로는 도장을 잡는다. 그는 상당한 힘을 들여 처음부터 끝까지 한 번에 각각의 선을 깎고, 도장을 돌린 뒤 다른 방향으로 깎으며 만족스러운 홈을 얻어낼 때까지 왔다 갔다 하며 깎기를 반복한다. 그는 곡선을 만들기 위해 오른손으로는 계속 깎으면서 왼손으로는 도장을 서서히 돌린다. 그 결과, 문자의 선들은 그 선들을 발생시킨 몸짓을 드러내기보다는 지우면서 문자가 된다. 자신이 생산되는 찰나의 순간을 기록하며 무슨 일이 있어도 바로잡아지거나 다시 손질될 수 없는 서예의 필획(Yen, 2005: 89)과는 상당히 다르게, 왔다 갔다 하며 끌로 깎아내는 경우에는 각각의 잇따른 절단이 앞선 몸짓의 자취를 제거한다. 게다가 곡선은 도구를 부리는 손이 아니라 돌을 쥐는 손의 움직임을 증명한다. 또한 인장공은 서예가가 하는 것처럼 의지대로 선의 너비를 바꿀 수가 없다. 때때로 인장공은 화선지에 붓으로 그린 문자를 가지고 시작할 수도 있는데, 그 종이를 도장의 수분기가 있는 표면에 거꾸로 놓는다. 그런 다음 그는 붓으로 그린 자취를 견본 삼아 깎을 수 있다. 하지만 그 결과로 나온 문자는 새기는 몸짓을 증명하는 것이 아니라 본래 붓으로 그린 그림에 포함된 몸짓을 증명한다. 완성된 도장에 있는 문자는 마치 마감된 인공물처럼 홀로 서 있으며, 움직이지 않고 그 자체로 완전하다(그림 5.7). 이 정적인 형태 속에서 문자는 단순히 찍는 행위

그림 5.7 유명한 중국 서예가들이 새긴 도장. 오른쪽 세 개의 도장은 청나라 서예가 등석여(鄧石如, 1743-1805)가, 가운데 네 개는 청나라 서예가 조지겸(趙之謙, 1829-1884)이, 왼쪽 상단은 청나라 서예가이자 화가 오창석(吳昌碩, 1844-1927)이 새긴 것이며, 왼쪽의 나머지 도장은 현대 화가인 치 후앙(Ch'i Huang)이 새긴 것이다. 첸의 저작(Ch'en, 1966: 249)에서 복사.

를 통해 허가를 받아야 하는 모든 문서에 이입(移入)된다.

4세기에 중국인들은 인쇄에 필요한 구성요소들, 즉, 새겨지는 표면, 종이, 적절한 농도의 잉크를 모두 갖추었다. 8세기에 그들은 인각 기법을 나무 벽돌에 이입했고, 11세기에는 움직일 수 있는 활자를 이용해 실험해보았다. 그사이 유럽에서는 로마인들이 현대 대문자의 전신인 대문자 서체를 돌 위에 명문을 새기는 특별한 목적으로 개발했다. 대문자 서체에서 파생된 소문자는 3세기부터 로마의 필사본에 나타나기 시작했고, 8세기 카롤링거 개혁에 따라 두 개의 알파벳이 결국 하나의 체계로 결합됐다. 11세기에 이미 종이 제작 기법이 중국에서 수입되어 아랍 세계를 거쳐 유럽에 당도했음에도 불구하고 유럽에서 움직일 수 있는 활자를 이용한 인쇄술이 발명되기까지는 또 300년이 더 걸렸다. 이 발명은 중국의 선례와 명백히 독립적이고, 고대부터 주화를 주조하기 위해 사용됐던 인각, 주조, 펀칭과 같은 금속 가공 기법에 기반을 두고 있다.[50] 인쇄에 대한 이후의 역사, 그리고 손글씨와 인쇄의 관계를 상세히 서술하는 것은 너무 오래 걸릴 것이다. 로마 대문자와 소문자가 인쇄된 문자로, 즉 근대 활판술의 친숙한 대문자와 소문자로 오늘날 우리에게 전해 내려오게 됐다는 점을 말하는 것으로 충분하리라.

50 [저자주] 레일라 애브린(Leila Avrin, 1991: 327-339)은 극동, 근동, 유럽의 목판 인쇄와 활자의 역사부터 인쇄기의 발달까지 훌륭하고 상세하게 설명한다. 나는 또한 대문자 서체와 소문자 서체의 출현(같은 책: 177-191)과 제지 역사(같은 책: 283-289)에 대해서도 그녀의 권위 있는 설명을 이용했다. 유럽 인쇄술의 역사에 대해서는 르셴느의 저작(Lechêne, 1992: 73)을 보라.

인쇄된 글자나 문자의 형태가 손글씨보다 돌이나 나무, 금속에 새기는 것에 기원을 둔다는 점은 의미심장하다. 새겨진 명문에서 장인의 몸짓은 보전되기보다는 상쇄된다. 우리는 이미 중국 도장의 경우에서 이것이 어떻게 그렇게 되는지 보았는데, 로마의 명문에 대해서도 똑같이 말할 수 있을 것이다. 사각형, 삼각형, 원에 기초한 로마의 카피탈레스 콰드라타이(*capitales quadratae*), 즉 사각형 대문자는 펜으로 쓰기에는 매우 어색하다. 사각형 대문자는 자유롭게 흐르는 손의 움직임에는 전혀 응하지 않는다. 그러나 상대적으로 끌을 이용하면 만들기 쉽다(Gray, 1971: 95). 이것이 돌을 깎는 일이 힘들다는 점을 부정하는 것은 아니다. 하지만 새겨진 명문 속에는 그것을 만든 힘찬 손의 움직임에 대한 자취가 남지 않는다. 중국 도장의 문자가 그러하듯 로마 대문자는 눈에 띄게 정적이다. 순서대로 읽힘에도 각 글자는 단순히 그 자체로 존재할 뿐이다. 그것은 이전의 것을 끊어버리지도, 그 다음의 것으로 변형되지도 않는다. 대문자(capital; 기둥의 맨 윗부분)는 기념비의 외관에 배치되기 때문에 그 이름이 붙여졌는데, 그 이름이 암시하는 것만큼 기둥이나 기념비의 상단에 반드시 필요한 것은 아니었음에도(Avrin, 1991: 177) 기념비 자체의 건축에 필수적인 구성 요소로 조립됐다. 무심하게 관객을 정면으로 응시하고 있는 대문자들은 의심할 여지없이 의도적으로 기념비가 영속적이며 이동하지 않는다는 압도적인 인상을 전달한다(그림 5.8).

그리하여 인각 기법은 몸짓과 몸짓의 자취 사이의 연결을 끊고, 글자나 문자를 움직이지 못하게 만들며, 그렇게 함으로써 근

그림 5.8 1세기 묘비에 있는 고대 로마의 대문자. 카프르의 저작(Kapr, 1983: 28, 그림 34)에서 복사.

대적 이해의 토대를 마련했다. 그 이해 속에서 낱말들은 예술에 의해 구성되고 배열되지만 예술에 의해 새겨지는 것은 아닌 사물로 지각된다. 이것으로 우리는 1장의 결론으로 돌아간다. 그 결론은 월터 옹이 제기한 주장에 대해 응답한 것으로, 낱말이 물화되는 것은 쓰기 때문이 아니라 몸짓의 움직임과 그 움직임의 시각적 기입 사이의 단절 때문이라는 점, 그리고 이는 손글씨가 인쇄로 이전되면서 초래됐다는 점이다. 우리는 이제 이러한 결론을 훨씬 더 이전 시대로 거슬러 올라가 투사해보는 지점에 왔다. 즉, 물화되고 움직이지 않는 낱말의 전신을 돌이나 단단한 나무, 금속에 새기는 고대 기념물과 도장의 글자나 문자 속에서 찾아보고자 한다. 이러한 인공물들을 고려하면 쓰기가 "낱말의 기술화"를 수반한다는 옹(Ong, 1982)의 주장은 어떻게 판단해야 할까? 이 질문은 내가 이 장을 시작하면서 제시한 네 가지 명제 중 세 번째 명제, 다시 말해서 쓰기는 그리기와 달리 본질적으로 언어의 기술이라는 명제를 상기시킨다.

옹에 따르면 쓰기는 "인간의 모든 기술적 발명 중 가장 중대한 것이었고 현재에도 그러하며" 우리가 살아가는 세계를 완전히 변형시켰다(Ong, 1982: 85). 이러한 효과에 대한 진술은 문헌 속에 풍부하게 있으며, 어떤 정당화가 필요하다고 생각되는 경우도 거의 없다. 따라서 이 분야의 선도적인 권위자 중 한명인 플로리안 쿨마스(Florian Coulmas)는 최근에 출판된 쓰기 체계에 대한 교과서에서 쓰기가 "수천 년 동안 진화한 기술"이라고 주장한다(Coulmas, 2003: 2). 그렇다면 이들의 눈에, 그리고 다른 학자들의 눈에 쓰기를 기술로 만드는 것은 무엇일까? 왜 그리기보다 쓰기가 더 기술적이라고 여겨야 할까? 세 가지 대답이 가능해 보인다. 첫 번째는 글이 발명됐던 것이 틀림없기 때문이라는 대답이며, 두 번째는 글이 도구의 사용을 포함하기 때문이라는 대답이고, 세 번째는 글이 인공적이기 때문이라는 대답이다. 차례대로 각각의 대답들을 살펴보자.

글의 발명

글이 발명이라고 한다면, 정확하게 무엇 때문에 글이 참신한 것일까? 그것이 이전에는 없었던 무엇을 세계에 도입한 것일까? 게다가 발명에는 발명가가 필요하다. 쓰기 체계의 건축가로 추정되는 이들은 누구이며, 그들은 자신들이 무엇을 한다고 생각했을까? 극히 적은 경우에만 우리는 그들이 누구인지 알 수 있다. 예를 들어 유명한 체로키 인디언인 세쿼이아(Sequoyah)는 19세기 초에 모국어를 위한 85개의 기호로 구성된 완전한 음절문자체계를 고안했고(Rogers, 2005: 247-248), 조선의 세종대왕은 1443년에 "백성을 가르치는 바른 소리(훈민정음(訓民正音))"라는 제목의 문서에서 그가 직접 고안한 28개의 자모를 배포했다(Coulmas, 2003: 156-166). 이들은 이미 문해 전통에 익숙한 개인들이었고, 당연하게도 그 점이 우리가 그들의 업적을 증명하는 기록을 가진 이유이기도 하다. 물론 우리는 문서의 부재로 인해 발명가를 찾을 수 없다는 이유만으로 선사시대에 발명가가 없었다고 가정하는 유혹에 저항해야 한다. 언어학자 존

드프랜시스(John DeFrancis)는 세계에서 가장 오래된 쓰기 체계로 널리 알려진 수메르어의 개별 발명가를 찾는 것에 근접했다고 주장한다(DeFrancis, 1989: 75). 그 발명가는 메소포타미아에 기원전 3000년경 젬데트 나스르 유적(Jemdet Nasr) 마을에 살았던 익명의 주민이었다. 그렇다면 그는 무엇을 발명했던 것일까?

드프랜시스(DeFrancis, 1989: 74)에 따르면 그는 레부스 원리(*rebus principle*)를 발명했다. 레부스 원리란 그림문자 기호가 사물을 재현하기 위해 사용되는 것이 아니라 그 사물의 말소리를 재현하기 위해 사용되는 원리이다. 가령 "비(bee; 벌)"의 그림과 "리프(leaf; 나뭇잎)"의 그림을 결합하여 "빌리프(belief; 믿음)"라는 낱말의 음성학적 재현을 구성할 수도 있다(같은 책: 50). 젬데트 나스르 유적 초기 서판의 좌측 상단에 있는 갈대 그림은 우연히 낱말 '변제'와 동음이의어였던 '갈대'의 말소리를 나타낸다(그림 5.9). 여기에서 필경사는 명백하게 변제란 의미를 의도했다. 그 시대의 많은 서판이 그러하듯 이 서판은 수입과 지출을 상세히 열거한 지역 사원 기록의 일부였다.

지금도 레부스 원리의 정확한 의미는 쓰기 역사가들 사이에서 논쟁 대상이다. 그리고 나는 분명 이 문제를 논할 만한 자격을 갖춘 사람이 아니다. 그러나 이 원리가 시각적 도상이 말소리를 상징하게 되는 음성화 과정에 있어서 결정적이었다는 점은 의심할 여지가 거의 없어 보인다. 그렇다고 해서 이러한 발걸음이 드프랜시스가 주장한 것처럼 "인간 역사상 가장 위대한 발명 중 하나"(DeFrancis, 1989: 50)에 이르게 했다는 주장은 상당히

그림 5.9 기원전 3000년경 수메르의 젬데트 나스르 유적의 서판에 새겨진 명문. 바이만의 저작(Vaiman, 1974: 18)에서 복사.

다른 문제이다. 그 주장은 레부스 원리의 창작자가 전혀 알지 못했을 그 이후의 역사에 비추어 이 문제를 소급적으로 판단하는 것이기 때문이다. 로이 해리스가 관찰한 것처럼 우리는 이미 글과 글이 미친 결과에 동화돼버린 문명의 관점에서 기원의 문제를 제기하기 때문에 그것을 잘못 해석한다(Harris, 1986: 29). 학문적 문해의 전통에서 훈련받은 우리들은 말소리를 시각적 요소들의 의미로 표현한 최초의 사람들이 (그들이 누구였든 간에) 완전한 문해 사회라는 미래적인 시각에 의해 동기가 부여됐다고 너무나 쉽게 상상한다. 쓰기 역사의 목적론적 발상은 쓰기 역사가 그림문자에서 음절문자를 거쳐 자모문자로 나아간다는 필연적이고 단선적인 진보를 상정하는 대중적인 생각의 기저에 깔려 있다.

그래도 상대적으로 한 가지는 확신할 수 있는 것 같다. 근대학자들이 최초의 서법을 발명했으리라고 믿는 이름 없는 개인들(완전히 독립적으로 같은 발상을 생각해낸 여러 명이 있었을 것으로 추정된다)은 모든 특성을 갖춘 목적 있는 글 체계를 먼저 추상적으로 고안한 뒤에 그것을 만들지는 않았다는 점이다. 그들은 심지어 오늘날 우리가 생각하는 쓰기로서의 가능성에 대해 상상조차 하지 않았다. 그들이 한 것이라고는 장부 기재나 고유명사 기록, 소유권 등록, 점술과 같은 작업과 관련한 매우 구체적이고 특정한 어려움에 대한 편의주의적 해결책을 찾는 것뿐이었다. 각각의 해결책은 말소리를 나타내야 하는 새로운 목적을 위해 잘 알려져 있고 쉽게 식별할 수 있는 도상을 동원하는 것이었다. 근대 역사가들이 '쓰기 체계'라고 다소 거창하게 부르는 것은 확실히 이러한 종류의 편의가 축적되면서 발달했다. 드프랜시스는 이것들을 "날림으로 지은(jerry-built) 구조"라고 옳게 부르는데, 이것들이 "음성 언어를 나타내기 위해 세심하게 구성된 체계라기보다는 능숙한 독자가 일관된 메시지에 도달하기 위해 사용할 수 있는 연상 기호적인 단서들의 뒤범벅과 더 닮아 있"(DeFrancis, 1989: 262)기 때문이다. 요컨대 쓰기 체계는 쓰기를 기술이라고 생각할 때 우리가 기대하는 공학적인 설계의 모범 사례라기보다는 과도하게 복잡하지만 단순한 작업만을 수행하는 장치(Rube Goldberg device)에 더 가깝다.[51]

---

51 [저자주] 이 문단은 부분적으로 '기술 변화의 역학'에 관한 이전 글에서 자료를 가지고 왔다(Ingold, 2000: 371).

작업 도구

이제 무엇이 쓰기를 기술로 만드는가에 대한 두 번째 가능한 대답으로 넘어가보자. 그 대답은 글이 도구와 여타의 장비 사용을 포함한다는 것이었다. 옹에게 이것은 쓰기가 기술이라고 생각할 때 가장 먼저 떠오른 것이었다(Ong, 1982: 81-82). 마찬가지로 마이클 클랜치는 11세기에서 13세기까지 행해진 영국 필경사의 일에 대한 연구에서 그 작업의 수단과 재료에 집중하는 장에 "글의 기술"이라는 제목을 붙였다(Clanchy, 1979: 114-144). 이것들은 무수하고 다양했다. 주요 재료는 목재, 밀랍, 양피지였다. 텍스트는 염색된 밀랍 위에 스타일러스로 초안이 작성된 후 나무판 위에 덮어 씌워졌으며, 그런 뒤에야 양피지에 옮겨졌다. 필경사의 도구 안에는 양피지를 긁어내기 위한 나이프나 면도칼, 그것을 부드럽게 만들기 위한 속돌, 표면을 광내기 위한 수퇘지 이빨, 선긋기를 위한 스타일러스, 연필, 자, 다림줄, 송곳, 그리고 쓰기 그 자체를 위한 깃펜과 주머니칼, 잉크통, 다양한 색의 잉크도 있었다. 가구나 램프 조명, 그리고 다른 모든 연구 용품은 말할 것도 없다(같은 책: 116). 그러나 저것들은 단지 하나의 예시일 뿐이다. 확실히 쓰기가 수메르의 쐐기문자에서와 같이 젖은 점토 위에 새기는 표시로 이루어지는 곳이거나, 돌에 새기거나 금속 위에 찍거나 모자이크에 깔아두거나 태피스트리에 자수로 넣거나 양단무늬로 짜거나 하여 글을 쓰는 곳에서는 연관된 장비와 기술이 완전히 달랐을 것이다. 또한 많은 경우 그것들은 우리가 특별히 쓰기와 연관을 두지 않을 종류의 장비와 기술이었을 것이다. 우리는 이미 직조와 판화의 실천과 관련해 이러한 기법의 일부를 접했다. 여기에서 나는 더 자세하게 이것들을 설명할 생각이 없다. 오히려 당장의 질문은 도구의 단순한 사용이 쓰기를 기술로 여기는 이유로 충분한가에 대한 여부다.

옹은 그렇게 생각했다. 그는 쓰기가 바이올린이나 오르간을 연주하는 것과 같다고 말한다. 두 경우 모두 악기는 연주가가 악기 없이 표현할 수 없는 "가슴에 사무치도록 인간적인 무언가를 표현"할 수 있게 만드는 "기계적인 고안품"으로 이해될 수 있다. 성공적으로 연주하기 위해 음악가는 엄격한 훈련과 규칙적인 연습을 통해 악기의 음향 기능에 대한 원리들을 받아들여 제2의 천성으로 만들고자 한다. 옹이 말한 것처럼 그들은 "기술을 내면화"했어야만 한다. 그리고 옹은 이것이 기악 연주를 위한 선결조건이라면, 쓰기 실천에서는 더욱 그러하다고 주장한다(Ong, 1982: 83). 당연히 어떤 악기는 구조 자체에 작동 원리를 체현하는 기계와 닮아 있다. 오르간은 이러한 의미에서 기계다. 오르간의 건반을 누르면 미리 정해진 소리가 나온다. 비슷하게 타자기의 키를 누르면 종이면 위에 미리 정해진 글자 형태가 나타난다. 따라서 오르간 연주하기와 타자 치기 사이에는 틀림없이 유사점이 있다. 하지만 바이올린은 기계가 아니다. 몸 외의 악기가 전혀 필요 없는 성악과 마찬가지로 바이올린 연주는 하나의 예술이다. 성악가가 목소리를 조작하는 사람이 아니듯 연주자는 악기를 조작하는 사람이 아니다. 그리고 이러한 점에서 바이올린 연주가 오르간 연주와 다른 것처럼 손글씨와 타자도 다르다. 그 차이는 기술이 얼마나 [수행자에게] 내면화되어 있는

지의 정도와는 상관이 없다. 그것은 수단 안에 내장되어 있는 입력 대비 출력으로서의 작동 원리에 관련된 것이 아니라, 오히려 음악적 형태나 시각적 형태가 그것을 경험하고 있는 기운찬 인간 주체에게서 (즉 연주자나 작가에게서) 얼마나 직접적으로 나오는지의 정도에 있다.

칸딘스키는 바이올린 연주에 대해 "활에 가해지는 손의 압력은 연필에 가해지는 손의 압력과 완벽하게 상응한다"(Kandinsky, 1982: 612)고 평했다. 그러나 연필만이 자취를 남긴다. 손으로 쓴 종이면은 그것의 표면에 남긴 선 안에서 몸짓을 증언하며, 선의 집중 정도와 느낌으로 그것들이 생산되는 움직임에 내재된 의도성을 체현한다. 그러나 타자기는 주의를 기울이지도, 느끼지도 않으며 그것이 만든 표시에는 인간 감성의 자취가 남지 않는다. 물론 나는 타자 치기가 손의 작동이라는 점을 부정하지 않는다. 사실 그 이상으로, 심지어 발의 작동을 포함할 수도 있는 오르간 연주처럼 그것은 실제로 양손으로 작동한다. 타자 치기가 숙련이 필요 없는 것도 아니다. 게다가 근육질의 손가락으로만 구동됐던 초기의 타자기는 타자키에 가해지는 충격이 종이면 위에 나타난 시각적 표시의 진함과 무게감에 반영된다는 점에서 오르간보다 피아노에 비견되는 것이 더 나을 수도 있다. 그러나 현대식 전자 자판은 이러한 표현의 가능성조차 제거했다. 장치의 메커니즘에 의해 끊어지는 손의 둑투스는 결코 종이면 위에서 자신의 길을 찾을 수가 없다. 숙련된 타자수의 손은 키보드 공간 위에서 춤추지 종이면의 공간 위에서 춤추지 않으며, 딱딱한 키 위에 있는 그들의 부드러운 손가락은 어떠한 자취도 남기지 않는다.

우리는 이미 한자 쓰기의 경우에서 어떻게 서예가가 자신의 존재 전체, 다시 말해서 불가분의 몸과 마음을 다하여 행위에 몰두하는지 보았다. 옌이 말하길, 중국인들은 "사람과 손글씨가 상호적으로 발생한다"고 이해한다(Yen, 2005: 66). 그러나 서구 전통 속에 있는 손글씨에 대해서도 (적어도 천 년 이상 지속됐던 전성기 이후) 깃펜이 결국 금속 펜촉으로 대체됐던 19세기까지는 같은 말을 할 수 있다. 오늘날 우리는 대부분의 조작 작업을 손가락으로 처리하고, 펜을 쥔 손은 단지 종이면 위에 놓아두는 것에 익숙하다. 따라서 우리의 유일한 팔 움직임은 글이 종이면을 넘어감에 따라 놓아둔 손의 위치를 주기적으로 조정하는 것으로만 이루어진다. 반면에 신체의 나머지 부분은 상대적으로 수동적이며 움직이지 않는다. 아마도 이것은 글을 쓸 때 자신이 쥐고 있는 도구와 마찬가지로 손 역시 정신의 명령에 복종한다는 감각, 즉 탈신체화의 환상에 기여한다. 그 정신은 자신만의 세계에 살며, 자신이 시작하라고 명령한 행위에 초연하다. 옌이 지적한 것처럼 서구 필적학 분야에서 이러한 환상은 손글씨에서 몸의 역할이 "마음과 종이 표면 사이의 전달자"라는 발상으로 유지된다. 그것은 진정으로 메시지와 내용물을 한쪽에서 한쪽으로 전달한다(Yen, 2005: 66).

그러나 깃펜으로 글을 쓴다면 그 환상을 유지하는 것이 사실상 불가능하다. 그 펜은 거의 직각으로 세울 때 가장 잘 나오기 때문에, 끝부분이 금속인 펜과는 상당히 다르게 쥐게 된다. 글을 쓰는 손은 종이면에 거의 닿지 않고, 모든 움직임은 팔에서 나온다(Hamel, 1992: 37). 게다가 양피지에 글을 쓰는 것은 양손 작업이었다. 오른손으로는 펜을 쥐고 왼손으로는 탄력적인 종이 표면이 흔들리지 않도록 표면을 나이프로 누르고 있었다. 간간이 그 나이프는 깃펜을 날카롭게 하거나 실수를 지우기 위해서도 사용됐다. 중세의 필경사들은 종종 등받이가 높은 의자에 꼿꼿이 앉아, 그들 앞에 있는 가파른 경사의 책상이나, 의자 자체에 비스듬하게 튀어나온 팔걸이에 부착된 판 위에 필사본을 올려두곤 했다(그림 5.10). 그들의 작업은 수월하지 않았다. 오히려 한 필경사가 한탄한 것처럼 쓰기는 "온몸이 노동하는"(Clanchy, 1979: 116) 인내의 행위로 인식됐다. 당연하게도 그 필경사는 자기 자신에 대해 언급한 것이었다. 그의 경험에서 그 자신은 쓰기 작업에 몸을 밀어 넣는 존재[정신]가 아니라, 차라리 일하는 몸 자체이다.

근대 학자들은 그들이 만든 창조물의 편안함에 익숙해져, 과거에 기입 그 자체의 행위 속에 수반된 순수한 육체적 노력을 훼손하면서까지 언어구성의 지적 노력을 강조하는 경향이 있다. 메리 캐루더스는 중세 유럽에서의 양피지 쓰기에 대한 설명에서 누구보다 분명하게 이 점을 말한다.

> 우리는 동물의 피부와 같은 물리적 표면에 표시를 만들 때 수반되는 폭력적이지는 않더라도 격렬한 활동을 기억해야 한다. 끝이 날카로운 도구를 이용해 표면을 부수고, 거칠게 만들고, 어떤 식으로든 그것을 '갈아'야만 한다. 지우기는 물리적 표면을 훨씬 더 거칠게 만드는 것과 관련된다. 중세 필경사

그림 5.10 1149-1154년까지 더럼 소수도원의 원장이었던 로런스. 그의 작업에 대한 동시대 필사본에서 그는 필경사로 묘사된다. 오른손으로 펜을 쥐고 글을 쓰면서 왼손으로는 양피지의 탄력 있는 표면을 나이프로 누르고 있다. MS Cosin V.III.1, f.22v. 더럼 대학교 도서관의 허가를 받아 복사.

는 양피지를 지우기 위해 속돌과 여타의 긁개를 이용해야만 한다. 다시 말해서 쓰기는 언제나 고된 육체적 노동이었으며, 그것이 행해지는 표면이 그러한 것처럼 매우 거친 것이었다. (Carruthers, 1998: 102)

심지어 오늘날에도 손글씨는 그것을 계속하는 사람들에게 정신적인 것만큼이나 육체적인 부담을 준다. 만약 육체적인 것과 정신적인 것이 구별될 수 있다면 말이다. 근대 종이는 중세 양피지에 비하여 그렇게 난폭하게 다루어져야 할 필요가 없음에도 불구하고, 여전히 필기구를 이용하는 신체는 마음의 명령에 기계적이고 단순하게 응답하지 않을 것이다.

로즈메리 사순은 "쓰기 경련(writer's cramp(작가 경련))"이라고 알려진 상태에 대한 연구에서 학교 교실에서처럼 종종 자신이 잘 쓰는 손이나 신체 부분들의 변동을 허용하지 않고 규정된 방식으로 앉아서 글을 쓰라는 명령을 받았을 때 야기되는 뒤틀린 자세와 불편한 펜 쥐기에 대해 말한다. 그러한 자세와 펜 쥐기는 고통을 유도할 뿐만 아니라 쓰기에 대한 점진적인 무능을 야기할 수 있다. 사순은 환자들이 "몸의 일부가 자신의 명령에 더 이상 복종하지 않을 때 얼마나 무서운지 설명한다"고 보고한다(Sassoon, 2000: 103). 더 이상 글을 쓰지 않는 손은 다른 작동에서도 똑같이 실패하곤 한다. 환자들은 점점 더 불만족스럽게 되는 결과물을 그들 자신의 인격적인 실패로 받아들이게 되면서, 글을 쓰는 데 자신감을 잃고 악순환에 갇히게 된다. 사순이 보여주는 바처럼 글은 단순히 메시지나 발상의 커뮤니케

이션 수단이 아니다. "그것은 종이 위에 있는 자기 자신이다. 만약 당신이 [글쓰기에] 성공한다면 당신의 글은 당신을 보장한다. 그것이 당신에게 실망을 안겨준다면 당신의 실패를 상기시키는 지속적이고 시각적인 회상 장치가 거기에 있게 된다"(같은 책). 쓰기가 실패할 때 그것은 기술의 실패나 기계적인 고장으로 경험되는 것이 아니라 전인격적인 위기로 경험된다.

마지막으로 쓰기가 도구를 사용하기 때문에 기술이라는 옹의 주장은 쓰기가 신체가 제공하는 것 이상의 수단이나 심지어 그 어떤 인공적인 재료도 필요하지 않을 수 있다는 가능성을 고려하면 더욱 신뢰할 만하지 않아 보인다. 해변에서 휴가를 보낼 기회가 생긴다면 이것을 시도해보자. 해야 할 것은 오직 손가락으로 모래를 훑는 것뿐이다. 이것이 사소한 예시처럼 보인다면 내가 이 장 앞부분에서 언급한 먼의 왈비리 도해법에 대한 설명을 생각해보자. 왈비리 이야기꾼의 몸짓은 손과 손가락을 사용하여 모래에 자취를 남긴다. 다른 부대용품들은 필요하지 않다. 이미 보여준 것처럼 이 자취들이 쓰기에 이르는지 그렇지 않은지의 문제는 명백하게 합의를 볼 수가 없다. 나는 단지 기입 도구의 존재 여부로는 어떤 식으로든 이 문제가 해결될 수 없다는 점만 덧붙이려고 한다. 왈비리 사람들이 모래를 손가락이 아니라 막대로 긁는다고 그 결과가 더 쓰기다워지거나 덜 그리기 같아지지 않을 것이고, 그들의 기입 실천이 기술의 작동으로 바뀌는 것도 아닐 것이다. 당연히 그 역도 성립한다. 도구 없이 글을 쓸 수 있다면 역시 도구를 이용해 그림을 그릴 수도 있다. 사실 거의 모든 그리기는 도구의 도움을 받고, 거의 모든 쓰기도 그러하다. 소묘화가의 작업실은 작가의 연구실만큼이나 광범위하고 다양할 뿐만 아니라 같은 물품이 여러 개 포함된 도구 세트가 들어 있을 가능성이 높다.

자연과 기교

물론 옹은 글을 그림과 비교한 것이 아니라 말과 비교했고 말은 일반적으로 어떠한 도구도 사용할 필요가 없다. 그러나 그는 그림도 말처럼 인간에게 '자연스럽게' 다가온다고 생각했던 것 같다. 옹은 최초의 '진짜' 글인 수메르어 서법이 약 5천 년 전까지도 등장하지 않았다는 점을 언급하면서 "인간은 그 이전에 수천 년 동안 그림을 그려왔다"(Ong, 1982: 84)고 받아들인다. 그리기의 추정 기원 시기와 쓰기의 추정 기원 시기 사이에 있는 그 엄청난 격차는 쓰기가 종종 언어의 기술로 여겨지는 세 번째 이유로 보인다. 그리기는 초기 선사시대 때 인간이 나무나 뼈, 돌에 이러저러한 종류의 명문을 만들기 시작한 시기부터 실천돼 온 표현 예술이라고 여겨진다. 그와 같이 그리기는 인간종이 가진 보편적인 능력이며, 또 말하는 능력만큼이나 인간종의 독특한 예술 능력을 나타내는 것이라고 말해진다. 반면에 쓰기는 그보다 훨씬 뒤의 혁신으로 널리 간주된다. 이 혁신은 선사에서 역사로의 전환을 표시하고 문명의 과정을 시작하는 것으로 세계 전역이 아니라 몇몇 사회와 지역에서만 나타난다. 그러므로 그리기는 인간 진화의 과정에서 생겨난 것인 반면에 쓰기는 인

간 역사의 산물이다. 그리기는 자연스러운 반면에 쓰기는 인공
적인 것으로 사람이 만들었다. 그러나 그리기는 자연스럽지 않
다. 그것은 모든 개개인들이 세계 속에 들어가기 전에 영문도 모
른 채 설치된 특성이나 능력이 아니다. 쓰기 또한 미리 그리기가
프로그램화된 신체에 뒤이어 '추가되는' 능력이 아니다. 쓰기를
배우는 것은 기술을 내면화하는 문제가 아니라 기량을 습득하
는 문제다. 그리기를 배우는 것에 대해서도 정확하게 똑같은 명
제가 진실이다. 실제로 쓰기는 그 자체로 그리기의 한 양식이기
때문에 기량화(enskilment)의 두 과정은 엄격하게 분리할 수 없
다.[52] 악기 연주의 유비를 다시 떠올려보면 우리는 선을 만드는
기량의 습득을 바이올린 연주를 배우는 과정과 비교해볼 수 있
다. 초보 바이올린 연주자들은 이상적으로는 몸이 아직 급속히
성장하고 있는 어린 나이 때부터 전문가의 지도 아래 정기적으
로 연습을 해야 한다. 이 훈련 과정 중에 그녀의 몸이 발달하면
서 자세와 몸짓, 주의력과 반응의 특정한 패턴이 몸에 흡수된다.
당연히 초보자는 첫 발걸음을 내딛을 때처럼 특정한 규칙을 따
르길 요구받는다. 하지만 이 규칙은 [엄격한 규칙이 아니라] 어
림짐작 규칙(rules of thumb)과 비슷하다. 이것들은 학습 과정을
위한 발판을 만들어주지만 배운 것의 일부를 형성하지는 않는

---

52 [역자주] 기량화(enskilment)는 팀 잉골드가 인류학자 기슬리 팔슨(Gísli Pálsson)
의 논의를 이어받아 전개한 개념으로, 환경 속 특정한 위치에 있는 행위자들이
인식과 반응 능력을 체현하는 것을 일컫는다. 실천을 통해 이해하는 것이라고
할 수 있으며, 기량화의 과정 속에 배움과 행위는 불가분의 관계에 있다. 잉골드
의 기량화 논의는 2000년 작인 『환경 지각』을 참고할 것.

다. 초보자의 숙련도가 증진되고 더 이상 그 규칙들의 지원이 필요하지 않으면 그 규칙들은 간단히 폐기된다(Ingold, 2000: 415-416).

같은 방식으로 어린 견습 소묘화가나 필경사, 캘리그래퍼는 선 만들기의 기교를 배운다. 처음에 그들은 각각의 도형이나 글자에 대한 지침이나 견본을 좇아 수행의 기본 규칙을 따르도록 배울 것이다. 그러나 잦은 연습을 통해 손을 유창하게 움직이고, 기입 도구를 정확하게 다루게 되면서 지침이나 견본은 점차 무시된다. 동시에 그들은 도구를 표면과 올바른 각도로 접촉시키는 법을 배운다. 이것은 우리가 보았던 것처럼 팔의 움직임뿐만 아니라 몸 전체의 행동거지에 대해서도 추가적인 조정을 필요로 할 수 있다. 옌은 중국에서 서예를 배우기 위한 전통적인 절차가 세 단계로 이루어진다고 기술하는데, 이 절차는 지금까지도 초등학교에서 사용된다. 초보자는 먼저 본보기 작품이 비쳐 보일 수 있도록 그것 위에 종이를 대고 그 잔상을 따라가면서 베끼는 법을 배운다. 그다음에 종이와 본보기를 나란히 놓고 초보자가 대가의 잔상을 따라가기보다는 그들 스스로 필요한 움직임을 재생산하도록 만든다(Yen, 2005: 116-118). 그 뒤, 학습의 마지막 단계에서 견습생은 그전에 그들의 행동거지를 만들어낸 대가들의 '손'아귀에서 벗어나라고 장려된다. 학습 과정의 정점에 있는 이 마지막 "탈형상화(de-shaping)"를 통해 "학습된 모든 규칙들은 망각 속으로 추방되고 마음은 손의 유일한 안내자가 된다"(같은 책: 123).

서구의 아이들도 전통적으로 처음에는 본보기를 베껴 글 쓰는 법을 배웠는데, 필기체의 경우 특별히 글자를 결합하는 방법에 관심을 두었다. 예를 들어 낱말 *the*를 쓰면서 아이들은 *t* 글자의 밑 부분에 있는 고리를 들어 다음 글자 *h*로 옮기기 전에 *t*로 돌아갔다가 지나가도록 배운다. 하지만 글 쓰는 이가 능숙해짐에 따라 대부분은 아래 고리를 연결하지 않은 채로 놔두고 *t*의 가로선을 바로 *h*로 옮기게 된다(Sassoon, 2000: 40-50). 그림 5.11은 19세기 초 한 보좌신부의 손글씨가 첫 번째 베껴 쓰기 책에서부터 학교 연습장을 거쳐 일기 쓰기에 사용된 성숙한 서체에 이르는 것을 통해 이러한 발전의 예를 보여준다. 이 예시가 보여주듯이 글을 쓰는 능력은 인간이 만든 규칙과 절차의 뭉치로 획득되는 것이 아니라 인간이 그 자신의 환경에서 성장하고 발달하는 중에 그리고 그 성장과 발달을 통해 나타난다. 그림을 그리는 능력의 경우에도 이와 정확히 똑같은데, 인간 유기체 속에 미리 만들어져 나오는 것이 아니라 발달을 경험해야만 나온다. 사실 그리는 능력과 쓰는 능력 모두 똑같은 손이 그리고 쓰기 때문에 말 그대로 서로의 손을 맞잡고 나타난다.

그렇다면 쓰기가 기술이라는 우리의 초기 명제에서 무엇이 남았을까? 거의 없다. 쓰기는 발명됐나? 아니다. 발명된 것은 레부스였으며, 이 장치는 말소리의 묘사를 용이하게 만들기 위해 글 체계 전체가 아니라 몇몇 부분에서 이용돼왔다. 쓰기는 도구를 사용하는가? 대개 그렇지만 필수적인 것은 아니다. 그리고 어쨌든 도구의 사용은 기술의 작동을 의미하지 않는다. 글은 인공적인가? 아니다. 그러나 자연스럽지도 않다. 그것은 발달의 산물이다. 그럼에도 우리가 합리적으로 확신할 수 있는 한 가지

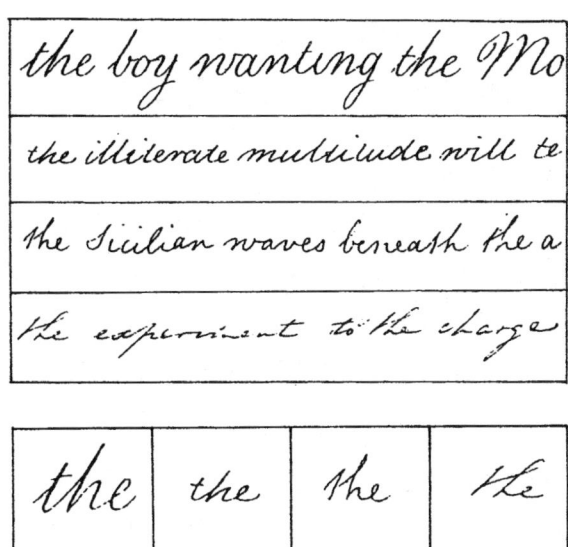

그림 5.11 1799년에서 1820년 사이에 일어난 한 보좌신부 손글씨의 성숙. 아래 상자에 삽입된 *the*의 확대 그림은 가로선 연결의 발달을 보여준다. 로즈메리 사순의 소유의 원자료. 사순의 저작(Sassoon, 2000: 49)에서 복사. 로즈메리 사순의 허가를 받음.

가 있다면 이러저러한 선 만들기는 말만큼이나 오래됐다는 점이다. 사람들이 서로에게 이야기를 하는 한 그들은 틀림없이 손짓을 해왔기 때문이며, 이러한 몸짓의 일부는 다양한 종류의 표면에 자취를 남겨왔을 것이기 때문이다. 아마 이러한 자취의 대부분은 새로운 자취를 위한 길을 만들기 위해서, 혹은 단순히 일반적인 침식 과정을 통해서 빠르게 지워졌을 것이다. 그리하여 실제로는 아주 작은 표본만이 오랜 시간 동안 살아남는다. 하지만 만약 우리가 선의 역사에 관심 갖는다면 이 자취들은 우리가 연구 대상으로 삼아야 하는 것들이다.

선의 선형화

지금 논의할 것들의 대부분의 요점들은 거의 40년 전에 프랑스 선사학의 원로 중 한 명인 앙드레 르루아구랑의 비범한 작품인 『행위와 말』(*Gesture and Speech*, 1993)에서 논의됐다. 이 책에서 르루아구랑은 오늘날 우리가 알고 있듯이 그리기와 대조하여 쓰기가 지닌 분명한 특징이 바로 선형성이라고 주장한다. 이 주장은 처음에 제시했던 네 가지 명제 중 마지막 명제로 나는 이에 대해 몇 마디 말을 덧붙이며 이 장을 마무리하려고 한다. 르루아구랑은 우리가 설명하고자 하는 바로 그 역사에 의해 형성된 개념과 범주의 렌즈를 이용해 과거를 볼 때 유발될 수 있는 왜곡을 잘 알고 있었다. 쓰기와 그리기는 그러한 두 가지 범주다. 가령 우리가 이미 보았듯이 쓰기에 대한 우리의 근대 개념은 필경사의 숙련된 기교를 한 순간에 '순수하게 지적인 것'이라거나 언어구성을 창조하는 상상력의 예술이라고 잘못 판단하도록 만들었고, 그다음에는 타자나 활자 속에 나타나는 '순전히 기술적인 것' 혹은 기계적인 복제라고 잘못 판단하도록 만들었다. 이러한 함정을 피하기 위해 나는 선 만들기라는 개념에 기대왔다. 상당히 유사한 의미로 르루아구랑은 그라피즘(graphism)이라는 용어를 사용한다(같은 책: 187-190).

르루아구랑에게 모든 그래프는 손의 능란한 움직임의 자취이며, 그렇기에 이러한 종류의 모든 움직임이 지닌 특유의 리듬성을 체현한다. 초기 형태의 그라피즘은 스토리텔링, 노래, 춤의 퍼포먼스를 동반하고, 차례차례 의견을 나누었을 것이다. 이제 이러한 수행적인 맥락은 돌이킬 수 없이 상실됐기 때문에 우리는 자취로 남은 선의 본래 의미가 무엇이었는지 알 수 없다. 그러나 르루아그랑이 선사시대의 그라피즘 속에서 발견했다고 주장하는 눈에 띄는 특성 하나는 그 그라피즘의 기본적인 기하학적 구조가 "성게나 불가사리의 몸처럼"(Leroi-Gourhan, 1993: 211) 방사형이라는 점이다. 모든 그래프는 동심원 고리 안에 배열되어 리드미컬하게 반복되는 요소들(혹은 르루아구랑의 용어로는 표의문자들)과 함께 중심에서 밖으로 나선형으로 움직인다. 3장에서 소개했던 왈비리 사람들이 조상들의 움직임을 묘사하는 도안은 이러한 종류의 방사형 그라피즘을 완벽하게 예시한다(그림 3.9를 보라). 한참 뒤에서야 우리는 한 방향으로 계속 나아가는 선으로 뻗어나가는 그래프를 발견한다.

르루아그랑은 이러한 '선형 그라피즘'에 의해 우리가 쓰기를 제대로 인지하게 되고, 더 나아가 그 그라피즘이 보다 선형적일수록 쓰기가 그리기와 더욱 구별된다고 생각했다(같은 책: 209-210). 르루아그랑의 설명에 따르면 그라피즘이 말소리를 재현하는 요구에 종속될 때만 구전서사의 맥락에 벗어날 정도로 선형적이게 된다. 인정컨대 모든 쓰기 체계 속에서 같은 정도의 선형화가 진행되는 것은 아니다. 가령 한문에서는 선형 요소와 표의문자적인 요소가 꽤 균형 잡혀 있다. 선형화가 최대로 이루어진 것은 자모문자의 확립과 함께였다. 그때부터 인간이 거주하는 둥근 우주는 인간의 형상이 중심에 있고 모든 선이 밖으로 뻗어나가던 우주에서 르루아구랑의 생생한 표현에 따르면 "글자가 바늘처럼 날카로울 뿐만 아니라 바늘처럼 가는 선으로 늘어선 지적 과정으로"(같은 책: 200) 대체됐다.

자모 그 자체가 정말로 차이를 만들어냈는지, 혹은 더 그럴 듯하게는 인쇄에서 글자들이 분리됐기 때문에 그렇게 됐는지에 대해서는 여기에서 더 붙잡고 있을 필요가 없다. 오히려 나의 관심은 르루아구랑이 제시하는 주장의 핵심에 위치한 수수께끼에 있다. 확실히 손의 능란한 움직임이 남긴 모든 자취는 그 자체로 선이다. 그렇다면 어떻게 선사의 그라피즘의 선은 비선형적일 수 있을까? 어떻게 옛날의 이야기꾼은 자신의 선을 좇아가면서도 비선형적인 흔적들을 따라갈 수 있을까? 그리고 반대로 일련의 인쇄된 글자에서처럼 뒤따르는 흔적이 전혀 남지 않는 그라피즘은 어떻게 선형적일 수 있을까? 요컨대 어떻게 선은 비선형적일 수 있으며 어떻게 선이 아닌 것은 선형적일 수 있는가? 사실 우리는 다른 형태이긴 했지만 3장에서 이미 이러한 역설과 마주친 적이 있다. 그 역설이란 선이 아닌 선, 즉 점선의 역설이다. 점선의 진화 속에서 본래의 자취는 파편으로 부서지고, 각각의 조각은 한 점으로 압축된다는 점을 떠올려보자. 정확하게 이러한 파편화와 압축 속에서 (그리고 둑투스의 흐르는 움직임이 순간의 연쇄로 환원되면서) 선형화의 과정이 구성된다. 르루아구랑이 말한 것처럼 그 결과로 나타난 선이 바늘처럼 날카롭고 가늘다는 것은 전혀 놀랍지 않다! 그것은 한 점으로 가기 때문에 날카롭다. 그리고 그것은 물리적인 자취라기보다는 가상적인 연결장치로서만 존재하기 때문에 가늘다. 순수하게 기하학적인 의미에서 이해하자면 그것은 길이만 있고 너비가 전혀 없다. 완전히 선형화된 선은 더 이상 몸짓의 자취가 아니라 점대점 연결의 사슬일 뿐이다. 이러한 연결 속에서는 삶도 움직임도 없다. 요컨대 선형화는 선의 탄생이 아니라 선의 죽음을 표시한다. 이제 다음 장에서 선의 으스스한 유령, 바로 평면 기하학의 직선을 생각해보자.

6장
선이 직선이 되는 법

문화의 선

대수학에서 선은 두 항의 방정식으로 정의되며, 각 항은 상수와 1차 변수 한 개의 곱이다. 이것을 수식으로 나타내면 $ax+by=0$이며, 여기서 a와 b는 상수, x와 y는 변수이다. 데카르트 좌표계를 이용해 두 변수의 가능한 값을 그으면 그 결과는 완벽하게 직선이다. 다른 더 복잡한 대수함수는 수학자들이 곡선(curve)이라고 부르는 종류의 형상을 산출한다. 예를 들어서 함수 $y^2=4ax$는 포물선(parabola)을 만든다. 그것들이 명시하는 곡선들도 선으로 이루어짐에도 불구하고 이러한 종류의 방정식은 비선형이라고 불린다. 수학의 특정한 분야에서만이 아니라 훨씬 더 광범위하게 일직선이란 성질은 어쩐지 선을 선으로서 인정하게 하는 기본 원칙이 된 것처럼 보인다. 하지만 선 자체에서 선이 곧아야만 하는 이유가 없다. 우리는 이미 그렇지 않은 수많은 예시와 마주쳤었다. 그러므로 우리의 질문은 역사적인 것이다. 어떻게, 그리고 왜 선은 직선이 됐을까?

서구 사회에서 직선은 도처에 존재한다. 우리는 어디에서나 직선을 보며, 심지어 그것이 실제로 존재하지 않을 때도 본다. 사실 직선은 근대성의 가상적인 도상, 즉 자연 세계의 우여곡절에 대한 이성적이고 목적 의식이 있는 설계의 승리를 나타내는 지표로 출현했다. 근대적 사고의 변증법, 이 끈질기게 이분화하는 변증법은 일직선을 보면서 물질에 반하는 것으로서의 마음, 감각적 지각에 반하는 것으로서의 이성적 사고, 직관에 반하는 것으로서의 지성, 전통적 지식에 반하는 것으로서의 과학, 여성에 반하는 것으로서의 남성, 원시성에 반하는 것으로서의 문명, 그리고 (가장 일반적인 층위에 있는) 자연에 반하는 것으로서의 문화를 연상해왔다. 이러한 연상들 하나하나의 예시를 찾는 것은 어렵지 않다.

그러므로 우리는 물리적인 것으로서 변화무쌍한 물질이 질감을 지닌다고 가정하는데, 그 질감은 가까이 살펴본 결과 대부분 무질서하게 엉킨 수많은 실들로 밝혀졌다. 우리는 2장에서 살아 있는 사물의 물질에 적용되는 '조직(tissue)'이라는 단어가 이와 비슷한 어감을 지닌다는 것을 보았다. 이것은 우리가 우리의 감각으로 느끼는 것이다. 하지만 우리는 마치 그림 평면 위에 사물의 모양이 투사되는 투시도 기법에서처럼, 물질 세계에 대한 내부의 심적 표상을 형성하는 중에 직진하는 광선을 본뜬 직선을 따라 마음의 표면에 그 모양이 투사된다고 상상한다. 빛이 선을 따라 여행할 때 그 선이 직선이라면, 깨달음(enlightenment)의 길도 그러할 것이다. 근대 도시 설계에서 직선성을 다루는 최고의 건축가 르 코르뷔지에(Le Corbusier)는 다음과 같이 썼다. 이성적인 사람은 "직선으로 걷는다. 왜냐하면 그는 목표를 지녔고, 그가 어디로 가는지 알기 때문이다. 또한 그는 특정한 장소에 도달하려고 마음을 먹었기에 그곳으로 곧장 간다"(Le Corbusier, 1924: 274). 점에서 점으로, 주저하거나 일탈하는 일 없이 나아가며 걸을 때 그는 생각도 그렇게 한다. 옹이 근대의 분석적인 지성이 지닌 "저밀도 선형" 논리라고 부른 것은 종종 이러한 방식으로 "전통적인" 사회의 사람들, 그리고 무엇보다도 어떤 종류의 글도 없는 자들의 것이라고 여겨지는 더 에두르고, 더 신화적이고 시학적인 직관과 비교돼왔다(Ong, 1982: 40). 이러한 비교를 통해 "곧은 사고"는 구전에 반하는 문해 과학의 특성으로 간주됐다. 게다가 직선은 수치로 명시할 수 있기 때문에 질적 지식보다는 양적 지식의 지표가 됐다. 빌레테가 말하길, "그것의 기능은 숫자와 비율을 나누고, 정의하고, 정리하고, 측정하며, 표현하는 것이다"(Billeter, 1990: 47).

직선과 곡선의 대립에 대한 성적인 연상들은 너무나도 명백해서 설명할 필요가 거의 없고 아마 이러한 연상들을 이러저러한 방식으로 정교화하지 않는 사회는 없을 것이다. 오히려 서구 사회에서 보다 기이한 점은 마치 인류 전체가 두 개의 근본적인 계급으로 나뉘어지고, 그 신분은 생의 시작부터 모든 개체들에게 불변하게 부여되어 다른 모든 측면의 개인적이고 사회적인 정체성을 포괄한다는 듯이 성적인 구별과 남성과 여성의 젠더 사이에 있는 지배적인 대립을 연결시키는 것이다. 이러한 조건 하에 직선성은 남성성의 분명한 지표가 됐고, 곡선성은 여성성을 가리킨다. 보통 남성에게 기대하는 "곧게 서 있는" 자세는 도덕적 강직함과 사회적 위엄의 강한 의미를 내포한다. 오히려 존중의 상징으로 몸을 접어야만 하는 여성은 이러한 기대를 받지 않는다. 이러한 의미는 단지 남성과 여성뿐만 아니라 '문명화된' 사람과 '원시적인' 사람, 심지어 인간과 인간의 진화적 선조에 대한 상대적인 위상을 판단하는 것으로 확장된다. 인간 진화에 대한 교과서는 구부정한 네안데르탈인과 굽히고 있는 오스트랄로피테쿠스와 비교하여 '현생 인류'라고 불리는 호모 사피엔스 사피엔스를 곧게 우뚝 서 있는 것으로 자주 묘사한다! 그림 6.1에 인용한 예시가 있다(Ingold, 2004도 보라). 게다가 인간 기원에 대한 추측의 역사를 통틀어 야만인과 원시인은 근친상간에서부터 식인에 이르기까지 모든 종류의 무책임함과 방탕함으로 비난받아왔는데, 영어의 어휘에는 그들의 잘못된 방식을 이야기하기 위해 그것을 곧지 않는 것으로 은유하는 풍부한 레퍼토리가 있다. 변태의 뒤틀린 정신, 범죄자의 비뚤어진 정신, 사기꾼의 곧지 못한 정신, 머저리의 오락가락한 정신이 그러하다.

    서구 사상사와 과학사 속에서 인간성이 동물성과 구별되게 된 것처럼, 바로 그와 같은 방식으로 일단 직선이 도덕적 조건을 의미하게 되자 다른 모든 종류의 선과 직선이 구별됐다. 현상적인 경험 속에서 우리와 함께 존재하는 무한하고 다양한 선과 삶 대신에 우리에게는 단지 직선과 그렇지 않은 선이라는 두 가지의 대분류만 남겨졌다. 전자는 인간성과 문화를 연상시키고, 후자는 동물성과 자연을 연상시킨다. 이러한 효과를 매우 확실하게 서술하기 위해 20세기 사회인류학의 원로 중 한 명인 에드먼드 리치(Edmund Leach)에게로 돌아가보자.

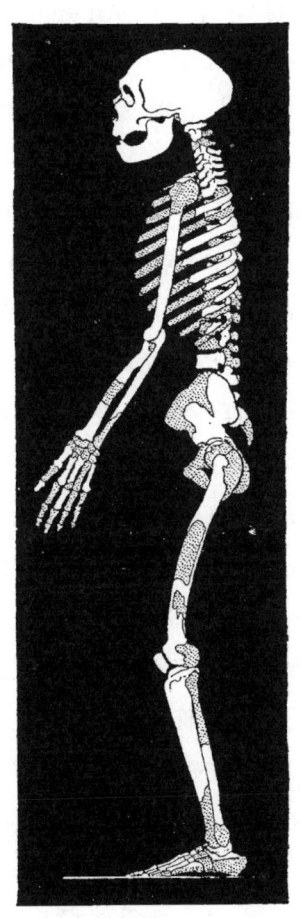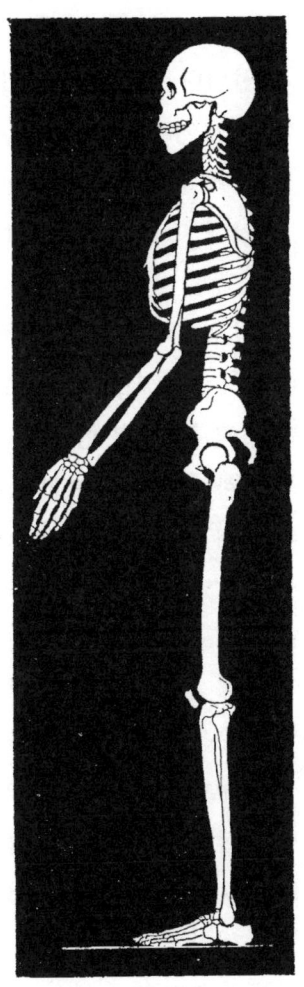

그림 6.1 라 샤펠오생(La Chapelle-aux-Saints)에서 출토한 네안데르탈인 화석의 복원된 골격(왼쪽)과 근대 오스트레일리아 사람의 골격 비교. 실제의 약 1/15 크기. 불의 저작(Boule, 1923: 239)에서 복사.

눈에 보이는 거친 자연은 무작위적이고 뒤죽박죽 뒤섞인 곡선이다. 그것에는 직선이 들어있지 않으며, 어떤 종류의 규칙적인 기하학적 모양도 거의 없다. 하지만 인간이 만든 길들여진 문화의 세계는 직선, 직사각형, 삼각형, 원 등으로 가득 차 있다. (Leach, 1976: 51)

겉보기에 이 서술은 매우 비범하다. 그러나 한편에서 보면, 다아시 웬트워스 톰프슨(D'Arcy Wentworth Thompson)의 1917년 걸작『성장과 형태에 대하여』(*On Growth and Form*)를 정독한 사람이라면 누구나 아는 것처럼, 자연의 세계는 모든 종류의 규칙적인 선과 모양으로 바글거린다. 게다가 이것들 중 많은 경우는 인간 건축가에게 영감의 원천이 됐다(Thompson, 1961; Steadman, 1979: 9-22를 보라). 또 다른 한편에서 보면, 우리가 앞 장에서 이미 보았던 것처럼 인간 거주자가 삶을 나아갈 때 만드는 모든 선들 중 아마도 소수만이 조금이라도 규칙적이다. 직선의 헤게모니는 근대성의 현상이지 문화 일반의 것이 아니다.

그럼에도 리치의 서술은 명백하게 근대적 사고가 지닌 강력한 충동과 공명한다. 그것은 문화의 진보든 문명의 진보든, 진보의 행진을 통치되지 않는 (그러므로 비선형적인) 자연에 대한 지배의 증대와 동일시하는 것이다. 농업과 경관 계획 분야에서 근대를 이룩하려는 사람들은 토지를 직선적인 경계로 에워싸고, 완벽하게 직선으로 나무를 줄 세운 거리, 생울타리, 화단 벽을 지닌 공원을 설계하려고 애를 썼다. 그리고 이것은 결과적으로 폐허가 되어 담쟁이덩굴로 뒤덮인 벽, 투박한 울타리, 삐뚤빼

뚫한 정원 길, 무성한 잡초가 있는 자연의 구불구불한 얽힘에 대한 열망의 형태로 나타나는 반작용을 촉발했다. 18세기 건축가이자 경관 디자이너인 윌리엄 켄트(William Kent)는 "자연은 직선을 증오한다"는 낭만주의의 주문을 주조하기도 했다. 사실 이 주문이 사실이든 아니든(곧게 서 있는 소나무와 사시나무에서부터 동양의 대나무에 이르기까지 그것이 사실이 아니라는 수많은 예시가 있다), 그것은 직선성에는 근본적으로 인공적인 무언가가 있다는 지각을 확인해줄 뿐이다. 직선성은 자라나는 사물들의 성질이라기보다는 만들어진 사물들의 성질로 보인다.

안내선과 플롯선

이전 장에서 나는 세르토를 따라 근대의 제작가나 저자가 빈 종이면이나 황무지와 같은 비어 있는 표면 위에 자신이 설계한 조립체를 덧붙이려고 할 때, 마치 그가 그 표면을 응시하고 있다는 듯 자신을 상상한다는 점을 보여주었다. 직선은 이 상상에서 두 가지 매우 다른 방식으로 연루된다. 첫 번째는 표면 자체의 구성에 있으며, 두 번째는 표면에 부여되는 조립체의 구성에 있다. 첫 번째의 경우는 선 전체의 수직 방향으로 점차 이동하는 단단한 선을 상상해보자. 선이 이동하면서 평면의 표면을 쓸어내리거나 밀어서 펴낸다(Klee, 1961: 112-113). 두 번째의 경우는 점으로 표시된 평면이 있고 이 점들이 결합되어 도식을 형성한다고 상상해보자. 간단히 말하자면 이 두 가지 방식은 직선에 대한 두 명시적 표현 사이의 관계다. 하나는 평면의 구성 요소로서 평면에 내재하는 데 반하여, 다른 하나는 그것이 지워져도 여전히 평면은 손상되지 않고 유지된다는 점에서 평면에 외재한다. 앞으로 분명해질 이유 때문에 나는 첫 번째 종류의 선을 안내선(guideline)이라고 부르고, 두 번째 종류의 선을 플롯선(plotline)이라고 부를 것이다. 몇 가지 친숙한 예시들이 이 구별을 명확히 하는 데 도움이 될 것이다.

근대 제조업의 조립 라인에서 조립품이 형성되는 표면은 컨베이어 벨트의 움직임 속에 말 그대로 펼쳐진다. 이 벨트의 표면 위에 있는 요소들은 최종 생산물을 만들어내는 과정 속에서 한 조각씩 결합된다. 여기에서 벨트의 펼쳐진 라인은 안내선이고, 구성의 결합은 플롯선이다. 하지만 옹이 지적했듯이 최초의 조립 라인은 "스토브나 신발 혹은 무기를 생산했던 것이 아니라 인쇄본을 생산했던 것이다"(Ong, 1982: 118). 인쇄에서 활판을 담아두는 목판에 활자 블록을 넣기 전에 식자(植字)스틱 위에 블록들을 조립하는 것이야말로 식자공의 일이다.[53] 조립된 활자의 선은 플롯선이지만 활자가 걸린 식자스틱과 목판의 곧게 솟아오른 가장자리는 안내선이다. 물론 인쇄된 종이면 위에는 그러한 안내선도, 플롯선도 보이지 않는다. 그러나 근대 악보에서는 두 가지를 모두 볼 수 있다. 여기에서 줄이 쳐진 보표의 평행선 다섯 개[오선]는 음의 높이와 박자의 차원에 배열된 공간을

---

53 [역자주] 식자스틱(composing stick)이란 활판인쇄에서 활자를 끼워넣는 막대 틀을 일컫는다.

확립하는 안내선이며, 그 안내선 위에 개별 음가가 표시(plot)될 수 있다. 그 다음에 일련의 음표를 악구에 연결하는 연결선(ligature)은 플롯선이다. 칸딘스키는 "음악 표기법이란 점과 선의 서로 다른 조합일 뿐"이라고 평한다. 그러나 그 선들, 오선을 형성하는 선과 음표를 결합하는 선 각각은 완전히 다른 특징과 의미를 지닌다는 점을 덧붙여야 한다(Kandinsky, 1982: 618-619). 다음으로 근대의 과학적인 도표를 상상해보자. 자로 그은 도표의 선들은 점들을 연결하고, 각 점은 종이면의 표면에 좌표로 표시된다. 이것을 용이하게 만들기 위해 종이면 그 자체가 수직과 수평으로 뻗어나가는 가는 선들의 평행하는 두 개의 집합으로 그어져 있다. 이것들은 안내선으로, 이 안내선을 통해 종이면이 효과적으로 이차원 공간으로 수립된다. 그리고 도표의 점들을 연결하는 선은 플롯선이다. 출판된 텍스트에 도표가 복사될 때는 본래의 안내선이 대개 사라지는데, 그러한 경우 플롯선은 평범한 흰색 바탕 위에 있는 것처럼 보인다. 마치 안내선이 만들어낸 바로 그 표면에 안내선이 삼켜진 것처럼 말이다. 남은 것이라곤 좌표의 축을 표시하는 직선뿐이다. 그러나 우리는 도표를 '읽을' 때, 각 점에 닿기 위해 눈이나 손을 올리거나 가로질러가게 하면서 여전히 암암리에 안내선을 따라간다. 그것은 작도법적 지도에서도 마찬가지다. 자로 그어진 위도선과 경도선은 운항사가 한 지점에서 다른 지점으로 가는 경로를 표시할 수 있도록 만드는 안내선이다.

물론 안내선이 언제나 평행하게 놓인 것으로 그려지거나 생각되는 것은 아니다. 투시도 기법의 관습은 가장 분명한 반례를 보여준다. 15세기 예술가이자 건축가인 레온 바티스타 알베르티(Leon Battista Alberti)가 1435년에 쓴 혁명적인 논고인 『회화에 대하여』에서 설명한 것처럼 이 경우에 규칙적인 체스 게임판이나 광장의 보도처럼 상상되는 지면은 마치 수직 창을 통해 보듯 상상적으로 투사된다. 그렇게 창의 그림 평면 위에 있는 지면의 세로선은 점점 멀어지면서 소실점으로 수렴되는 것처럼 보인다. 반면에 가로선은 점점 더 가까워진다(Alberti, 1972: 54-58). 여기에서 선의 수렴은 그 지면을 그림 평면으로서, 다시 말해 투사된 표면으로서 구성한다. 그 투사된 표면 위의 구성물은 실제 보도 위에서 그러하듯 조립되기보다는 재현된다(그림 6.2).

안내선과 플롯선 모두 긴 역사를 지닌다. 내가 보여줄 두 예시에서 모두, 이 역사는 실이 자취로 변형되는 역사 중 하나다. 그러나 두 예시의 기원에 대한 탐구는 우리를 상당히 구별되는 두 가지 원천으로 안내한다. 두 원천 중 하나는 직조의 실천 속에, 다른 하나는 토지 측량의 실천 속에 있다. 우선 안내선부터 시작해보자. 그것은 2장에서 제기한 나의 주장처럼 표면이 구성되면서 실이 자취로 바뀌는 완벽한 실례를 보여준다.

텍스트의 은유가 보여주듯이 자로 그은 필사본의 직선은 작가의 손이 글자 선을 직조할 때 안내를 해주는데, 이것의 기원은 베틀의 평행한 날실까지 거슬러 올라갈 수 있다. 그 실은 팽팽했기 때문에 곧았다. 레일라 애브린은 중세 근동의 히브리 필경사가 마사라(masara)라고 부르는 틀을 사용해 양피지 위에 선을 긋는 법을 설명하는데, 마치 작은 베틀 위에 있는 것처

그림 6.2 선형적이고 건축학적인 구성물. 이 구성물은 알베르티식 원근법을 통해 그림 평면에 투사된 평평한 보도의 체스 게임판식 안내선 위에 놓여 있다. 이 드로잉은 네덜란드 화가이자 건축가인 얀 프레드만 데 프리스(Jan Vredeman de Vries)가 1568년에 처음 발표한 작품에서 가져왔다. 프레드만 데 프리스의 저작(1968)에서 복사.

럼 틀 위에 평행한 줄들이 꽉 묶여 있었다. 그 틀은 선을 그을 양피지 아래에 놓였다. 필경사가 해야 할 일은 손가락으로 양피지를 아래에 있는 줄 방향으로 누르는 것뿐이었고, 그 결과 필경사가 글을 쓸 때 안내받을 수 있는 실이 표면에 주름으로 나타났다(Avrin, 1991: 115). 이것과 꽤 비슷한 장치는 '선 긋는 판(ruling board)'(타불라 아드 리간둠(tabula ad rigandum))으로 알려진 것으로 15세기 이탈리아 북동부에서 기록됐다. 그 틀은 십자모양 철사에 연결되었는데, 그 위에 빈 양피지를 놓고 주먹으로 문질러서 그 장에 자국을 남겼다. 하지만 대체로 중세 유럽의 필경사들은 뾰족한 스타일러스와 직선자를 맞대어 양피지에 선을 그었다. 오선에 음악을 쓰는 경우에는 다섯 개의 스타일러스 끝부분을 묶어 '갈퀴'(라스트룸(rastrum))를 형성하곤 했다. 그들은 직선자를 이용해 각각의 선을 따로따로 맞추기보다는 한꺼번에 다섯 선 모두를 그을 수 있었다(Hamel, 1992: 25). 하지만 하나의 점이든 갈퀴든 간에, 필경사가 이 안내선을 양피지 위에 그리기보다는 양피지 안쪽으로 그었다는 사실은 그 선이 글을 쓰는 표면에 통합된 것으로 여겨졌다는 점을 보여 준다. 그 선은 글로 쓰인 필사본의 배열과는 구별되는 것으로서 지면을 구성했다.

이제 플롯선으로 가보자. 플롯선의 기원은 사람들이 최초로 땅에 말뚝을 박거나 지지대에 끈을 늘어뜨려 토지의 터(plot)를 표시했던 때로 거슬러 올라간다. 고대 이집트에서는 이러한 토지 조사와 측량의 실천이 특히 중요했다. 왜냐하면 매년 나일강이 범람하면서 경계표식을 묻어버리거나 망가뜨렸고, 그래서 소유권을 확립하고 임대료와 그에 따른 세금을 확정하기 위해 표식을 다시 맞춰야 했기 때문이다. 측량 활동은 그에 필요한 실용적이고 수학적인 지식을 보유한 필경사가 감독했다. 측량의 기본 도구는 매듭으로 간격을 표시한 100큐빗 길이의 밧줄이었다. 측량은 "밧줄 늘리기"로, 측량관은 "밧줄 당기는 사람"으로 알려졌다(Paulson, 2005). 에드푸(Edfu) 왕의 신전에 있는 명문에는 그 왕이 글과 지식의 여신인 세샤트(Seshet)를 흉내 내는 여사제와 나란히 위치하는데, 이렇게 쓰여 있다. "나는 말뚝을 가졌으며 나무망치의 손잡이를 쥐었다. 나는 세샤트와 함께 (측정) 노끈을 쥐고 있다"(Edwards, 1961: 259).

기하학(geometry)이란 용어는 당연히 말 그대로 '대지 측량'을 의미하고, 그것의 기원이 되는 실천은 고대 이집트에서부터 그리스에까지 퍼져 있었다. 하지만 그리스 수학에서, 그리고 그 무엇보다도 알렉산드리아의 유클리드(Euclid)가 행한 작업 속에서 기하학 분야는 그 자체의 생명력을 얻어 결과적으로 빛이 직선으로 여행한다는 기본 전제에 기초를 둔 광학의 토대를 마련했다. 유클리드의 첫 번째 공리에 따르면 직선은 "어떤 점에서 다른 어떤 점으로도 그려질 수 있다"(Coxeter, 1961: 4). 확실히 유클리드는 선을 연결장치로, 즉 안내선보다는 플롯선으로 상상했고, 자신의 기하학에서 모든 도형이 배열되는 이차원 평면을 구성하는 데 내재한 선형성에 대해서는 고려하지 않았다. 유클리드는 광선이 눈에서부터 나와 그 시선이 떨어지는 대상을 비추기 위해 빛난다고 믿었으며, 그에 따라 그 광선들을 눈과 물체를 연결하는 직선으로 묘사했다. 하지만 그 선은 움직임이 아니라 정적인 점대점 연결장치로서 그려졌기 때문에 눈에서 나오는지 아니면 눈으로 들어가는지는 상관이 없었다. 그래서 수세기의 논쟁 끝에 빛이 눈으로 들어간다는 견해가 최종적으로 승리했음에도 선의 형태 그 자체에는 아무런 영향을 주지 않았다. 마거릿 헤이건(Margaret Hagen)은 "가시광선이 눈으로 들어오든 눈에서 나가든 이 문제는 유클리드 체계 내에서 모습을 결정하는 데 중요하지 않다"고 말했다(Hagen, 1986: 303).[54] 지구를 측정하기 위해 광학 기구를 사용하는 운항사는 시선(sight-line)들을 계속해서 표시했고, 그 시선의 일직선은 팽팽한 줄의 긴장과 광선의 직선성 둘 다를 전형적으로 보여준다 (Mitchell, 2006: 348-349). 그것들이 지도, 도표, 도식에 새겨진 플롯선이 됐다.

오늘날 우리는 직선을 단일한 현상이라고 생각하기 쉽지만, 직조와 토지측량이라는 매우 차이 나는 기원을 지닌 안내선과 플롯선 사이의 구분은 여전히 작동하고 있다. 일반적으로 우리의 관심을 끄는 것은 플롯선이다. 우리는 미리 만들어진 구성요소의 조립을 통해서 제작되는 어떤 종류의 구성에서도 플롯선을 볼 수 있다. 가령 조인트와 나사로 결합된 지주, 보강재, 대들보, 부벽, 뼈대, 발판 속에 플롯선이 있다(Kandinsky, 1982: 621-

---

54 [저자주] 현대 광학에서 광선을 지시하는 직선은 흥미롭게도 모호하게 묘사된다. 한편에서 광선은 직사광선처럼 시야를 구성하는 평행선들의 띠 형태로 묘사된다. 다른 한편에서 광선은 반사광처럼 보는 이의 눈에 보이는 물체들을 연결하는 선 형태로 나타난다. 그것들은 한 사례에서는 안내선처럼 보이고, 다른 사례에서는 플롯선처럼 보인다.

624). 대조적으로 안내선은 숨겨지거나 안내선이 구성하는 배경 속에 완전히 사라지는 경향이 있다. 우리는 종종 안내선을 알아차리지 못한다. 하지만 안내선은 여러 표면에 통합되어 남아 있으며, 그 표면 주변이나 위에서 건조 환경 속에 있는 삶이 작동된다. 도로 포장, 벽돌 쌓기, 마루판, 심지어 벽지의 선을 생각해보자. 비록 실내 장식가들이 그 선들을 숨기는 데 최선을 다하고 있지만, 긴 조각들이 맞닿아 생기는 선들은 여전히 거기에 있다! 철도의 차량이나 항공기 동체, 강당에 있는 좌석들의 선들도 생각해보자. 우리는 또한 경주로나 테니스 코트를 만들기 위해 잔디에 페인트칠을 할 때처럼 이미 존재하는 표면을 행동의 장으로 바꾸기 위해 안내선을 사용한다. 학교 연습장에 있는 괘선이나 여백과 마찬가지로 이러한 선들은 움직임에 대한 물리적인 장벽을 나타내지는 않지만, 그럼에도 이 선들을 넘는다면 다소간 심각한 결과가 일어날 수도 있다.

안내선과 플롯선이라는 주제를 떠나기 전에 도로와 철도, 그리고 운하에 대해 한마디 해야겠다. 두 가지 의미에서 이러한 교통수단들을 이해할 수 있을 것 같아 보이기 때문이다. 한편으로 그것들은 그 자체로 특정한 위치들을 경로에 결합하는 플롯선이다. 그리고 여기에서 경로는 그들 사이에 있는 교통 흐름 이전에 존재한다. 다른 한편으로 도로의 아스팔트, 철도의 선로, 운하의 폭은 운송수단(차, 기차, 바지선)이 움직이는 표면을 형성하며, 이 표면들 자체는 정도의 차이는 있어도 [운송수단의 움직임을] 제한할 수 있는 안내선으로 구성된다. 운 좋게도 철도 기관사는 방향조종을 할 필요가 없지만, 바지선의 선장은 운하 둑에 의해 결정된 한계 내에서, 자동차 운전자는 도로 중앙과 양 측면에 칠해진 선을 주시하며 조종해야 한다. 중앙선은 오고 가는 교통량을 분리하며, '잘못된 쪽'에서 운전하는 것은 사고를 촉발한다. 하지만 추월할 때와 같이 위험하더라도 운전자가 중앙선을 넘는 것은 여전히 가능하다. 모든 경우에서 교통수단을 플롯선으로 볼지 아니면 안내선의 집합으로 볼지는 소통의 측면('A에서 B로 가기'의 측면)과 송신의 측면(표면 위에서 움직임을 안내하는 측면) 중 어떤 측면에 주목하느냐에 달려 있다.

자를 사용하기

통치자(ruler)는 영토를 통제하고 통치하는 주권자이다. 또한 자(ruler)는 직선을 그리는 도구이기도 하다. 이미 암시했던 것처럼 이 두 가지 용법은 밀접한 관계가 있다. 통치자는 그가 통제할 영토를 설정함으로써 그곳의 거주민들이 따라야 할 안내선을 규정한다. 그리고 정치적인 판단과 전략적인 결정, 즉 판결(ruling) 내에서 그는 거주민들이 취해야 할 행동의 흐름을 플롯선으로 잇는다. 영토에서와 마찬가지로 종이면에서도 자는 두 종류의 선을 그리는 데 이용돼왔다.

수세기 동안 필경사는 양피지나 종이에 안내선을 긋기 위해 자를 사용했고, 측량사와 운항사는 도식과 도표 위에 플롯선을 그리기 위해 자를 사용했다. 인쇄술의 발달과 함께 전자에서 자의 사용은 다소간 구식이 됐는데, 이제 메모지, 모눈종이, 원고지에 미리 줄이 그어져 나오기 때문이다. 하지만 어린 학생들은 모두 도형이나 표, 도표를 그릴 때 사용할 '기하학 세트주머니' 속에 반드시 자를 가지고 다닌다. 게다가 자는 운항사나 측량사를 위한 도구상자의 필수품으로 남아 있다. 그리고 건축가와 공학자들이 더 이상 건설자와 기계공에 속한 명장이기를 그만두고, 낮은 지위의 직공들이 조립하거나 올리는 구조물들을 설계하는 '신사적인' 설계자가 되기 위해 현장을 떠난 이래로, 그들의 연장 키트에서도 자는 필수적인 것이 됐다.[55] 과학사회학자인 데이비드 턴불(David Turnbull)은 이제 고전이 된 논문에서 중세 내내 대성당과 같은 주요한 기념물들의 설계가 사전에 그려지기보다는 현장에서 즉흥적으로 그려졌다는 점을 보여주었다. 선은 실제 크기로 대지에 직접 그려지거나 끈으로 늘어뜨려 표시됐고, 재료에도 형판을 이용해 직접 새겨졌다(Turnbull, 1993). 건축가가 명장 건설자이기를 그만두고 제도판(drawing-board)으로 후퇴했을 때만 형판은 자로 대체되고 팽팽한 실은 그어진 도식의 자취로 대체됐다. 그때부터 건설자는 직접적으로 건축가의 지시를 받는 것이 아니라, 건축가의 작업라인이라는 직선성의 지시를 받는다. 그 라인은 오늘날 계약상의 의무와

---

55 [저자주] 이것은 5장에서 우리가 본 것처럼 저자와 인쇄공을 구분하는 정신노동과 육체노동 사이에 있는 동일한 구분의 예시다. 중세 시대에 마키나(machina; 기계)가 본질적으로 건설 중인 건물의 고층 벽이나 지붕에 사용할 무거운 자재를 올리는 기구로서 일종의 승강기였다는 점은 상기할 만하다. 아르키텍티(architecti; 명장 건설자)의 지시에 따라 마시오네스(masiones; 석공)가 그 기계를 작동시켰다. 캐루더스의 저작(Carruthers, 1998: 22)을 보라.

법의 강제에 의해 뒷받침되는 계획과 상세설명서 속에 있다.

   자로 선을 긋는 행위는 겉보기에는 손으로만 선을 그리는 행위와 상당히 달라 보인다. 존 러스킨이 언급한 것처럼 자와 같은 도구가 없는 손은 최고로 훈련받은 손조차도 어떤 굴곡이나 방향 변화 없이 선을 그릴 수 없다. 그는 "위대한 소묘화가는 모든 선을 그리지만 직선만큼은 그릴 수 없다"고 말했다. 이러한 이유로 러스킨은 초보자가 직선 드로잉을 연습하는 것은 헛되다고 생각했다. 어떤 소묘화가도 할 수 없거나 심지어 할 수 없어야만 하는 한 가지가 직선 드로잉이라는 말은 어떠한 의미일까? 가령 로마 대문자의 형태에서처럼 직선과 곡선 사이의 관계에 대한 정확한 지각을 초보자에게 훈련시킬 때 러스킨은 위의 이유로 초보자들이 자를 사용할 수 있도록 허용할 것을 권했다(Ruskin, 1904: 38). 디자인 이론가인 데이비드 파이(David Pye)는 『장인솜씨의 본성과 예술』(*The Nature and Art of Workmanship*)에서 그가 "모험적인 장인솜씨"라고 부른 것과 "확실한 장인솜씨"라고 부른 것을 구별함으로써 상당히 유사한 결론에 도달한다. 모험적인 장인솜씨는 그 결과가 미리 정해져 있지 않으며 단지 "제작자가 작업하면서 행하는 판단, 손재주, 주의에 의존한다"(Pye, 1968: 4). 그러므로 결과의 품질은 작업이 실제로 끝날 때까지 결코 확신할 수 없다. 대조적으로 확실한 장인솜씨는 작업이 착수되기도 전에 결과가 정확하게 미리 정해져 있다. 이러한 결정성은 생산 장치의 설정과 상세설명서 속에 주어져 있으며, 결과적으로 작업 지점에서의 움직임을 통제한다. 파이는 모험적인 장인솜씨에 대한 예시로 펜을 이용한 쓰기를 들고, 확실한 장인솜씨에 대한 예시로 근대 인쇄술을 든다.

 그러나 모험적인 장인솜씨의 종사자들은 절차상에 어느 정도의 확실성을 도입하는 유도기구(jig)와 견본을 사용함으로써 위험을 낮추는 방법을 지속적으로 고안하고 있다. 그러므로 파이는 "당신이 만약 펜으로 직선을 그리길 원한다면 손으로만 달려들지 말고 유도기구라고 말할 수 있는 자를 사용하라"(Pye, 1968: 5)고 조언한다. 손으로만 선을 그리는 것과 자를 이용하여 그리는 것 사이의 차이는 3장에서 설명했던 행로와 운송 사이의 차이와 정확히 일치한다. 행로의 경우 여행자는 오직 한 장소에 도착했을 때만 진정으로 거기에 도달했다고 말할 수 있다. 그는 발자취를 따라 나아가면서 계속해서 변화하는 풍경과 지평선과 비교하며 길을 가는 내내 주의를 기울여야 한다. 펜이나 연필을 이용해도 마찬가지다. 내내 어디로 가고 있는지 주시하며 그에 따라 조정을 해야만 한다. 그것이 어느 정도의 뒤틀림이나 구부러짐을 피할 수 없는 이유이다. 이와 대조적으로 운송의 경우, 여행자는 출발하기 전에 미리 경로를 표시한다. 그렇게 여행한다는 것은 단순히 플롯을 실행하는 것이다. 두 점을 연결하기 위해 자로 선을 그릴 때도 마찬가지다. 직선이 두 점에 맞닿을 수 있도록 자를 정렬하면 그려지기도 전에 펜이나 연필 촉의 궤적이 이미 완전히 정해진다. 이러한 이유 때문에 우리는 전형적으로 점대점 연결장치를 자로 그린 직선으로 생각한다. 행로 중인 펜에 내재한 모험적인 장인솜씨는 자를 사용하자마자 한 점으로 곧장 가는 확실한 장인솜씨로 대체되는 것처럼 보인다.

하지만 실제로는 사정이 그렇게 간단치 않다. 운송이 결코 완벽할 수 없고 언제나 행로의 요소를 수반하는 것처럼, 그려진 어떠한 선도, 심지어 자로 그려진 선이라도 완벽하게 곧을 수 없다. 위험 요소는 언제나 포함돼 있다. 그렇게 되는 한 가지 이유는 자가 미끄러질 위험이 언제나 있기 때문이다. 또 다른 이유는 자의 날에서부터 선까지의 정확한 거리가 펜을 쥐는 각도에 의존하는데, 이 각도는 손짓에 따라 달라지는 경향이 있기 때문이다. 또한 촉에 가해지는 압력을 정확하게 일정하게 유지하는 것도 어려워서 선의 너비나 밀도가 변덕스러울 수 있다. 이전의 마모로 인하여 휘거나 자국이 남았을 가능성이 있기에 자의 날이 완벽하게 일직선이라고 확신할 수도 없다. 게다가 선을 그리는 것은 시간이 소요된다. 그 시간은 한순간으로 줄일 수 없다. 레이 루카스(Ray Lucas)는 제도판 위에 자와 삼각자를 이용하여 축측 투영도(axonometric projection)를 생산해온 자신의 건축 실천을 되돌아보면서, 특정한 행위가 아무리 많이 반복되더라도 "시간은 매번 그 행동을 거치는 과정에 필수적으로 남는다"(Lucas, 2006: 174-175)고 말한다.

대부분의 현대 건축가들은 그리기를 좋아하지만 쓰기는 싫어한다. 그들은 언제나 연필을 가지고 다니며 끊임없이 낙서하고 스케치를 한다(Medway, 1996: 34-35). 건축가들은 자취나 흔적들을 기억과 종이 위에 남기면서, 생각하며 그리고 그리면서 생각한다. 그들의 드로잉이 반드시 고독한 활동이어야 하는 것도 아니다. 매우 빈번하게 드로잉은 대화의 형태를 취하는데, 그 속에서 하나의 발상이 구체화되고 협력적으로 발달하듯이 둘 이상의 대화 상대들이 번갈아가며 선을 더하거나 수정한다 (그림 6.3을 보라). 물론 그들은 종종 글을 써야 하지만 대부분에게 이것은 '드로잉 위에 쓰는 글'이다. 여기에서 낱말들은 그려진 스케치의 특정한 특성을 가리킨다. 건축에서 쓰기는 그려질 수 없는 것을 위해 남겨져 있다. 이것은 드로잉이 [글을 풀이하는] 도해의 실천이라는 관습을 뒤집는다. 건축가는 홍보 목적이나 고객에게 인상을 주기 위함이 아니라면 작업을 설명하기 위해 그림을 그리지 않는다. 종종 원근법으로 그려지는 그러한 설명적인 드로잉은 경멸조의 '예쁜 그림'으로 알려져 있으며, 건축학적 설계 과정 그 자체에는 완전히 불필요한 것으로 여겨진다(Henderson, 1999: 32-33). 실제 드로잉은 작업 그 자체이지 작업의 설명이 아니다. 쓰기는 그리기에 종속되는 것이지 그 역이 아니다.

하지만 건설 산업에서 건축 설계가 분리되어 나타난 결과 중 하나는 건축가가 발상을 떠올릴 때 도움받기 위해서 뿐만 아니라, 건설자가 해야 되는 것에 대한 정확한 지시사항을 전달하기 위해서도 드로잉을 제작해야 한다는 요구를 받게 됐다는 점이다. 따라서 건축 드로잉은 대략 두 가지 종류의 드로잉이 됐다. 발상을 발전시키는 과정에서 만들어지는 스케치와 건설자를 감독하는 상세설명서가 그것이다. 상세설명서는 보통 평면도, 단면도, 입면도로 (그러나 원근법으로는 아닌) 그려진다. 스케치가 손으로 자유롭게 그려지는 반면 상세설명서는 정확하게 측정되어 자를 대고 그어진다. 음악에서도 유사하게 작곡이 퍼포먼스에서 분리되면서 비슷한 상황이 나타났다. 작곡가는 발상

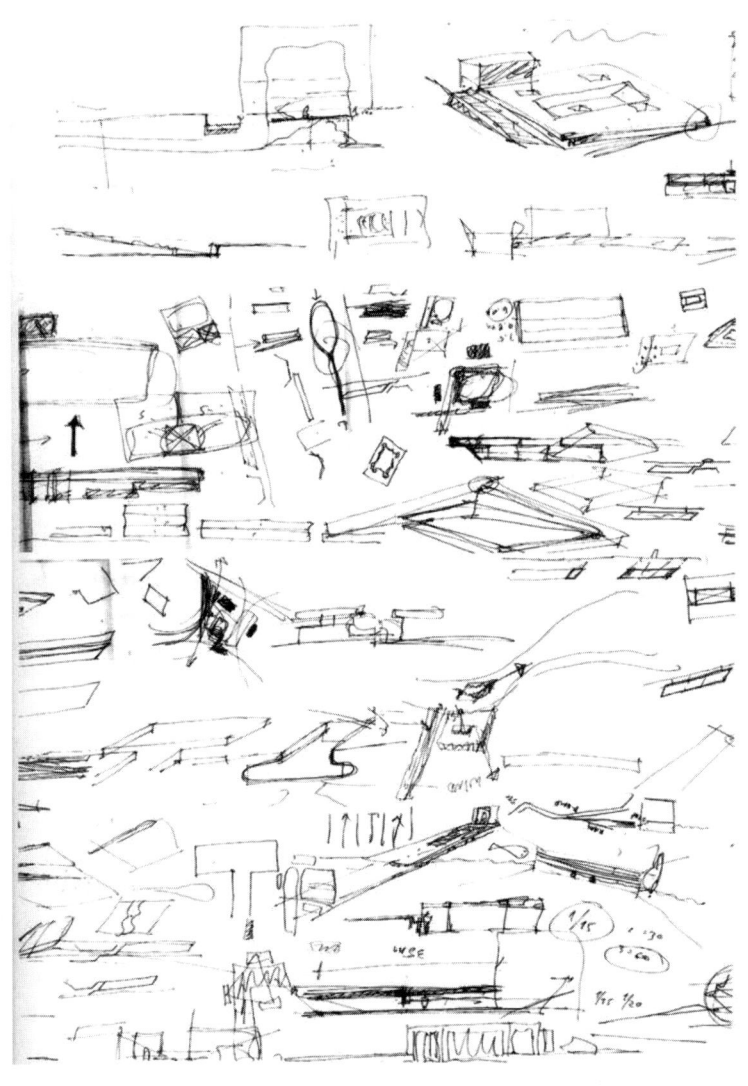

그림 6.3 네 시간 동안 3명에서 6명의 건축가가 함께 작업하여 만든 공동 스케치 드로잉에서 발췌. 건의 저작(Gunn, 2002: 324)에서 복사. 웬디 건에게 허가받음.

을 떠올리기 위해 손으로 자유롭게 스케치하지만, 퍼포먼스를 위해서는 오선악보 규칙에 따라 작곡가의 요구사항이 정확하게 명시된 악보를 제작하는 것이 필수가 됐다. 그림 6.4와 6.5에서 나는 건축 스케치의 예와 음악 스케치의 예를 병치했다. 첫 번째 예시는 포르투갈의 건축가 알바루 시자(Alvaro Siza)의 것이며, 두 번째 예시는 체코의 작곡가 레오시 야나체크(Leoš Janáček)의 것이다. 두 경우에서 모두 드로잉은 표기법의 전통(한 사례에서는 평면도와 입면도, 다른 사례에서는 오선악보의 전통)을 따랐음에도 건설자나 연주자에게는 거의 쓸모가 없을 것이다. 그렇지만 일정한 양식에 따라 그어진 상세설명서의 직선이나 인쇄된 악보의 직선과 비교하여 이 스케치들은 움직임의 강력한 느낌을 전달한다. 한 사례에서는 건물이, 그리고 다른 사례에서는 음악이 종이면 위에서 살아 있는 것처럼 보인다. 파울 클레 식으로 말하자면 이 선들은 활동적이다. 그것들은 산책하러 나간다.

왜 손으로만 그린 구불구불한 선은 자로 그린 선보다 훨씬 더 생생하고 더 현실적으로 보이는 것일까? 심지어 환경 속에서 직선적인 가장자리임이 확실한 것을 묘사할 때조차도 말이다. 한 가지 대답은 가장자리를 묘사할 때 추상적인 기하학적 선은 두 평면의 교차점을 재현하는 반면에 건조 환경 내의 실제 가장자리는 두 표면의 교차점으로 형성된다는 점이다. 제임스 깁슨이 시각적 지각에 대한 심리학 연구에서 지적한 것처럼 표면과 평면은 매우 다른 것이다. "공간 안에 있는 매우 얇은 판"인 기하학적 평면은 "매질과 물질(substance) 사이의 경계면"인 실제 표면의 공허한 유령이다(Gibson, 1979: 35). 매질은 주로 공기

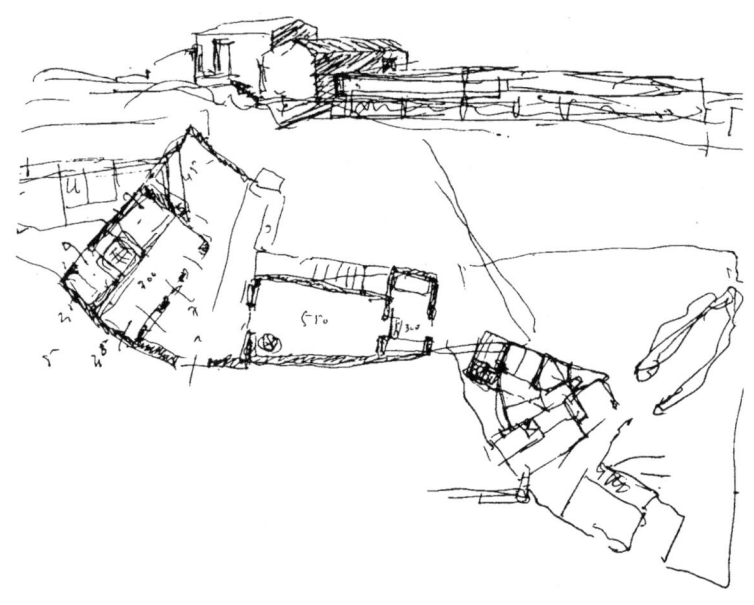

그림 6.4 1971년 알바루 시자가 그린 포르투갈의 몰레도 드 미냐(Moledo de Minha)라는 작은 농업용 건물 두 채의 개작과 재건을 위한 스케치. 시자의 저작(Siza, 1997: 158)에서 복사.

이며, 물질은 건물을 만들기 위한 고체 물질이거나 지면 자체의 물질일 수 있다. 가장자리가 아무리 날카롭다 하더라도 (실제 선이 완벽하게 곧을 수 없는 것처럼 실제 가장자리는 완벽하게 날카로울 수 없다) 가장자리를 선이 아니라 가장자리로 지각하는 환경 속에서는 언제나 인접한 표면의 특징적인 질감에 의해 지각이 변화한다. 손으로만 그린 선은 이러한 질감 같은 것을 전달할 수 있지만 자로 그은 선은 그렇게 하지 못한다. 그런데 두 번째 대답은 훨씬 더 중요할 수 있다. 3장에서 이미 보여준 바와 같

그림 6.5 야나체크의 마지막 작품인 『나는 당신을 기다린다』(*I await thee*)의 스케치. 야나체크의 저작(Janáček, 1989: 68)에서 복사. 매리언 보야스 출판사의 허가를 받음.

이 실제 삶에서 우리는 정지된 점이나 그러한 점들의 연속선상에서 환경을 인식하는 것이 아니라 깁슨이 "관찰의 경로"(같은 책: 197)라고 부른 것을 따라, 움직임의 과정 속에서 환경을 인식한다. 손으로만 그린 스케치의 경우, 정지된 특성과 연관되는 [스케치를 그리는] 관찰자의 움직임은 [그 스케치를 보는] 감상자의 움직임으로 번역되고, 그렇기에 감상자는 이제 정지한다.

나는 공학 설계, 음악 작곡, 건축과 같은 분야에서 컴퓨터의 영향에 대해서는 다루지 않았고, 나보다 더 유능한 사람들이 이 문제를 사색할 수 있도록 남겨두어서 기쁘게 생각한다. 컴퓨터 지원 설계(computer-assisted design; CAD)의 결과 중 하나로 손 스케치가 없어질 수 있다는 점을 언급하는 것으로 충분할 것이다. 이와 같은 결과는 노르웨이에서 이루어진 수많은 건축 실천에서 설계 과정에 CAD를 도입하며 나타난 효과를 연구한 웬디 건의 연구물에서 제시됐다(Gunn, 2002). 컴퓨터는 설계자가 거의 완벽한 (전통적으로 손으로 제도한 상세설명서보다 훨씬 완벽한) 직교 투영도나 원근 투영도를 생성하는 것을 가능하게 만든다. 그리고 이것은 원하는 만큼 정확하고 상세할 수 있다. 이러한 투영도의 선은 그려지지도, 자로 그어지지도 않는다. 사실 그것들은 그 어떤 종류의 움직임이나 몸짓도 체현하지 않는다. 차라리 각각은 즉각적인 계산으로 구성된 기하학적 출력물이다. 이 선들은 설계 과정의 어떤 단계에서도 마음대로 수정될 수 있다. 하지만 스케치하는 것과 다르게 CAD는 이러한 수정의 자취도, 수정에 기여한 많은 손들의 자취도 남기지 않는다. 인쇄된 컴퓨터 생성 도식은 그 자체로 완전하다. 물론 도안을 변경하여 다시 출력할 수도 있다. 하지만 각각의 출력물은 새로운 드로잉이지, 계속 성장하는 드로잉의 진화 속에 있는 하나의 순간이 아니다. 스케치가 한 장의 판 위에 자신의 역사를 체현하는 반면, CAD 과정의 역사는 계보학적 순서대로 판들의 더미를 쌓아야지만 재구성될 수 있다(같은 책: 324-327).

파하기

나는 직선이 근대성의 도상이 됐다고 평하면서 이 장을 시작했다. 직선은 이성, 확실성, 권위, 목적의식을 제공한다. 하지만 20세기에 너무 자주 이성은 심각하게 비합리적인 방식으로 작동하는 것으로 나타났고, 확실성은 까다로운 갈등을 양산했으며, 권위는 편협함과 억압의 복면으로 드러났을 뿐만 아니라, 목적은 막다른 길의 미로 속에서 틀렸음이 입증됐다. 그 선은 조각들로 부서진 것처럼 보인다. 직선이 근대성의 도상이라면, 파편화된 선은 똑같이 강력한 탈근대성의 도상으로 출현하는 것처럼 보인다. 행로의 구불구불한 선이 복귀했다는 것은 결코 아니다. 행로의 선이 장소에서 장소로 따라가는 곳을 파편화된 탈근대적인 선은 가로질러 간다. 한 목적지에서 다른 목적지로, 단계적으로 가는 것도 아니라 하나의 균열점에서 다른 균열점으로 가로질러 간다. 이 점들은 위치가 아니라 탈위치(*dislocation*), 즉 탈골된 조각이다. 케네스 올위그가 제안한 용어로 말하자면, 행로의 선은 거주의 실천과 그것이 수반하는 우회적인 움직임을 통해 성취되는 것으로 장소적(topian)이다. 반면에 진보적인 전진이라는 거대 서사에 의해 추동된 근대성의 직선은 무장소적(utopian)이며, 탈근대성의 파편화된 선은 탈장소적(distopian)이다. 올위그가 쓰길, "근대주의의 이상향주의(utopianism)와 탈근대주의의 반이상향주의(distopianism)를 넘어 역사의 산물인 인간이 의식적으로 그리고 무의식적으로 장소를 창조한다는 점을 인정하는 장소주의(topianism)로 갈 때가 도래한 것 같다"(Olwig, 2002: 52-53).

나는 건축과 음악에서 가지고 온 파편화된 선의 두 가지 예시를 각각 그림 6.6과 6.7에 재현했다. 그림 6.4와 6.5에 실린 두 스케치와 비교할 수 있다. 첫 번째 예시는 건축가 다니엘 리베스킨트(Daniel Libeskind)가 설계한 베를린 유대인 박물관 1층 평면도를 보여준다. 두 번째 예시는 이탈리아 작곡가 실바노 부소티(Sylvano Bussotti)가 작곡한 12명의 남성 목소리를 위한 「시칠리아노」(*Siciliano*)라는 제목의 작품에서 가져온 것이다. 사실 음악적 유비는 리베스킨트 작업의 핵심에 있고, 「선들 사이」(*Between the Lines*)라는 그의 독창적인 경쟁 출품작은 말 그대로 오선 악보의 선들 사이에 있는 텍스트로 이루어진 원고용지에 출품됐다. 리베스킨트는 그 프로젝트에 대한 제목 선택이 "생각, 조직, 관계의 두 선"에 대한 발상에 근거했다고 설명한다. "한 선은 직선이지만 수많은 파편들으로 쪼개졌고, 다른 한 선은 구불구불한 선이지만 무한하게 연속적이다"(Libeskind, 2001: 23). 이러한 설명은 근대 역사의 재앙뿐만 아니라 가장 힘든 상황에서조차도 길을 찾고 계속 나아가려는 생의 억누를 수

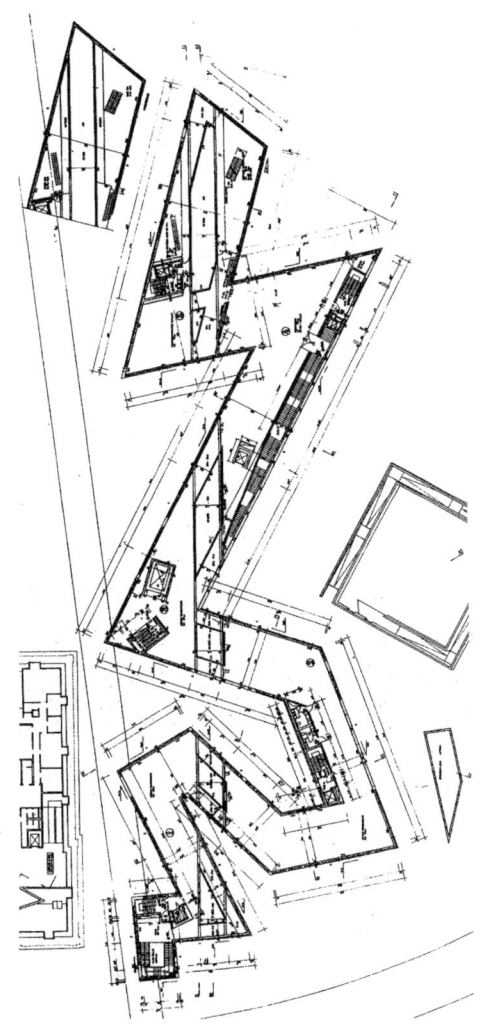

그림 6.6 다니엘 리베스킨트가 설계한 베를린 유대인 박물관의 1층 평면도. 허가를 받아 리베스킨트의 저작(Libeskind, 2001: 27)에서 복사. ⓒ스튜디오 다니엘 리베스킨트.

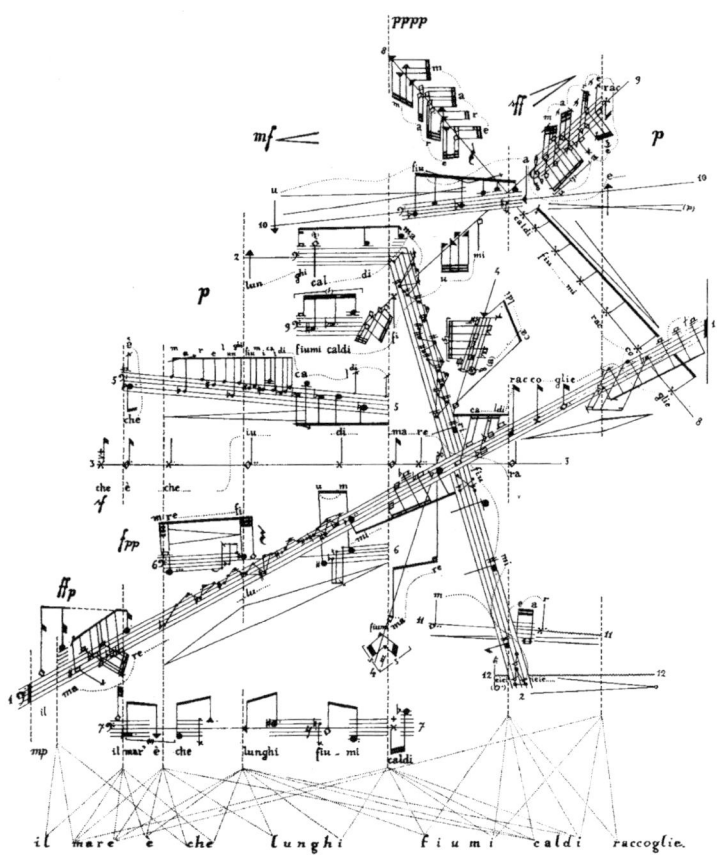

그림 6.7 실바노 부소티가 작곡한 12명의 남성 목소리를 위한 「시칠리아노」(1962) 악보의 한 면.

없는 잠재력 역시 전형적으로 요약한 것으로 간주할 수 있다. 실제로 파편화는 이전에는 닫혀 있었을 통로(전통적인 통로는 아니겠지만)를 열어준다는 점에서 긍정적으로 읽힐 수 있다. 이는 거주자들이 탈위치의 균열 가운데에서도 자신만의 '통하는 길'을 찾아가도록, 그래서 그 결과 자신을 위한 장소를 만들도록 도와준다.

작업의 결론에 다다를 때, 저자는 전통적으로 이제 논의의 가닥(thread)들을 함께 그려볼 시간이라고 말한다. 하지만 내가 이 책을 통해 제시한 것은 이렇게 함께 그리는 것이 세계에 한 장소를 확립하는 방법이라는 것뿐만 아니라, 그려진 실들이 자신들의 차례가 오면 다른 실들과 함께 다른 매듭으로 묶일 끝부분을 예외 없이 남긴다는 점이다. 선은 열려 있으며, 삶, 관계, 역사, 사고과정에서의 이러한 개방성이야말로 내가 기리고 싶은 것이다. 그렇게 함으로써 다른 이들이 자신들이 원하는 어떠한 방식으로든 따르고 또 받아들일 수 있는 느슨한 결말을 풍부하게 남겼기를 바란다. 나의 목표는 종결이 아니라 시작을 위해 애쓰는 것이었다. 우리는 아마 이 책의 결말에 다다랐을지도 모르지만, 그것이 우리가 그 선의 결말에 도달했다는 의미는 아니다. 정말로 선은, 삶처럼 끝이 없다. 삶 속에서와 마찬가지로 중요한 것은 최종 목적지가 아니라 길을 따라 일어나는 그 모든 흥미로운 일들이다. 당신이 어디에 있든 당신이 갈 수 있는 더 먼 곳이 있기 때문이다.

역자 후기

이 책은 학문 세계에 몰두하는 연구자들뿐만 아니라, 음악가와 화가, 서예가와 장인, 그리고 일상을 살아가는 모든 이들에게 새로운 길을 엮는 매듭이자 또 다른 길을 향해 열려 있는 고리가 될 것이다. 독자들이 각자의 방식으로 마주한 선의 세계가 얼마나 경이로울지 역자로서는 가늠하기가 어렵다. 이 글을 읽는 독자들은 각자 다른 장소에서 다른 경로로 이 책을 경유하여, 또 다른 장소로 나아갈 것이기 때문이다. 끝도 시작도 없는 이야기의 세계에 오신 것을 환영한다.

팀 잉골드는 아직 한국 독자들에게 친숙한 학자는 아니지만 인류학자로서 거의 반세기 동안 정진한 인물이며, 현재까지도 매년 다수의 글을 발표하고 있다. 특히 그는 2000년에 환경과 지각에 대한 자신의 견해를 망라하는『환경 지각: 생활, 거주, 기량에 관한 에세이』(*The Perception of the Environment: Essays on Livelihood, Dwelling and Skill*)를 발표하면서 세계적인 명성을 얻었다. 그는 인류학자로서 선배들의 작업을 충실하게 따라갈 뿐만 아니라, 질 들뢰즈와 앙리 베르그송, 제임스 깁슨, 파울 클레와 같은 철학자, 심리학자, 예술가 등에게도 영향을 받아 인류학과 고고학, 예술학, 건축학을 횡단하면서 자신의 논의를 직조해왔다. 또한 동시대의 학자들과 폭넓게 교류하면서 자신의 학문 세계를 구축해왔다. 특히 잉골드의 후반 작업들은 브뤼노 라투르뿐만 아니라 라투르의 사상에 강하게 영향받아 사물의 존재론을 탐구하는 객체-지향(Object-Oriented)의 흐름들과 조응하면서도 다소 비판적인 관점을 취하고 있다. 그는 독립된 존재로서의 사물을 강조하기보다는 흐르고 변화하며 성장하는 움직임을 강조하면서, 세계를 동적인 만들기의 과정으로 파악한다.

이 동적인 만들기의 과정에서 핵심적으로 등장하는 것이 바로 '선'이다. 선을 이야기할 때, 우리는 단순한 직선, 수학적인 의미에서 너비가 없는 기하학적 선을 상상하기 쉽다. 그러나 잉골드는 이러한 직선의 주류화가 근대적인 것임을 밝히고, 보다 보편적인 선은 시작도 끝도 없으며 구불거리는 무수한 갈래들임을 주장한다. 따라서 그의 이야기는 유무형의 선을 따라가는 것으로 시작한다. 노래, 말, 뜨개질, 직조, 글, 그림, 지도, 여행 등은 그러한 선 만들기 혹은 선 따라가기의 예시이다. 여기에서 흥미로운 점은 근대인들이 노래와 글, 구어와 문어, 그리기와 쓰기, 기술과 예술, 시각과 청각, 정신과 몸을 뚜렷이 구별하는 데 반하여, 고고학적 증거물과 비/서구권의 '전통'에서는 그러한 구별이 미약했다는 점이다. 그렇다면 왜 근대에 이르러서 이러한 분리가 뚜렷해졌을까? 왜 음악은 낱말 없는 노래가 되고, 언어는 침묵하게 됐을까?

여기에서 잉골드는 선의 성질에 대한 지각의 변화가 일어났다고 설명한다. 일상생활과 고고인류학적인 의미에서 보편적인 선은 실처럼 잣는 것, 직조되는 것이자 자취처럼 남는 것, 따라가는 것이다. 즉, 선은 움직이는 것이다. 그 선들은 표면을 만들거나 용해하면서 길과 경관을 만들어낸다. 그러나 인쇄술(↔필사), 근대적인 작도법(↔약도), 이야기의 플롯화(↔스토리텔링)가 일반화되면서 선은 점과 점의 연결로서 여겨진다. 심지어 그는 글쓰기가 종말했다고까지 선언한다. 왜냐하면 글쓰기는 몸짓이 도구의 움직임으로, 종이면의 자취로 옮겨지는 과정인데, 인쇄는 그러한 움직임의 자취를 남기는 과정이 아니라 움직임을 인각하여 사라지게 만드는 과정이기 때문이다. 움직임을 지워버림으로써 글자는 물화되고 '발명품'처럼 여겨진다. 이제 선의 원형은 직선으로 간주된다.

이 책이 과감한 이유 중 하나는 근대의 구획된 선을 뛰어넘어 지역에 대해서도 비교인류학적인 관점을 잃지 않는다는 점이다. 잉골드는 고대 그리스 화병에서 일본의 전통극으로 이동하고, 이내 페루로, 멜라네시아로, 북유럽에서 중국으로 넘어가는 것을 두려워하지 않는다. 모든 것을 통합시키려는 식민주의적 관점에 대한 반발은 비교학의 관점을 포기한 채 종종 지역의 고유함과 독립성을 강조하는 경향으로 귀착하곤 했다. 그러나 잉골드가 말했듯, 장소의 경험은 한 곳에서 다른 곳으로 움직이기 때문에 발생한다. 비교를 위해 차이를 무시하거나, 차이를 강조하기 위해 비교를 포기하는 현대 학문의 두 경향 속에서 잉골드의 시도는 대단히 위험하고, 또 불안정한 시도이다. 그러나 그것은 바로 그렇기 때문에 데이비드 파이가 이야기한 '모험적인 장인솜씨'의 하나의 예시일 것이다.

또한 이 책에서 제시하는 여러 가지 대조적인 개념들은 세계를 이해하는 새로운 시각들을 열어주는 분류 방식들이다. 대표적으로는 행로와 운송의 대조를 들 수 있다. 사실, 초국가와 탈경계의 문제가 대두되면서 이동성(mobility)의 문제는 대단히 중요한 개념으로 부상했다. 그럼에도 이동성은 그 자체로 단일한 것으로 평가됐고 어떤 방식의 이동인가에 대해서는 그다지 질문하지 않았던 것 같다. 하지만 잉골드가 지적한 것처럼 존재의 이동 방식 중 하나는 목적지가 결정되어 있고(운송), 하나는 영원히 목적지가 없다(행로). 그런데 점점 더 많은 경험이 한 점에 묶이는 경험이 됐고, 이동이란 효율을 방해하기에 단축돼야 하는 것으로 여겨진다. 하이퍼링크는 그 과정을 고도의 기술로 치환함으로써 움직임을 지워버리는 예시일 것이다. 우리는 한 장면에서 다른 장면으로 즉시(라고 착각할 만한 속도로) 도약해버린다. 그러나 잉골드가 말했듯 순수한 운송은 환상이며, 우리는 종종 하이퍼링크 접속이 지연되는 것을 경험하게 된다.

게다가 연결을 사슬(점대점 연결장치)과 그물(얽힘)이라는 서로 다른 두 가지로 구분할 수 있다는 점도 잉골드가 제시하는 선(線)학의 중요한 통찰일 것이다. 생태나 행성, 글로벌의 문제에 있어서 연결은 사실 진부한 개념인데, 잉골드의 논의는 그것이 과연 어떤 연결인가에 대한 문제를 제기하기 때문이다. 이는 분명히 브뤼노 라투르를 위시한 행위자-연결망 이론(Actor-

Network Theory)과 잉골드의 선 논의가 구별되는 지점이다. 행위자-연결망 이론이 연결의 성질에 대해 묻지 않는 반면에 잉골드의 논의는 몸짓과의 연관성 속에서 연결을 구별한다. 잉골드에게 중요한 것은 존재와 존재가 연결된다는 것이 아니다. 이미 존재하는 점과 점을 단순히 결합하는 것인가 아니면 한 곳에서 한 곳으로 나아가며 이어지는 것인가의 문제가 중요하다. 사물들의 의회가 아니라 선들의 의회라고 강조하는 부분도 객체-지향 논의에 대한 잉골드의 입장을 보여준다고 볼 수 있다. 비록 현재의 객체-지향 논의들이 관계에 선행하는 본질을 지닌 존재로서 객체를 상정하지 않다고 할지라도 이러한 존재론들은 객체의 독립성에 대해 강조하며 객체의 가치를 설파하는 경향이 있다. 그에 반해 잉골드는 주체를 직접적으로 호명하지는 않지만 지각과 성장이라는 문제를 전면에 내세움으로써 삶의 방식에 대해 논의한다. 그는 분명히 연결과 관계하여 어떤 삶의 방식을 다른 삶의 방식보다 긍정하는 경향이 있다. 잉골드의 논의가 현재 범람하고 있는 다른 존재론적 논의에 비하여 온건하거나 과거-희구적으로 느껴진다면 이러한 입장 차이에서 기인하는 것일 수도 있다.

특별히 내가 독자들과 함께 이야기하고 싶은 것은 '성장'에 대한 것이다. 개발주의와 자본주의로 점철된 세계에서 '성장'의 의미는 고도의 테크노사이언스와 자본화, 규모화로부터 자유롭지 못하게 됐다. 이러한 파국적인 상황에 저항하는 많은 이들은 '탈성장(degrowth)'이라는 탈출구를 추구하곤 한다. 그 개념은 나름대로 매우 유용한 시사점을 남기지만 나는 잉골드의 시도가 훨씬 더 대담하다고 생각한다. 잉골드는 우리의 '성장'이 무엇인지 다시금 사유하고, 결정론적인 성장이 결코 성장이 아니었음을 밝힌다. 성장의 욕구와 욕망을 긍정하며 재전유하면서 우리는 삶과 세계를 다시 직조하는 내파의 가능성도 확인하게 된다.

나아간다는 것은 계급/계층적인 의미에서 위로 가는 것이 아니다. 또 도착지로의 최단거리를 이동하는 것도 아니다. 나아가는 것은 세계와 감응하고 펼쳐진 세계 속에 새로운 자취를 남기는 것이다. 그것은 끝나지 않는 작업이다. 우리는 그 작업을 통해 우리 자신의 내면에 있는 성장의 욕망과 생태적인 삶을 연결시킬 수도 있을 것이다. 억제하고 통제하기보다는 과거의 것을 따르며 새로운 자취와 실을 만들어나가는 삶을 고양할 때, 세계의 최종 해답과 결론에 저항하는 길도 생겨난다. 나는 그것이 세계를 해체하기만 하는 것이 아니라 세계를 다시 만드는 (reworlding) 작업에 참여할 수 있는 하나의 방법이라 생각한다.

먼저 읽은 사람으로서 한 가지 염려되는 점은 이 글의 시작을 이루는 유럽의 표기법 논의가 익숙하지 않는 독자들에게는 매우 낯설게 느껴질 수 있다는 점이다. 하지만 곧이어 선을 분류하는 2장으로 넘어가면 우리는 훨씬 더 자유롭게 세계의 움직임을 이해할 수 있을 것이고, 6장을 넘기면 근대적 삶에 대한 뛰어난 통찰과 함께 자신의 선을 만들 수 있는 힘을 얻을 수 있을 것이다. 마지막 페이지를 덮는 순간, 닫히지 않고 열린 선의 세계를 만나는 기쁨을 함께 느낄 수 있길 고대한다.

이 번역서가 나오기까지 많은 동료들이 함께 고생해주었다.

특히 연구 모임인 '존재론의 자루'가 없었더라면 내가 이 책을 번역할 기회도 없었을 것이며, 이런 방식으로 번역할 수도 없었을 것이다. 특별히 초고를 강독하고 많은 조언을 해준 차은정, 오성희, 권혜윤, 김세연, 최남주 선생님에게 고마움을 표하며, 다른 '존재론의 자루' 동료들에게도 감사함을 표한다. 이번 『라인스』의 번역은 특별하게도 잉골드의 또 다른 저작 『모든 것은 선을 만든다』(The life of lines)(차은정, 권혜윤, 김성인 역)와 비슷한 기간에 이루어졌다. 그 덕분에 번역어와 해석을 공유할 수 있었고, 더불어 역자가 초기에 포착하지 못했던 함의들을 숙고할 수 있었다. 또한 오은정 선생님과 최희진, 안새롬 연구자 역시 원고를 검토해주었다. 그 외에도 너무 많은 선후배동료들이 직간접적으로 도움을 주었다. 모두에게 감사의 인사를 전한다.

번역어에 대한 무수히 많은 논의와 고민이 있어왔다는 점도 언급해야 할 것이다. 특히 행려와 행로라는 번역어는 번역 초기부터 거의 2년 동안 고민한 단어였는데, 영어 wayfaring이 사어에 가까운 낡은 표현이라는 점에 착안하여 한국어에서도 그러한 성격의 단어를 찾고자 고심했다. 연결망(network)과 그물망(meshwork)의 번역어 결정도 고민스러운 문제였다. inscription은 오은정 선생님께서 제안해주신 바와 같이 '새김/새기기'로 변경할지 여러 번 고심했으나 결국 '기입'으로 번역했다. 어떤 부분에서는 새김이 훨씬 더 직관적이고 와닿았지만 어떤 부분에서는 새김이라는 표현이 문맥상 어색할 때가 꽤 있었기 때문이다. 또 새기기로 번역되는 또 다른 단어인 engraving과 구분하고 싶은 마음에서였다(그럼에도 inscription은 어떤 문장에서 '명문'으로 번역했다). 또한 '기입'으로 번역한 이유 중 하나는 잉골드의 논의와 긴장 관계에 있는 라투르 등의 논의 속에서 이미 기입이라는 번역어가 사용되고 있다는 점 때문이었다. 오 선생님께서는 바로 이러한 이유 때문에 기입 대신 대체어를 사용할 것을 권했지만, 나는 똑같은 이유 때문에 기입의 의미를 다시금 재전유하는 것이 필요하다고 생각했다. 기입은 쓰기일 뿐만 아니라 그리기이고 더 넓게 보자면 선 만들기이며, 또 노동하는 몸의 행위다. 이 용어들 외에도 부적절하거나 잘못된 번역이 반드시 있을 터인데, 사실 나는 번역자란 곧 반역자라는 오래된 경구를 마음에 새기는 편이다. 나의 무지한 시도는 예리한 독자들에게 지적받을 것이고, 부디 그렇게 되길 바란다.

이 책을 번역하면서 역자란 저자의 글을 천천히, 오랫동안, 반복적으로 음미하는 특권을 가진 자라는 사실을 몸소 깨달았다. 인쇄의 시대에도 번역은 여전히 움직임을 따라가는 작업이다. 그리고 그것은 즐거운 만큼 괴로운 일이다. 글을 눈으로, 손으로, 입으로 따라가면서 한편으로는 전혀 다른 언어를 내뱉고 몸을 움직여 그 자취를 남기는 일이다. 그래서 이 책의 번역은 역자의 고통스러운 성장의 자취다. 중세의 필경사가 스타일러스를 쥐고 양피지에 글을 써내려갔던 것만큼의 육체적 고통을 동반하지는 않았지만 말이다. 잉골드의 글을 접하고 나 역시 이 세계의 선을 지각하게 되었고, 선을 따라가고 또 만들고 있다는 점을 깨달았다. 선이 만들어지고 풀어지며, 그 과정에서 표면이 생성되고 용해된다. 그렇게 세계는, 그리고 세계 속의 모든 존재는 어디에서 와서 또 어딘가로 나아간다. 진실로 한 점에 머무는 것은 없다.

　주변 세계를 누비며 여행하는 자는 이야기하는 자이고, 동시에 노래하는 자이자, 실을 엮고 흔적을 남기는 자이다. 그것은 세계에 기민해지는 것이고, 귀 기울이는 것이며, 세계를 말하는 것이자 직조하는 것이다. 나는 잉골드가 세계를 바라보는 완벽한 해답을 주었다고 생각하지 않고, 잉골드 스스로도 그렇게 여겨지길 원치 않을 것이다. 어디까지나 이 선은 오직 다시금 찾아지고 따라가질 때 새로운 세계를 열게 만들 것이다. 중요한 것은 이 선을 통해서 새로운 길로 나아간다는 것이고, 그 '새로운' 길은 '따라가는 것' 속에서 이루어진다는 점이다. 그것은 비어 있는 공간에서 시작하는 것이 아니라 이미 선들로 가득 차 있는 세계 속에서 다시금 세계를 엮어나가는 몸짓이기도 하다. 이러한 시도는 세계의 안락함을 추구하는 현대의 경향과는 사뭇 다르다. 행로의 여정은 미래가 정해져 있지 않기 때문에 의미 있다. 팀 잉골드의 대담하고 야심찬 작업이 지닌 눈에 띄는 구멍들은 한계라기보다는 가능성이다. 그물망의 성긴 구멍들은 열려 있다는 것을 보여주기 때문이다. 만약 우리가 그 구멍을 자세히 들여다보고 거기에 얽힌 선을 따르길 원한다면, 아벨람 사람들의 그림에서처럼 삐죽 튀어나와 있는 실 한 가닥을 따라 새로운 도안을 만들 수도 있다. 나 자신을 포함하여 우리가 그 실 한 가닥을 이어 온몸으로 선 만들기에 동참하길 진심으로 희망한다.

2024년 2월
김지혜

참고문헌

Adams, J. L. (1997) 'The place where you go to listen', *Terra Nova: Nature and Culture*, 2(3): 15–16.
Aichele, K. P. (2002) *Paul Klee's Pictorial Writing*, Cambridge: Cambridge University Press.
Alberti, L. B. (1972) *On Painting*, trans. C. Grayson, ed. M. Kemp, Harmondsworth: Penguin.
Aporta, C. (2004) 'Routes, trails and tracks: trail breaking among the Inuit of Igloolik', Études/Inuit/Studies, 28(2): 9–38.
Augustine, Saint (1991) *Confessions*, trans. H. Chadwick, Oxford: Oxford University Press.
Avrin, L. (1991) *Scribes, Script and Books: The Book Arts from Antiquity to the Renaissance*, Chicago: American Library Association.
Barber, E. (1994) *Women's Work: The First 20,000 Years*, New York: W. W. Norton. Barker, A. (1984) *Greek Musical Writings*, Vol. I: *The Musician and his Art*, Cambridge: Cambridge University Press.
Barker, A. (1989) *Greek Musical Writings*, Vol. II: *Harmonic and Acoustic Theory*, Cambridge: Cambridge University Press.
Barnes, J. A. (1967) 'Genealogies', in A. L. Epstein (ed.), *The Craft of Social Anthropology*, London: Tavistock.
Belyea, B. (1996) 'Inland journeys, native maps', *Cartographica*, 33: 1–16.
Berger, J. (1982) 'Stories', in J. Berger and J. Mohr, *Another Way of Telling*, New York: Vintage Books.

Bergson, H. (1911) *Creative Evolution*, trans. A. Mitchell, London: Macmillan. Bergson, H. (1991) *Matter and Memory*, trans. N. M. Paul and W. S. Palmer, New York: Zone Books.

Billeter, J. F. (1990) *The Chinese Art of Writing*, trans. J. M. Clarke and M. Taylor, New York: Rizzoli International.

Bogoras, W. G. (1904–09) *The Chukchee*, Jesup North Pacific Expedition Vol. VII (3 parts), American Museum of Natural History Memoir 11, Leiden: E. J. Brill.

Boule, M. (1923) *Fossil Men: Elements of Human Palaeontology*, trans. J. E. Ritchie and J. Ritchie, Edinburgh: Oliver and Boyd.

Bouquet, M. (1993) *Reclaiming English Kinship: Portuguese Refractions of British Kinship Theory*, Manchester: Manchester University Press.

Bouquet, M. (1996) 'Family trees and their affinities: the visual imperative of the genealogical diagram', *Journal of the Royal Anthropological Institute*, 2(1): 43–66.

Bourdieu, P. (1977) *Outline of a Theory of Practice*, trans. R. Nice, Cambridge: Cambridge University Press.

Boyarin, J. (1992) 'Placing reading: Ancient Israel and Medieval Europe', in J. Boyarin (ed.), *The Ethnography of Reading*, Berkeley, CA: University of California Press.

Brown, T. (1978) *The Tracker: The Story of Tom Brown, Jr. as Told by William Jon Watkins*, New York: Prentice Hall.

Brown, T. J. (1992) 'Punctuation', in *The New Encyclopædia Britannica*, 15th edn, Vol. 29, pp. 1050–2.

Carruthers, M. (1990) *The Book of Memory: A Study of Memory in Medieval Culture*, Cambridge: Cambridge University Press.

Carruthers, M. (1998) *The Craft of Thought: Meditation, Rhetoric and the Making of Images, 400–1200*, Cambridge: Cambridge University Press.

Certeau, M. de (1984) *The Practice of Everyday Life*, trans. S. Rendall, Berkeley, CA: University of California Press.

Chatwin, B. (1987) *The Songlines*, London: Jonathan Cape.

Ch'en Chih-Mai (1966) *Chinese Calligraphers and their Art*, London: Melbourne University Press.

Clanchy, M. T. (1979) *From Memory to the Written Record*, Oxford: Blackwell. Clifford, J. (1990) 'Notes on (field)notes', in R. Sanjek (ed.), *Fieldnotes: The Makings of Anthropology*, Ithaca, NY: Cornell University Press.

Colgrave, B. and Mynors, R. A. B. (eds) (1969) *Bede's Ecclesiastical History of the English People*, London: Oxford University Press.

Collignon, B. (1996) *Les Inuit: Ce qu'ils savent du territoire*, Paris: L'Harmattan. Cotton, L. (1896) *Palmistry and its Practical Uses*, London: Kegan Paul, Trench, Trubner.

Coulmas, F. (2003) *Writing Systems: An Introduction to their Linguistic Analysis*, Cambridge: Cambridge University Press.

Coxeter, H. S. M. (1961) *Geometry*, New York: John Wiley.

Darwin, C. (1950) *The Origin of Species by Means of Natural Selection, or the Preservation of Favoured Races in the Struggle for Life* (reprint of first edition of 1859), London: Watts.

Dearmer, P., Vaughan Williams, R. and Shaw, M. (eds) (1964) *The Oxford Book of Carols*, London: Oxford University Press.

DeFrancis, J. (1984) *The Chinese Language: Fact and Fantasy*, Honolulu, HI: University of Hawai'i Press.

DeFrancis, J. (1989) *Visible Speech: The Diverse Oneness of Writing Systems*, Honolulu, HI: University of Hawai'i Press.

Deleuze, G. and Guattari, F. (1983) *On the Line*, trans. J. Johnston, New York: Semiotext(e).

Domat, J. (1777) *Les Loix Civiles dans leur ordre naturel: Le Droit Public, et Legum Delectus*, nouvelle édition, Paris: Knapen.

Donovan, M. (2003) 'Line', *Poetry*, 181(5): 333.

Dryden, J. (1958) *The Poems and Fables of John Dryden*, ed. J. Kinsley, Oxford: Oxford University Press.

Edwards, I. E. S. (1961) *The Pyramids of Egypt*, Harmondsworth: Penguin.

Feld, S. (1996) 'Waterfalls of song: an acoustemology of place resounding in Bosavi, Papua New Guinea', in S. Feld and K. Basso (eds), *Senses of Place*, Santa Fe, NM: School of American Research Press.

Fuchs, R. H. (1986) *Richard Long*, London: Methuen.

Gebhart-Sayer, A. (1985) 'The geometric designs of the Shipibo–Conibo in ritual context', *Journal of Latin American Lore*, 11(2): 143–75.

Geertz, C. (1973) *The Interpretation of Cultures*, New York: Basic Books.

Gell, A. (1998) *Art and Agency: An Anthropological Theory*, Oxford: Clarendon Press. Gibson, J. J. (1979) *The Ecological Approach to*

Visual Perception, Boston, MA: Houghton Mifflin.
Gillespie, C. S. (1959) 'Lamarck and Darwin in the history of science', in B. Glass, O. Temkin and W. L. Straus, Jr (eds), *Forerunners of Darwin: 1745–1859*, Baltimore, MD: Johns Hopkins University Press.
Goehr, L. (1992) *The Imaginary Museum of Musical Works: An Essay in the Philosophy of Music*, Oxford: Clarendon Press.
Goldsworthy, A. (1994) *Stone*, London: Penguin (Viking).
Goodman, N. (1969) *Languages of Art: An Approach to a Theory of Symbols*, London: Oxford University Press.
Goodwin, C. (1994) 'Professional vision', *American Anthropologist*, 96: 606–33.
Gow, P. (1990) 'Could Sangama read? The origin of writing among the Piro of eastern Peru', *History and Anthropology*, 5: 87–103.
Gray, N. (1971) *Lettering as Drawing*, London: Oxford University Press.
Guaman Poma de Ayala, F. (1987) *Nueva Cronica y Buen Gobierno, Tomo A*, ed. J. V. Murra, R. Adorno and J. L. Urioste, Mexico City: Siglo XXI.
Gunn, W. (1996) 'Walking, movement and perception', Unpublished Master's thesis, University of Manchester.
Gunn, W. (2002) 'The social and environmental impact of incorporating computer aided design technologies into an architectural design process', Unpublished doctoral dissertation, University of Manchester.
Hagen, M. A. (1986) *Varieties of Realism: Geometries of Representational Art*, Cambridge: Cambridge University Press.
Hallam, E. (2002) 'The eye and the hand: memory, identity and clairvoyants' narratives in England', in J. Campbell and J. Harbord (eds), *Temporalities, Autobiography and Everyday Life*, Manchester: Manchester University Press.
Hamel, C. (1992) *Scribes and Illuminators*, London: British Museum Press.
Harris, R. (1986) *The Origin of Writing*, London: Duckworth.
Harris, R. (2000) *Rethinking Writing*, London: Continuum.
Hauser-Schäublin, B. (1996) 'The thrill of the line, the string, and the frond, or why the Abelam are a non-cloth culture', *Oceania*, 67(2): 81–106.
Havelock, E. A. (1982) *The Literate Revolution in Greece and its Cultural*

Consequences, Princeton, NJ: Princeton University Press.

Henderson, K. (1999) *On Line and on Paper: Visual Representations, Visual Culture, and Computer Graphics in Design Engineering*, Cambridge: Cambridge University Press.

Herzfeld, C. and Lestel, D. (2005) 'Knot tying in great apes: etho-ethnology of an unusual tool behavior', *Social Science Information*, 44(4): 621–53.

Howe, N. (1992) 'The cultural construction of reading in Anglo-Saxon England', in J. Boyarin (ed.), *The Ethnography of Reading*, Berkeley, CA: University of California Press.

Iguchi, K. (1999) 'How to play the flute in Kyoto: learning, practice and musical knowledge', Unpublished doctoral dissertation, University of Manchester.

Ingber, D. E. (1998) 'The architecture of life', *Scientific American*, 278(1): 30–9. Ingold, T. (1986) *Evolution and Social Life*, Cambridge: Cambridge University Press.

Ingold, T. (2000) *The Perception of the Environment: Essays on Livelihood, Dwelling and Skill*, London: Routledge.

Ingold, T. (2001) 'From the transmission of representations to the education of attention', in H. Whitehouse (ed.), *The Debated Mind: Evolutionary Psychology versus Ethnography*, Oxford: Berg.

Ingold, T. (2004) 'Culture on the ground: the world perceived through the feet', *Journal of Material Culture*, 9(3): 315–40.

Jacoby, H. J. (1939) *Analysis of Handwriting*, London: Allen & Unwin.

Janáček, L. (1989) *Janáček's Uncollected Essays on Music*, trans. and ed. M. Zemanová, London: Marion Boyars.

Jarvis, R. (1997) *Romantic Writing and Pedestrian Travel*, London: Macmillan. Kandinsky, V. (1982) 'Point and line to plane', in K. C. Lindsay and P. Vergo (eds), *Kandinsky: Complete Writings on Art*, Vol. 2 (1922–1943), London: Faber & Faber. Kapr, A. (1983) *The Art of Lettering: The History, Anatomy and Aesthetics of the Roman Letter Forms*, trans. I. Kimber, München: K. G. Saur Verlag.

Kelley, K. and Francis, H. (2005) 'Traditional Navajo maps and wayfinding', *American Indian Culture and Research Journal*, 29(2): 85–111.

Klapisch-Zuber, C. (1991) 'The genesis of the family tree', *I Tatti Studies, Essays in the Renaissance*, 4(1): 105–29.

Klee, P. (1961) *Notebooks*, Vol. 1: *The Thinking Eye*, ed. J. Spiller, trans. R. Manheim, London: Lund Humphries.

Küchler, S. (2001) 'Why knot? A theory of art and mathematics', in C. Pinney and N. Thomas (eds), *Beyond Aesthetics: Essays in Memory of Alfred Gell*, Oxford: Berg. Kurttila, T. and Ingold, T. (2001) 'Perceiving the environment in Finnish Lapland', in P. Macnaghten and J. Urry (eds), *Bodies of Nature*, London: Sage.

Kwon, H. (1998) 'The saddle and the sledge: hunting as comparative narrative in Siberia and beyond', *Journal of the Royal Anthropological Institute* (N.S.), 4: 115–27.

Langer, S. K. (1953) *Feeling and Form: A Theory of Art*, London: Routledge & Kegan Paul.

Leach, E. R. (1961) *Pul Eliya: A Village in Ceylon. A Study of Land Tenure and Kinship*, Cambridge: Cambridge University Press.

Leach, E. R. (1976) *Culture and Communication: The Logic by which Symbols are Connected*, Cambridge: Cambridge University Press.

Lechêne, R. (1992) 'History of printing', in *The New Encyclopædia Britannica*, 15th edn, Vol. 26, pp. 72–8.

Leclercq, J. (1961) *The Love of Learning and the Desire of God*, trans. C. Mrahi, New York: Fordham University Press.

Le Corbusier (1924) *Urbanisme*, Paris: Editions Cres.

Lefebvre, H. (1991) *The Production of Space*, trans. D. Nicholson-Smith, Oxford: Blackwell.

Leroi-Gourhan, A. (1993) *Gesture and Speech*, trans. A. Bostock Berger, Cambridge, MA: MIT Press.

Levin, D. M. (1988) *The Opening of Vision: Nihilism and the Postmodern Situation*, London: Routledge.

Libeskind, D. (2001) *The Space of Encounter*, New York: Universe Publishing.

Liu Hsieh (1983) *The Literary Mind and the Carving of Dragons*, trans. V. Yu-chung Shih, Hong Kong: Chinese University Press.

Low, C. (2007) 'Khoisan wind: hunting and healing', *Journal of the Royal Anthropological Institute*, 13(1) (in press).

Lucas, R. P. (2006) 'Towards a theory of notation as a thinking tool', Unpublished doctoral dissertation, University of Aberdeen.

Lye, T. P. (1997) 'Knowledge, forest, and hunter-gatherer movement: the

Batek of Pahang, Malaysia', Unpublished doctoral dissertation, University of Hawai'i.
Lye, T. P. (2004) *Changing Pathways: Forest Degradation and the Batek of Pahang, Malaysia*, Lanham, MD: Rowman & Littlefield.
Mall, A. (2007) 'Structure, innovation and agency in pattern construction: the kolam of Southern India', in E. Hallam and T. Ingold (eds), *Creativity and Cultural Improvisation*, Oxford: Berg.
Matthews, W. H. (1922) *Mazes and Labyrinths: A General Account of their History and Developments*, London: Longmans, Green.
Mazzullo, N. (2005) 'Perception, memory and environment among Saami people in northeastern Finland', Unpublished doctoral dissertation, University of Manchester.
Medway, P. (1996) 'Writing, speaking, drawing: the distribution of meaning in architects' communication', in M. Sharples and T. van der Geest (eds), *The New Writing Environment: Writers at Work in a World of Technology*, Berlin: Springer.
Meehan, A. (1991) *Celtic Knotwork: The Secret Method of the Scribes*, London: Thames and Hudson.
Milne, A. A. (1928) *The House at Pooh Corner*, London: Methuen.
Mitchell, V. (2006) 'Drawing threads from sight to site', *Textile*, 4(3): 340–61. Mitchell, W. J. T. (2005) 'Art', in T. Bennett, L. Grossberg and M. Morris (eds), *The New Keywords*, Oxford: Blackwell.
Munn, N. (1973a) 'The spatial presentation of cosmic order in Walbiri iconography', in J. A. W. Forge (ed.), *Primitive Art and Society*, London: Oxford University Press. Munn, N. D. (1973b) *Walbiri Iconography: Graphic Representation and Cultural Symbolism in a Central Australian Society*, Chicago: University of Chicago Press.
Nichol, bp (1993) *Truth: A Book of Fictions*, Stratford, Ontario: Mercury Press.
Novikova, N. (2002) 'Self government of the indigenous minority peoples of West Siberia', in E. Kasten (ed.), *People and the Land: Pathways to Reform in Post-Soviet Russia*, Berlin: Dietrich Reimer Verlag.
Oatley, K. (1978) *Perceptions and Representations: The Theoretical Bases of Brain Research and Psychology*, London: Methuen.
Olson, D. R. (1994) *The World on Paper: The Conceptual and Cognitive Implications of Writing and Reading*, Cambridge: Cambridge

University Press.
Olwig, K. (2002) 'Landscape, place, and the state of progress', in R. D. Stack (ed.), *Progress: Geographical Essays*, Baltimore, MD: Johns Hopkins University Press.
Ong, W. (1982) *Orality and Literacy: The Technologizing of the Word*, London: Methuen.
Orlove, B. (1993) 'The ethnography of maps: the cultural and social contexts of cartographic representation in Peru', *Cartographica*, 30: 29–46.
Orlove, B. (2002) *Lines in the Water: Nature and Culture at Lake Titicaca*, Berkeley, CA: University of California Press.
Paasi, A. (2004) 'Boundaries', in S. Harrison, S. Pile and N. Thrift (eds), *Patterned Ground: Entanglements of Nature and Culture*, London: Reaktion Books.
Parkes, M. B. (1992) *Pause and Effect: An Introduction to the History of Punctuation in the West*, Aldershot: Scolar Press.
Parrish, C. (1957) *The Notation of Medieval Music*, New York: W. W. Norton. Paulson, J. F. (2005) 'Surveying in Ancient Egypt', in *From Pharaohs to Geoinformatics*, Proceedings of the FIG Working Week 2005 and the 8th International Conference on the Global Spatial Data Infrastructure (GSDI-8), Cairo, Egypt, 16–21 April 2005, http://www.fig.net/pub/cairo.
Pye, D. (1968) *The Nature and Art of Workmanship*, Cambridge: Cambridge University Press.
Quilter, J. and Urton, G. (eds) (2002) *Narrative Threads: Accounting and Recounting in Andean Khipu*, Austin, TX: University of Texas Press.
Rabasa, J. (1993) *Inventing A-M-E-R-I-C-A: Spanish Historiography and the Formation of Eurocentrism*, Norman, OK: University of Oklahoma Press.
Rée, J. (1999) *I See a Voice: A Philosophical History of Language, Deafness and the Senses*, London: Harper Collins.
Reichard, G. (1936) *Navajo Shepherd and Weaver*, New York: J. J. Augustin.
Richerson, P. J. and Boyd, R. (1978) 'A dual inheritance model of the human evolutionary process, I: Basic postulates and a simple model', *Journal of Social and Biological Structures*, 1: 127–54.

Riegl, A. (1992) *Problems of Style: Foundations for a History of Ornament*, trans. E. Kain, Princeton, NJ: Princeton University Press.

Rivers, W. H. R. (1968) 'The genealogical method of anthropological inquiry', in *Kinship and Social Organization*, London: Athlone Press.

Rogers, H. (2005) *Writing Systems: A Linguistic Approach*, Oxford: Blackwell.

Rosaldo, R. (1993) 'Ilongot visiting: social grace and the rhythms of everyday life', in S. Lavie, K. Narayan and R. Rosaldo (eds), *Creativity/Anthropology*, Ithaca, NY: Cornell University Press.

Rose, D. B. (2000) *Dingo Makes Us Human: Life and Land in an Australian Aboriginal Culture*, Cambridge: Cambridge University Press.

Ross, A. (2005) 'Technology', in T. Bennett, L. Grossberg and M. Morris (eds), *The New Keywords*, Oxford: Blackwell.

Ruskin, J. (1904) 'The elements of drawing', in E. T. Cook and A. Wedderburn (eds), *The Works of John Ruskin*, Vol. 15, London: George Allen.

Sassoon, R. (2000) *The Art and Science of Handwriting*, Bristol: Intellect.

Saussure, F. de (1959) *Course in General Linguistics*, ed. C. Bally and A. Sechehaye, trans. W. Baskin, New York: Philosophical Library.

Sciama, L. D. (2003) *A Venetian Island: Environment, History and Change in Burano*, Oxford: Berghahn.

Semper, G. (1989) 'Style in the technical and techtonic arts or practical aesthetics (1860)', in *The Four Elements of Architecture and Other Writings*, trans. H. F. Mallgrave and W. Herrman, Cambridge: Cambridge University Press.

Silverman, E. K. (1998) 'Traditional cartography in Papua New Guinea', in D. Woodward and G. M. Lewis (eds), *The History of Cartography: Cartography in the Traditional African, American, Arctic, Australian, and Pacific Societies*, Chicago: University of Chicago Press.

Siza, A. (1997) *Alvaro Siza: Writings on Architecture*, Milan: Skira Editore.

Solnit, R. (2001) *Wanderlust: A History of Walking*, London: Verso.

Steadman, P. (1979) *The Evolution of Designs: Biological Analogy in Architecture and the Applied Arts*, Cambridge: Cambridge University Press.

Sterne, L. (1978) *The Life and Opinions of Tristram Shandy, Gentleman*,

Vol. VI, ed. M. and J. New, Gainesville: University Press of Florida [original 1762].

Strunk, O. (ed.) (1950) *Source Readings in Music History: From Classical Antiquity through the Romantic Era*, New York: W. W. Norton.

Takemitsu, T. (1997) 'Nature and music', *Terra Nova: Nature and Culture*, 2(3): 5–13.

Tedlock, B. and Tedlock, D. (1985) 'Text and textile: language and technology in the arts of the Quiché Maya', *Journal of Anthropological Research*, 41(2): 121–46.

Tessmann, G. (1928) *Menschen ohne Gott: Ein Besuch bei den Indianern des Ucayali*, Stuttgart: Verlag Strecker und Schröder.

Thompson, D. W. (1961) *On Growth and Form*, abridged edn, ed. J. T. Bonner, Cambridge: Cambridge University Press.

Thomson, J. A. (1911) *Introduction to Science*, London: Williams and Norgate. Turnbull, D. (1991) *Mapping the World in the Mind: An Investigation of the Unwritten Knowledge of Micronesian Navigators*, Geelong, Victoria: Deakin University Press.

Turnbull, D. (1993) 'The ad hoc collective work of building Gothic cathedrals with templates, string and geometry', *Science, Technology and Human Values*, 18: 315–40.

Vaiman, A. A. (1974) 'Über die Protosumerische Schrift', *Acta Antiqua Academiae Scientiarum Hungaricae*, 22: 15–27.

Vredeman de Vries, J. (1968) *Perspective*, New York: Dover.

Vygotsky, L. (1978) *Mind in Society: The Development of Higher Psychological Processes*, ed. M. Cole, V. John-Steiner, S. Scribner and E. Souberman, Cambridge, MA: Harvard University Press.

Wagner, R. (1986) *Symbols that Stand for Themselves*, Chicago: University of Chicago Press.

Wallace, A. D. (1993) *Walking, Literature and English Culture*, Oxford: Clarendon Press.

Wassmann, J. (1991) *The Song of the Flying Fox: The Public and Esoteric Knowledge of the Important Men of Kandingei about Totemic Songs, Names and Knotted Cords (Middle Sepik, Papua New Guinea)*, trans. D. Q. Stephenson, Boroko, Papua New Guinea: National Research Institute (Cultural Studies Divison).

Weiner, J. F. (1991) *The Empty Place: Poetry, Space and Being among the*

Foi of Papua New Guinea, Bloomington, IN: Indiana University Press.

West, M. L. (1992) *Ancient Greek Music*, Oxford: Clarendon Press.

Wiebe, R. (1989) *Playing Dead: A Contemplation Concerning the Arctic*, Edmonton, Canada: NeWest.

Williams, R. (1976) *Keywords*, London: Fontana.

Wilson, P. J. (1988) *The Domestication of the Human Species*, New Haven, CT: Yale University Press.

Wood, D. (1993) 'What makes a map a map?', *Cartographica*, 30: 81–6.

Yen, Y. (2005) *Calligraphy and Power in Contemporary Chinese Society*, London: RoutledgeCurzon.

Young, D. (2001) 'The life and death of cars: private vehicles on the Pitjantjatjara lands, South Australia', in D. Miller (ed.), *Car Cultures*, Oxford: Berg.

찾아보기

ㄱ

가경자 베데 58
가경자 피터 57, 58
가계, 혈통 27, 214, 215, 219, 222, 223, 224, 226, 230, 231, 232, 237
강세 62, 68, 196
객체 40, 55, 74, 157, 185, 236, 271, 335, 338
거주자 27, 71, 93, 164, 168, 172, 174, 188, 190, 200, 203, 204, 205, 208, 209, 234, 308, 333
건, 웬디 11, 192, 324, 328
건축 11, 20, 30, 47, 73, 103, 117, 169, 208, 276, 279, 304, 308, 309, 312, 313, 319, 322, 323, 324, 325, 328, 330, 335
걷기 12, 23, 105, 106, 160, 166, 183, 187, 190, 191, 192
게프하르트자이어, 앙겔리카 90, 91, 92, 131

겔, 앨프리드 123, 124, 125, 127
경계 17, 26, 39, 46, 79, 99, 114, 172, 176, 177, 179, 202, 209, 230, 236, 259, 308, 314, 325, 337
경관 18, 19, 54, 72, 93, 98, 105, 110, 115, 121, 164, 180, 188, 208, 213, 219, 228, 308, 309, 336
계보 5, 27, 211, 213, 214, 215, 216, 218, 219, 220, 221, 222, 223, 224, 225, 226, 227, 228, 229, 231, 232, 233, 235, 236, 237, 238, 329
계보학적 모델 229, 232, 233, 236, 237, 238
계보학적 방법 222, 224
고고학 7, 10, 11, 30, 104, 108, 137, 179, 180, 182, 335
고어, 리디아 37, 47, 67
관점 36, 38, 52, 125, 128, 159, 162, 163, 183, 190, 205, 235, 237, 257, 259, 267, 281, 335, 336

관찰 18, 23, 31, 37, 57, 73, 82, 111, 115, 118, 125, 159, 161, 174, 181, 182, 183, 192, 208, 226, 230, 246, 257, 259, 262, 264, 265, 266, 268, 281, 328
광학 315, 316
구두점 68, 69, 72, 195, 196, 197
구술성 41, 50, 75
굿맨, 넬슨 43, 44, 45, 46, 244
귀도 다레초 56, 66
균사체 17, 20
그라피즘 296, 297, 298
그래프 272, 296, 297
그레고리오 성가 62, 68, 85
그리기, 드로잉 4, 5, 20, 23, 28, 44, 45, 89, 107, 111, 128, 156, 175, 176, 178, 241, 243, 244, 245, 246, 249, 250, 254, 255, 256, 257, 258, 259, 260, 261, 262, 266, 267, 272, 278, 290, 291, 292, 296, 297, 313, 314, 318, 320, 322, 323, 324, 325, 329, 335, 341
그물 101, 103, 104, 120, 127, 129, 130, 133, 159, 168, 169, 170, 171, 172, 174, 176, 186, 204, 209, 236, 337, 340, 342
그물 가방(빌럼) 129, 130
그물망 133, 169, 170, 171, 174, 176, 186, 204, 209, 236, 340, 342
근대성 29, 72, 190, 198, 220, 304, 308, 329, 330
금 107, 108, 109, 110

기량 10, 254, 258, 292, 334
기악 35, 37, 59, 61, 67, 284
기억 7, 53, 54, 55, 57, 58, 61, 66, 71, 90, 91, 102, 144, 161, 167, 183, 184, 188, 194, 222, 224, 228, 239, 270, 287, 322
기입 7, 11, 24, 27, 28, 45, 52, 67, 73, 75, 76, 98, 106, 107, 147, 156, 183, 189, 202, 246, 256, 257, 278, 287, 290, 293, 340, 341
기하학 29, 92, 113, 126, 225, 297, 299, 308, 315, 319, 325, 328, 335
깁슨, 제임스 113, 181, 325, 328, 335
꿈의 시대 115, 168, 200
끈 100, 104, 113, 116, 127, 128, 129, 130, 140, 141, 142, 144, 158, 168, 176, 196, 214, 223, 229, 314, 315, 319

ㄴ

나무 18, 105, 107, 110, 128, 129, 134, 135, 141, 165, 175, 213, 214, 215, 216, 217, 218, 219, 220, 222, 223, 229, 230, 231, 251, 260, 261, 262, 264, 275, 276, 278, 283, 291, 308, 309, 315
나바호 136, 138, 139, 183
낱말 25, 28, 31, 36, 38, 39, 40, 41, 42, 44, 45, 50, 51, 56, 58, 59, 68, 69, 71, 74, 76, 77, 79, 88, 92, 99, 107, 108, 146, 188, 189, 191, 192, 194, 195, 222, 246, 247, 250, 254, 256,

257, 267, 269, 270, 272, 278, 280, 294, 323, 335
네우마 62, 63, 64, 65, 66, 67, 68, 72, 78, 85
노극 78, 80, 81
노래 7, 23, 24, 28, 35, 37, 39, 40, 41, 42, 50, 52, 58, 59, 60, 61, 62, 64, 66, 67, 68, 69, 77, 78, 79, 85, 88, 90, 92, 93, 132, 141, 168, 183, 188, 196, 258, 269, 297, 335, 342
노랫길 115
노선 111, 155, 158, 167, 178, 189, 200, 204, 207
눈 25, 37, 50, 51, 52, 67, 72, 77, 87, 88, 90, 92, 93, 105, 135, 154, 166, 172, 175, 178, 181, 208, 226, 270, 276, 278, 297, 308, 311, 315, 316

ㄷ

다윈, 찰스 26, 27, 229, 230, 231, 232, 235, 236
도식 26, 27, 83, 84, 161, 170, 176, 178, 200, 215, 216, 222, 224, 226, 227, 231, 232, 237, 309, 316, 318, 319, 328
도장 273, 274, 276, 278
도표 189, 192, 214, 226, 227, 228, 232, 311, 316, 318, 319
도해법 253, 290
동판화 44, 45, 244
되새김질 58
둑투스 54, 191, 196, 197, 285, 298

드라이든, 존 162
듣기 9, 41, 50, 53, 58, 72, 74
뜨개질 118, 120, 135, 140, 170, 335

ㄹ

러스킨, 존 260, 261, 262, 264, 320
레부스 원리 280, 281
레이스 119, 120
로마 대문자 275, 276, 320
리듬 36, 37, 40, 45, 59, 60, 69, 196, 259, 262, 266, 297
리버스, W.H.R. 220, 222, 223, 229
리베스킨트, 다니엘 330, 331

ㅁ

마야 144, 145, 146
말하기, 연설 23, 24, 37, 55, 57, 60, 61, 73, 76, 79, 183, 188, 196
매듭 31, 103, 124, 125, 126, 127, 133, 135, 136, 137, 140, 141, 142, 144, 158, 168, 186, 200, 204, 315, 333, 334
먼, 낸시 201, 202, 251, 253, 290
멜로디 355
모래그림 107, 139, 140
목소리 23, 35, 37, 40, 46, 50, 51, 52, 53, 56, 57, 58, 60, 61, 62, 68, 69, 71, 72, 75, 77, 79, 80, 81, 86, 92, 93, 132, 187, 189, 196, 197, 284, 330, 332
몸짓 19, 73, 76, 77, 78, 86, 107, 111, 139, 154, 155, 156, 157, 165, 167,

175, 176, 177, 178, 181, 189, 194, 226, 243, 246, 251, 257, 259, 264, 265, 266, 268, 269, 270, 271, 272, 273, 276, 278, 285, 290, 292, 295, 299, 328, 336, 338, 342
무시케 59, 81, 82
문장 31, 68, 188, 189, 190, 193, 194, 195, 261, 340
문화 10, 12, 23, 30, 74, 83, 88, 123, 127, 224, 225, 233, 235, 303, 304, 306, 308, 363, 364
미궁 120, 121, 122, 125, 127, 133

ㅂ
바룩 49, 75, 92
바이올린 101, 284, 285, 292
바텍 160, 161
반스, 존 223, 224, 225, 226, 228
받아쓰기 75, 76, 257
발명 66, 104, 169, 275, 278, 279, 280, 282, 294, 336
발생 46, 77, 109, 125, 135, 154, 156, 185, 186, 189, 195, 230, 236, 273, 286, 336
발자국 55, 71, 105, 160, 167, 190, 191, 192, 222, 237
베르그송, 앙리 102, 235, 236, 237, 239, 335
보행 분석 192
분류 체계 25, 101, 104, 115
붓 107, 115, 146, 262, 264, 265, 266, 267, 269, 270, 272, 273

비고츠키, 레프 245, 246, 271
빌레테, 장프랑수아 113, 265, 266, 305

ㅅ
사냥 53, 72, 89, 116, 131, 158, 159, 161, 164, 165, 167, 168, 172, 187, 203
사물 29, 30, 31, 41, 48, 74, 76, 77, 82, 128, 157, 175, 179, 181, 194, 198, 235, 246, 251, 260, 266, 269, 272, 278, 280, 304, 309, 335, 338
사미족 17, 18, 20, 108, 165, 184
사순, 로즈메리 191, 258, 289, 295
상세설명서 47, 54, 55, 232, 233, 234, 320, 323, 325, 328
상형문자 89, 90, 247, 251, 252
새기기 193, 272, 340
생명의 생태학 209
샤먼 125, 131, 132, 133, 134
서명 193, 194
선 긋는 판 314
선 만들기 8, 11, 24, 131, 189, 249, 256, 257, 272, 293, 295, 296, 335, 341, 342
선형 17, 25, 26, 27, 28, 88, 89, 101, 102, 115, 126, 134, 138, 139, 157, 166, 202, 209, 215, 238, 243, 296, 297, 298, 299, 303, 305, 308, 313, 315
선형화 27, 28, 209, 296, 297, 298, 299

세르토, 미셸 드 47, 48, 71, 178, 189, 190, 208, 309
소리 23, 24, 35, 36, 37, 38, 39, 40, 41, 42, 44, 45, 46, 50, 51, 52, 53, 56, 57, 58, 60, 61, 62, 66, 68, 69, 71, 72, 74, 75, 76, 77, 78, 79, 80, 81, 85, 86, 92, 93, 104, 111, 132, 153, 165, 168, 187, 189, 196, 197, 258, 264, 265, 269, 279, 280, 281, 282, 284, 294, 297, 330, 332
소묘화가 28, 291, 293, 320
소쉬르, 페르디낭 드 38, 39, 40, 41, 44
속력 179, 206
손 12, 23, 24, 25, 27, 28, 49, 52, 72, 73, 74, 75, 76, 77, 81, 82, 84, 85, 86, 99, 100, 101, 103, 106, 107, 108, 111, 112, 115, 118, 119, 131, 141, 143, 153, 154, 156, 157, 167, 175, 176, 177, 183, 187, 191, 192, 193, 197, 200, 202, 243, 244, 250, 251, 257, 259, 262, 265, 267, 268, 269, 270, 271, 273, 275, 276, 278, 284, 285, 286, 287, 288, 289, 290, 293, 294, 295, 296, 298, 310, 311, 312, 314, 315, 320, 321, 322, 323, 325, 326, 328, 341
손가락 52, 82, 84, 107, 108, 118, 141, 175, 193, 200, 251, 268, 285, 286, 290, 314
손글씨, 육필 31, 115, 188, 191, 192, 197, 275, 276, 278, 284, 286, 289, 294, 295

솔닛, 리베카 187, 188, 195
쇼우카 78, 79, 81, 82, 83, 84, 85, 93
수사 56, 92, 93
수어 76
순록 17, 108, 109, 114, 164, 165, 172, 187
스케치 11, 44, 100, 122, 123, 181, 203, 322, 323, 324, 325, 326, 327, 328, 329, 330
스턴, 로런스 153, 154, 155, 180
스템마타 214, 215
스토리텔링 158, 175, 187, 251, 297, 336
시각 23, 40, 41, 44, 56, 72, 73, 74, 75, 76, 77, 78, 92, 93, 111, 113, 121, 124, 131, 132, 133, 134, 148, 181, 182, 192, 193, 236, 251, 253, 256, 258, 259, 269, 271, 272, 278, 280, 281, 285, 290, 325, 335, 337
시간 7, 8, 9, 12, 13, 18, 21, 24, 25, 83, 111, 114, 133, 154, 204, 206, 207, 220, 230, 233, 234, 238, 295, 322, 324, 333
시자, 알바루 38, 229, 325, 326
시피보-코니보 89, 90, 91, 92, 131, 132, 133
실 19, 25, 27, 29, 95, 97, 100, 101, 102, 103, 104, 105, 106, 107, 110, 116, 117, 118, 119, 120, 124, 125, 126, 127, 130, 131, 133, 134, 135, 136, 137, 138, 139, 140, 141, 145, 147, 148, 162, 168, 176, 181, 186,

204, 209, 226, 228, 229, 259, 260,
266, 304, 312, 314, 319, 333
쓰기 4, 5, 10, 23, 24, 27, 28, 42, 43,
48, 49, 50, 53, 55, 57, 59, 62, 72,
73, 74, 75, 76, 90, 97, 98, 107,
108, 111, 118, 140, 144, 145, 147,
148, 177, 187, 188, 189, 190, 191,
193, 195, 229, 241, 243, 245, 246,
247, 249, 254, 256, 257, 258, 259,
265, 266, 268, 269, 270, 271, 272,
276, 278, 279, 280, 281, 282, 283,
284, 286, 287, 289, 290, 291, 292,
294, 296, 297, 321, 322, 323, 335,
336, 341
쓰기경련 356
쓰기 체계 90, 278, 279, 280, 282, 297

ㅇ
아리스토크세누스 60, 61, 196
아리스토파네스 62, 68
아마 100
아벨람 127, 128, 129, 130, 133, 135,
342
아우구스티누스 50, 51
악기 19, 40, 77, 79, 80, 81, 82, 84, 85,
284, 292
악보 20, 42, 43, 44, 45, 46, 47, 56, 57,
61, 67, 69, 85, 86, 91, 244, 250,
310, 325, 330, 332
안내선 184, 309, 310, 311, 312, 313,
314, 315, 316, 317, 318
알베르티, 레온 바티스타 97, 312, 313

알파벳 81, 145, 245, 246, 248, 251,
275
암브로시우스 51
액막이 124, 125
야나체크, 레오시 325, 327
야랄린 116
양단 133, 141, 145, 283
양피지 66, 98, 119, 147, 216, 272,
283, 287, 288, 289, 312, 314, 318,
341
여행 54, 55, 71, 98, 110, 121, 122,
125, 135, 141, 155, 157, 158, 159,
160, 161, 163, 165, 166, 167, 174,
175, 176, 177, 178, 181, 183, 184,
185, 187, 188, 200, 201, 205, 206,
207, 208, 226, 228, 304, 315, 321,
335, 342
역사 7, 24, 25, 27, 29, 30, 42, 43, 53,
59, 62, 68, 78, 93, 97, 98, 104,
119, 144, 157, 162, 166, 167, 172,
175, 177, 178, 206, 207, 213, 214,
216, 224, 237, 239, 243, 247, 249,
260, 264, 272, 275, 280, 281, 282,
291, 292, 295, 296, 303, 306, 312,
329, 330, 333
연결망 102, 158, 159, 168, 169, 170,
171, 172, 174, 178, 186, 200, 201,
204, 207, 208, 222, 226, 233, 337,
338, 340
연필 86, 107, 156, 167, 177, 183, 246,
267, 273, 283, 285, 321, 322
예레미야 49, 75

예술 10, 11, 16, 19, 20, 23, 24, 28, 30, 37, 42, 43, 44, 47, 59, 72, 78, 103, 104, 105, 122, 124, 127, 130, 139, 154, 162, 243, 244, 254, 255, 256, 257, 258, 259, 260, 261, 265, 266, 268, 272, 278, 284, 291, 296, 312, 320, 335, 363

옌, 유에핑 261, 266, 270, 271, 286, 293

오로촌 164, 165, 172, 187

오르간 284, 285

올위그, 케네스 166, 329, 330

옷감 97, 103, 119, 127, 128, 130, 133, 136

옹, 월터 40, 41, 42, 49, 74, 75, 278, 283, 284, 290, 291, 305, 310

왈비리 167, 200, 201, 202, 203, 251, 253, 290, 297

운송 105, 157, 159, 163, 164, 165, 166, 167, 169, 172, 174, 178, 183, 193, 198, 199, 200, 206, 207, 233, 234, 236, 317, 321, 322, 337

운율 체계 196

운지법 61, 67, 83, 84, 85, 86

운항 54, 71, 162, 163, 175, 178, 197, 200, 204, 311, 316, 318, 319

움직임 12, 18, 25, 26, 31, 54, 55, 56, 60, 66, 69, 72, 74, 75, 76, 99, 103, 105, 113, 121, 139, 140, 141, 154, 156, 157, 158, 159, 165, 167, 169, 172, 174, 176, 180, 181, 183, 185, 187, 188, 191, 192, 193, 196, 197,

198, 202, 203, 205, 206, 207, 208, 209, 213, 226, 234, 235, 236, 257, 259, 261, 262, 264, 265, 266, 267, 268, 270, 271, 273, 276, 278, 285, 286, 293, 296, 297, 298, 299, 310, 315, 317, 318, 320, 325, 328, 329, 335, 336, 337, 339, 341

원고, 서법 42, 43, 44, 45, 46, 47, 55, 56, 57, 68, 69, 74, 91, 147, 148, 188, 193, 244, 246, 247, 248, 249, 250, 251, 282, 291, 319, 330, 340

웨스트, 마틴 59, 60, 61, 70, 82

유령 111, 113, 114, 226, 228, 231, 239, 299, 325

유클리드 29, 113, 315, 316

유협 140

음악 5, 7, 8, 20, 23, 24, 28, 30, 33, 35, 36, 37, 38, 39, 40, 41, 42, 43, 44, 45, 46, 47, 56, 57, 59, 61, 62, 65, 66, 67, 68, 69, 70, 72, 77, 78, 79, 80, 81, 82, 85, 90, 91, 92, 93, 256, 284, 285, 311, 314, 323, 325, 328, 330, 334, 335

음표 19, 45, 56, 60, 61, 64, 67, 68, 250, 311

이구치 카오리 79, 80, 82, 83, 84

이누이트 158, 159, 160, 161

이사야서 218

이새의 나무 218, 219

이야기 18, 23, 26, 30, 31, 49, 55, 58, 76, 87, 92, 93, 113, 115, 120, 144, 153, 167, 168, 169, 175, 177, 178,

181, 184, 185, 186, 187, 188, 190, 192, 195, 200, 223, 228, 229, 236, 237, 251, 253, 265, 290, 295, 298, 306, 334, 335, 336, 337, 338, 342

이야깃거리 28, 181, 185, 187, 188, 228, 236

인공물 47, 48, 50, 71, 110, 117, 157, 178, 195, 245, 273, 278

인류학 3, 7, 8, 10, 11, 12, 13, 15, 17, 20, 21, 22, 23, 25, 27, 30, 78, 79, 86, 89, 116, 123, 137, 164, 170, 182, 186, 213, 214, 220, 223, 224, 225, 232, 256, 292, 306, 334, 335, 336, 362, 363

인쇄 28, 40, 61, 69, 71, 73, 74, 77, 78, 88, 98, 146, 148, 173, 177, 189, 192, 193, 194, 195, 197, 208, 228, 255, 256, 272, 275, 276, 278, 298, 310, 318, 319, 321, 325, 328, 336, 341

일롱고트 170

읽기, 독해(reading) 46, 49, 50, 51, 53, 56, 57, 58, 75, 87, 89, 93, 111, 187, 188, 189, 194, 228, 246, 271

입 38, 49, 51, 56, 57, 58, 79, 80, 82, 87, 88, 90, 92, 93, 103

입술 38, 51, 56, 79, 80, 87, 88, 90, 92, 93

잉카 141, 144

ㅈ

자수 25, 119, 120, 131, 191, 283, 285

자연 선택 230, 232

자취 5, 18, 20, 25, 28, 29, 48, 49, 53, 54, 71, 72, 75, 76, 95, 101, 104, 105, 106, 107, 110, 111, 113, 115, 116, 117, 118, 119, 120, 123, 125, 127, 130, 131, 132, 133, 135, 136, 138, 139, 140, 141, 145, 147, 153, 154, 156, 157, 161, 165, 167, 170, 175, 177, 178, 180, 187, 189, 190, 191, 192, 193, 194, 202, 209, 226, 228, 243, 257, 259, 260, 264, 266, 267, 269, 270, 272, 273, 276, 285, 290, 295, 296, 297, 298, 299, 312, 319, 321, 322, 328, 336, 339, 341

작곡가 20, 36, 38, 40, 44, 45, 256, 323, 325, 330

작도법 54, 71, 176, 177, 178, 182, 184, 198, 311, 336

작품 16, 20, 43, 44, 45, 46, 47, 60, 71, 85, 105, 128, 189, 194, 196, 197, 244, 255, 256, 293, 296, 313, 327, 330

장소 12, 19, 26, 27, 29, 31, 54, 133, 141, 154, 163, 164, 165, 166, 175, 178, 183, 184, 185, 187, 188, 195, 196, 197, 198, 200, 201, 202, 203, 204, 205, 206, 207, 208, 209, 228, 235, 236, 305, 321, 329, 330, 333, 334, 336

장인 9, 20, 254, 255, 276, 320, 321, 334, 337

장인솜씨 320, 321, 337

저자 28, 45, 73, 187, 189, 193, 255, 256, 265, 309, 319
전송 163, 168, 233, 234, 235
점대점 연결장치 157, 167, 178, 200, 229, 236, 316, 321, 337
점령 26, 172, 173, 174, 176, 184, 185, 190, 194, 198, 200, 205, 208, 209
정신 39, 45, 50, 52, 54, 55, 57, 98, 182, 183, 207, 218, 255, 270, 286, 287, 289, 306, 319, 335, 363
제롬 37, 58
젬퍼, 고트프리트 103, 104, 119, 135, 168
조립 라인 195, 310
조립체 26, 28, 157, 178, 185, 197, 228, 309
조직 90, 101, 134, 135, 159, 169, 170, 172, 196, 304, 330
족보 214, 218, 222, 223, 224, 225, 226, 228, 229, 236
존슨, 새뮤얼 99, 100, 133, 162
종이면 36, 48, 52, 54, 56, 62, 69, 71, 72, 76, 77, 89, 93, 146, 147, 154, 188, 189, 190, 192, 193, 194, 195, 197, 247, 256, 271, 284, 285, 286, 309, 310, 311, 318, 325, 336
주름 99, 107, 108, 111, 314
줄거리 27, 185, 228
중세 30, 36, 37, 38, 40, 48, 49, 50, 51, 52, 54, 55, 56, 57, 58, 65, 67, 71, 78, 81, 85, 92, 93, 98, 111, 178, 188, 190, 191, 196, 215, 216, 218, 249, 269, 287, 289, 312, 314, 319, 341
지도 17, 18, 25, 29, 30, 48, 54, 71, 73, 75, 90, 111, 112, 113, 120, 121, 125, 154, 158, 165, 173, 174, 175, 176, 177, 178, 179, 180, 182, 184, 189, 193, 198, 200, 202, 214, 222, 225, 226, 254, 256, 271, 276, 285, 291, 292, 293, 294, 311, 316, 328, 333, 334, 335
지면 42, 108, 121, 123, 157, 195, 271, 312, 314, 326
지속 75, 76, 81, 154, 157, 163, 165, 170, 174, 181, 187, 220, 229, 233, 237, 239, 266, 286, 290, 321
지식 11, 17, 21, 26, 30, 57, 60, 71, 78, 154, 174, 181, 182, 183, 184, 185, 187, 197, 204, 207, 208, 222, 237, 304, 305, 315, 363
직물 25, 89, 100, 103, 104, 124, 127, 131, 133, 134, 136, 140, 144, 145, 168, 234
직선성 304, 305, 309, 316, 319
직조 19, 23, 25, 29, 104, 127, 131, 133, 134, 135, 136, 139, 140, 144, 145, 146, 147, 148, 159, 168, 169, 174, 176, 181, 267, 268, 284, 312, 316, 335, 336, 339, 342
진보, 전진(progress) 166, 187, 190, 197, 220, 239, 281, 308, 330
진화 27, 176, 226, 229, 230, 231, 235, 236, 252, 278, 291, 298, 306, 329

ㅊ

채집 160, 203

철도 176, 317

추크치 121, 123, 125, 133

춤 23, 80, 115, 163, 183, 196, 264, 268, 269, 285, 297

측량 55, 113, 173, 178, 179, 180, 182, 183, 184, 207, 208, 312, 314, 315, 316, 318, 319

친족 17, 27, 214, 215, 222, 225, 226, 227

ㅋ

칸딘게이 141, 142

칸딘스키, 바실리 108, 117, 285, 311

칼룰리 183

캐루더스, 메리 53, 54, 196, 287, 319

캘리그래피 5, 241, 259

코이산 116

콜람 124, 125, 126, 127

크노소스 미궁 120

클레, 파울 57, 126, 154, 159, 160, 205, 258, 325, 335

키푸 141, 143, 144

ㅌ

타자수 285

타자 치기 28, 284, 285

테들록, 바버라; 테틀록, 데니스 145, 146

텍스투라 147, 148, 149

텍스트 45, 47, 48, 55, 56, 57, 58, 61, 67, 68, 69, 71, 72, 73, 77, 93, 98, 133, 140, 145, 146, 147, 148, 158, 187, 188, 189, 192, 193, 195, 196, 197, 208, 214, 215, 218, 228, 231, 247, 248, 256, 267, 283, 311, 312, 330

토오 135, 136, 137

ㅍ

파피루스 146, 147, 272

패턴 48, 88, 89, 90, 106, 108, 109, 111, 118, 119, 124, 125, 126, 127, 128, 130, 131, 132, 156, 157, 169, 200, 267, 292

퍼포먼스 43, 44, 45, 46, 47, 51, 52, 55, 56, 57, 67, 69, 81, 85, 90, 185, 196, 197, 243, 244, 255, 269, 297, 323, 325

펜 16, 48, 55, 64, 73, 83, 107, 113, 144, 147, 154, 177, 187, 191, 192, 193, 253, 257, 266, 267, 272, 276, 283, 286, 287, 288, 289, 320, 321, 322

평면 39, 108, 113, 126, 128, 179, 207, 233, 299, 304, 309, 310, 312, 313, 315, 323, 325, 330, 331

포이 16, 161

표기법 5, 7, 8, 11, 33, 42, 43, 44, 45, 46, 47, 56, 59, 60, 61, 62, 64, 65, 66, 67, 68, 77, 78, 79, 85, 86, 90, 91, 97, 98, 140, 141, 220, 243, 244, 246, 247, 248, 249, 250, 251,

253, 311, 325, 339
표면 5, 24, 25, 29, 30, 39, 44, 45, 47, 48, 52, 55, 71, 72, 73, 75, 78, 88, 89, 93, 95, 97, 98, 99, 101, 104, 105, 107, 108, 109, 110, 111, 115, 116, 117, 118, 119, 120, 121, 123, 124, 125, 126, 127, 128, 130, 131, 132, 133, 134, 135, 136, 138, 139, 140, 144, 145, 147, 148, 156, 159, 166, 167, 168, 172, 175, 176, 177, 178, 179, 188, 189, 191, 194, 197, 205, 207, 228, 233, 259, 266, 270, 272, 273, 275, 283, 285, 286, 287, 288, 289, 293, 295, 304, 309, 310, 311, 312, 314, 317, 318, 325, 326, 336, 341
플롯 158, 185, 189, 192, 197, 228, 237, 309, 310, 311, 312, 314, 315, 316, 317, 318, 321, 336
피로 87, 88, 89, 90
피리 79, 80, 81, 82, 83, 84, 144
피부 17, 88, 98, 111, 287
피찬차차라 167
필경사 28, 49, 56, 57, 72, 75, 92, 189, 193, 195, 249, 256, 258, 280, 283, 287, 288, 293, 296, 312, 314, 315, 318, 341
필기체 146, 191, 259, 268, 294
필사본 62, 63, 66, 67, 68, 72, 74, 77, 78, 98, 148, 188, 189, 191, 257, 275, 287, 288, 312, 314
필적학 194, 258, 286

ㅎ
하우저쇼블린, 브리기타 127, 128, 129, 130
한자 84, 268, 271, 286
한티 186
항해 48, 159, 161, 162, 163, 165, 176, 177, 178, 279
해리스, 로이 183, 246, 272, 281
해블록, 에릭 50, 59, 69, 82
해운 162, 163
행군 166
행로 18, 19, 20, 54, 71, 121, 157, 159, 162, 163, 164, 165, 167, 170, 172, 174, 178, 183, 187, 188, 191, 197, 203, 204, 205, 206, 234, 237, 321, 322, 329, 337, 340, 342
혈연 215, 216, 217, 225, 226
화성 36, 37, 40, 61
활자 148, 149, 192, 193, 255, 275, 296, 310
흔적 18, 24, 77, 99, 115, 116, 147, 158, 159, 160, 161, 167, 170, 172, 174, 178, 186, 188, 190, 192, 193, 194, 203, 204, 237, 238, 246, 298, 322, 342

W 《월딩 시리즈》 발간사

인식에서 존재로, 존재에서 실행으로

월딩(worlding)은 있기(being)에서 하기(doing)로 삶의 문제의식을 전환한다. 근대 인문학은 세계를 인간의 인지적 대상에서 그 속에 던져진 관점의 문제로서 심층화했고, 포스트 인문학은 세계를 근대적 인간의 일원적 관점에서 비근대적 비인간의 다차원적 관점으로 복수화했다. 무한히 증식되는 관점은 세계란 인간에게만 주어진 물적 대상이 아니라 인간들, 인간과 비인간, 생명과 그 환경 사이의 관계에서 생성하는 것임을 일깨워주었다. 이제 세계는 명사형의 월드에 머물지 않으며 동사형의 월딩으로서 지구상의 모든 것들이 동등하게 관여하는 테라폴리스로 나아간다.

다양한 인간 집단을 관찰 기록하고 비교 분석해온 20세기 인류학은 지구생태계의 위기로부터 비롯한 인간적 삶의 근본적인 전환을 목격하고 21세기에 이르러 지구생명체 간의 공생 속에서 인류의 미래를 모색하는 새로운 이론과 방법론을 제시하고자 한다. 인류학의 이 현대적 양상은 이제까지 인간 중심의 근대 세계를 구획한 정신과 물질, 마음과 신체, 자연과 문화, 인간과 비인간의 경계를 넘나드는 철학, 예술, 실천 활동과 공명하면서 새로운 학문의 장을 열어간다.

   미래 지구를 위한 지식은 인간의 세계인식을 총체적으로 기술하고 해석하는 데 있지 않고 지구상의 다양한 존재들이 소통하고 관계하며 실천하는 존재의 방식을 개발하는 데 있다. 《월딩 시리즈》는 포스트 인문학을 이끄는 현대 인류학의 이론 및 방법론과 이를 대표하는 인류학자의 사상을 소개함으로써, 우리 지식계의 지적 공백을 메울 뿐만 아니라 새로운 지식과 실천을 갈망하는 사람들에게 지적 자극을 선사하고자 한다.

라인스
선의 인류학

팀 잉골드 지음
김지혜 옮김

초판 1쇄 발행 2024년 3월 14일
　　3쇄 발행 2025년 11월 21일

펴낸곳 포도밭출판사
펴낸이 최진규
등록 2014년 1월 15일 제2014-000001호
주소 충청북도 옥천군 옥천읍 성신로 16, 필성주택 202호
팩스 0303-3445-5184
전자우편 podobatpub@gmail.com

ISBN 979-11-88501-38-0 93380

이 책은 저작권법에 따라 보호받는 저작물이므로
무단 전재와 복제를 금합니다.

책값은 뒤표지에 있습니다. 잘못된 책은 바꾸어 드립니다.